U0490770

嘉兴市文化重点创新团队《公共文化示范区后续建设重点领域创新团队》建设成果。

光明社科文库
GUANGMING DAILY PRESS:
A SOCIAL SCIENCE SERIES

·经济与管理书系·

现代公共文化服务体系构建与实践研究

王显成　顾金孚 | 著

光明日报出版社

图书在版编目（CIP）数据

现代公共文化服务体系构建与实践研究 / 王显成，顾金孚著. -- 北京：光明日报出版社，2022.5
ISBN 978-7-5194-6565-0

Ⅰ.①现… Ⅱ.①王… ②顾… Ⅲ.①公共管理—文化工作—体系建设—研究—中国 Ⅳ.①G123

中国版本图书馆 CIP 数据核字（2022）第 070843 号

现代公共文化服务体系构建与实践研究
XIANDAI GONGGONG WENHUA FUWU TIXI GOUJIAN YU SHIJIAN YANJIU

著　　者：王显成　顾金孚	
责任编辑：刘兴华	责任校对：阮书平
封面设计：中联华文	责任印制：曹　净

出版发行：光明日报出版社
地　　址：北京市西城区永安路 106 号，100050
电　　话：010-63169890（咨询），010-63131930（邮购）
传　　真：010-63131930
网　　址：http://book.gmw.cn
E - mail：gmrbcbs@gmw.cn
法律顾问：北京市兰台律师事务所龚柳方律师

印　　刷：三河市华东印刷有限公司
装　　订：三河市华东印刷有限公司
本书如有破损、缺页、装订错误，请与本社联系调换，电话：010-63131930

开　　本：170mm×240mm	
字　　数：278 千字	印　　张：16.5
版　　次：2022 年 5 月第 1 版	印　　次：2022 年 5 月第 1 次印刷
书　　号：ISBN 978-7-5194-6565-0	
定　　价：95.00 元	

版权所有　　翻印必究

自 序

十八大以来，党中央、国务院高度重视公共文化服务体系建设。2012年11月，十八大提出公共文化服务体系建设要着力完善服务体系、提高服务效能。2013年11月，党的十八届三中全会审议通过了《关于全面深化改革若干重大问题的决定》，将公共文化作为深化改革的重要内容，提出了"构建现代公共文化服务体系"的重大命题。围绕这两大主题，我国公共文化服务体系建设稳步推进，力度不断加大，公共文化机构服务能力稳步提升，群众文化活动不断丰富创新，数字文化建设水平进一步提高。党的十九大又进一步提出"坚定文化自信，推动社会主义文化繁荣兴盛"，公共文化进入了发展的快车道，形成了全面推进、重点突破、稳步提升的新局面。

但不可否认的是，公共文化服务体系建设中，还存在发展不平衡、基层文化设施薄弱、服务主体单一、体制机制僵化等问题，公共文化产品和服务的供给难以满足广大群众的文化需求。为此，文化和旅游部启动了一系列的公共文化服务体系制度设计课题研究。公共文化服务体系制度设计，是推动公共文化服务体系科学建设、系统发展而开展的一项重要工作，旨在针对当前公共文化服务体系建设存在的矛盾和问题，立足区域差异和地方实践，通过政策支持和制度保障体系的研究和设计，探索推动公共文化服务体系建设的新模式、新路径、新方法和新措施，确保实现可持续发展。

围绕构建现代公共文化服务体系，当前的政策走向突出表现在以下几方面：以标准化推进基本公共文化服务均等化、稳步推进政府购买公共文化产品和服务、全面深化公益性文化事业单位改革、突出人民群众的主体地位和作用、运用现代信息技术提高公共文化服务效能。围绕着这几大主题，文化和旅游部启动了一系列公共文化领域的试点改革，如在全国启动公共文化服务标准化、建立基层综合性文化服务中心、文化事业单位法人治理改革等。通过制度设计课题研究，加强顶层设计；通过各项试点，推动公共文化领域体制机制创新。

本书在文化和旅游部制度设计研究、嘉兴市创建国家公共文化服务体系示范区制度设计和嘉兴市文化重点创新团队的资助下，围绕公共文化体制机制改革创新、文化馆总分馆服务体系、互联网思维下的公共文化服务创新平台（"文化有约"）、基层文化服务建设等关键性问题重点研究。研究坚持调查与研究相结合、理论与实践相结合、全面与重点相结合、过程与结果相结合，为构建现代公共文化服务体系提供设计和支撑，体现了较强的针对性、创新性和示范性。

本书的部分研究成果，已经在嘉兴市创建国家公共文化服务体系示范区中转化为政策得到有效实践。嘉兴市通过机制创新、内容创新和队伍创新增强公共文化服务活力、提高公共文化服务效能，使全体人民都能享受到普惠、均等、便捷的公共文化服务，以东部地区第一的优秀成绩获得第二批国家公共文化服务体系示范区称号。嘉兴市不忘公共文化服务初心，在示范区创建结束后，持续推进示范区后续建设，聘请有关专家担任学术指导，持续开展制度设计和实践创新。两年多来，在嘉兴市重点文化创新团队建设的资助下，作者和团队深入调研、系统梳理，持续加强理论研究和创新实践，取得了一定的成果，呈现在读者面前。

本书结合作者对公共文化的研究整理而成。各章节有一定的前后逻辑，部分内容也可独立成章。既可以作为公共文化领域研究的参考资料，也可为各地构建现代公共文化服务体系提供实践指导。研究中得到了浙江省文化和旅游厅、嘉兴市委宣传部、嘉兴市文化广电旅游局的大力指导，也得到了杭州市、宁波市、温州市、丽水市、温岭市、玉环市、平湖市、海宁市、萧山区、南湖区、龙游县、景宁畲族自治县、嘉善县、海盐县等地文化部门和基层文化工作者的无私帮助，在此一并致谢。作为一个公共文化领域研究的新兵，笔者深感研究的理论高度和深度都非常有限，研究成果还存在很多的缺陷，欢迎读者批评指正。但它毕竟是笔者在公共文化领域研究迈出的大胆一步，足以自感欣慰。

此为序！

作者

2021年春

目 录
CONTENTS

第一章 基本文化需求满足程度与需求反馈调查 **1**
 一、研究综述 1
 二、研究方法和数据采集 2
 三、受访者人口统计学分析 5
 四、研究结论 8
 五、提升群众基本文化需求满足度的政策建议 17

第二章 基本文化权益的内容与量化研究 **25**
 一、有关文化权益的研究综述 25
 二、基本文化权益的内容 29
 三、群众基本文化权益量化指标研究 35
 四、群众基本文化权益保障途径的思考 39
 五、保障群众基本文化权益的对策研究 42

第三章 基本公共文化服务标准化均等化 **50**
 一、基本公共文化服务的内涵 50
 二、研究设计 58
 三、浙江省基本公共文化服务标准化均等化现状调研 59
 四、促进基本公共文化服务标准化均等化的实施途径 75

第四章　文化馆总分馆制研究与实践 ······ 88
一、文化馆在构建现代公共文化服务体系中的地位和作用 ······ 88
二、文化馆服务体系运行状况分析：嘉兴案例 ······ 90
三、文化馆总分馆服务体系建设的地方探索 ······ 97
四、县级文化馆总分馆结构体系研究——以嘉兴市为例 ······ 103
五、服务体系中不同层级文化馆（分馆）职能与内容 ······ 106
六、文化馆总分馆服务体系运行机制研究 ······ 109
七、推进县级文化馆总分馆服务体系建设的保障措施研究 ······ 113
八、推动文化馆总分馆企业分馆建设 ······ 115

第五章　基层队伍的文化"三员"建设 ······ 119
一、基层文化队伍建设存在的现实困境：嘉兴市的实地调研 ······ 119
二、文化下派员、专职管理员的起源与职能 ······ 122
三、嘉兴市镇、村文化员的统筹机制设计 ······ 123
四、基层"两员"管理体制研究 ······ 127
五、从"两员"到"三员"深化研究 ······ 129

第六章　业余文艺团队建设机制与管理创新 ······ 135
一、群众业余文艺团队的价值与作用 ······ 135
二、群众业余文艺团队建设现状调查：南湖区为例 ······ 137
三、南湖区群众业余文艺团队建设存在的主要困境 ······ 143
四、创新群众业余文艺团队建设机制的原则 ······ 149
五、群众业余文艺团队建设与管理的"六化"模式研究 ······ 151

第七章　社会力量参与基层公共文化设施管理 ······ 159
一、社会力量参与公共文化服务研究概述 ······ 160
二、引入社会力量参与基层文化设施管理的可行性 ······ 165

  三、社会力量参与基层公共文化设施管理的利益相关者研究 ………… 173

  四、制约社会力量参与基层公共文化设施管理的障碍分析 ………… 176

  五、社会力量参与基层公共文化设施管理的主要形式 ……………… 179

  六、基层公共文化设施社会化管理主体选择——嘉善的两个样本 …… 182

  七、社会力量参与基层公共文化设施管理的对策建议 ……………… 186

第八章　数字公共文化建设　**196**

  一、数字公共文化服务的重要意义 …………………………………… 196

  二、国内外数字公共文化服务的借鉴 ………………………………… 196

  三、基于"互联网+"公共文化服务平台："文化有约" ……………… 199

  四、强化"文化有约"运行管理研究 ………………………………… 205

  五、构建"文化有约"建设长效机制研究 …………………………… 210

  六、"文化有约"的发展方向研究 ……………………………………… 212

第九章　公共文化服务绩效评估研究　**219**

  一、研究综述 …………………………………………………………… 219

  二、公共文化服务绩效管理的动因分析 ……………………………… 226

  三、国内外公共文化服务绩效管理的实践 …………………………… 228

  四、公共文化服务绩效动态评估指标体系设计——以嘉兴市为例 … 235

  五、嘉兴市公共文化服务绩效评估系统的设计 ……………………… 241

  六、加强公共文化服务绩效评估管理的制度设计 …………………… 245

参考文献　**247**

后　记　**252**

第一章

基本文化需求满足程度与需求反馈调查

党的十八届三中全会提出要实现文化惠民项目与群众文化需求的有效对接,不断满足群众文化需求。构建现代公共文化服务体系,必须先跟人民群众的文化需求有效衔接。这就要求在提供基本公共文化服务之前,要先了解人民群众有哪些基本文化需求,掌握人民群众基本文化需求的主要内容,分析群众基本文化需求的特点和特征,以及当前政府提供的公共文化服务与群众实际文化需求的差异,才能针对性地提供并改善基本公共文化服务。

一、研究综述

党的十七届六中全会提出"满足人民基本文化需求是社会主义文化建设的基本任务"①,首次将满足人民基本文化需求作为我国各级政府提供公共文化服务的直接目的。从此,关于群众基本文化需求的研究受到越来越多的学者和文化工作者的关注。各地的文化研究者和文化工作者针对群众基本文化需求做了大量调研。浙江省于2010年在全省开展群众文化需求调研,分析了文化需求变动的六个趋向和群众文化工作存在的十个"基础性"问题②。重庆市社情民意调查中心对2013年重庆市基本公共文化服务需求展开调研,并分城市社区和农村两类进行分析统计。结果显示,城市居民和农村居民在文化需求上存在显著差异,城市社区居民最喜欢看电视,且最喜欢收看中央一台的节目;更喜欢送演出进社区,喜欢社区文化室开展的文艺活动,喜欢去文化广场,喜欢在电视上看电影、在家里读书看报,且最喜欢的读物为报纸,主要通过电视获取文

---

① 《中国共产党第十七届中央委员会第六次全体会议公报》单行本 [M]. 北京:人民出版社, 2011. 10.

② 吴福平. 浙江省"十二五"文化发展规划编制"群众文化"课题调研报告 [J]. 文化艺术研究, 2010, 3 (05): 37-80.

活动信息①。农村居民最喜欢的文化活动是看电视，且最喜欢看央视一套，最喜欢送演出到农村，到农家书屋看报的频率较高，最喜欢的读物为报纸②。上海市文化行政主管部门采用访谈、座谈会、问卷调查等方法了解群众文化需求，发现：上海不同年龄结构、不同学历层次、不同区域人员和不同收入的群体在文化需求上有一定的共性特征和趋向；老百姓的文化需求不断提高，需求指向多样化，需求范围更广泛③。王世龙、谢梅针对成都农村地区文化需求进行了调研，分析了少年、中年和老年人的文化需求，并从经济水平差异这一关键角度分析了其文化需求的差异性④。吴理财教授通过对20个省80多个县（市、区）问卷调查数据的分析发现：当前城乡人民群众的文化生活日趋个体化，在不同区域之间，人们的文化需求基本趋同；但在城乡之间，人们的文化需求与日常文化生活则显现较大差异性，尤其是城市社区群众跟村落社区群众之间的差异性更加显著；社会群体由于不同的身份表征在文化生活和文化需求上有所差异⑤。

综观已有成果，可以发现有关群众基本公共文化需求的研究成果丰富，成效显著，但也存在一定缺陷。比如在城乡一体化背景下，重庆的调研将城市和乡村分开研究，固然有现实的道理，但可能会出现针对城乡出台差异化的政策，导致城乡裂痕更加明显；吴理财教授的调研面很广，但20省80多个县才使用了1244份问卷，平均每省才62份问卷，每县约15份问卷。显然，问卷的代表性和针对性还有很大的提高空间。

二、研究方法和数据采集

（一）样本选择

限于研究的人力、财力及数据的可得性，展开大面积的调研比较困难。研究中选择嘉兴市作为调查的样本地区，有三点原因：第一，嘉兴正在创建第二

---

① 重庆市城市社区基本公共文化服务需求调查［J］.上海文化，2014（06）：35-40.
② 重庆市农村居民基本公共文化服务需求调查［J］.上海文化，2014（06）：41-47.
③ 贝兆健.上海地区百姓文化需求调研［J］.上海文化，2013（02）：33-37.
④ 王世龙，谢梅.农村地区文化需求差异性研究——以成都地区为例［J］.农村经济，2014（09）：113-117.
⑤ 吴理财.群众基本文化需求和区域、群体性差异研究——基于20省80县（区）的问卷调查［J］.社会科学家，2014（08）：8-12.

批国家公共文化服务体系示范区，图书馆总分馆模式、文化有约等公共文化服务模式在全国也有很大的影响力和知名度。这说明嘉兴的公共文化发展水平具有很强的代表性和示范性。第二，嘉兴经济社会发展水平在浙江处于第二梯队，并不属于经济特别发达地区。达到嘉兴的公共文化发展水平，对全省经济还比较落后的地方来说，并不是遥不可攀的。第三，嘉兴的公共文化服务水平和经济发展水平之间的不一致性①，说明一个地区经济实力与公共文化服务水平不一定有必然的正相关关系。一些经济实力不是很突出的地区，只要重视文化发展，能针对群众文化需求提供有针对性的文化服务和产品，当地的公共文化发展水平也能达到较高的高度。因此，嘉兴样本具有一定的代表性。

（二）研究方法

群众基本公共文化需求调查主要通过三种方式进行：定量问卷调查、定性深度访谈与焦点团体座谈会。

1. 问卷调查

（1）调查方法

本次问卷调查采用定点访问的方式发放。定点访问在人流量较大的特定地点设置抽样点，能够在较短时间内接触较多受访者，适用于城镇等人口区。项目组在嘉兴市各级公共文化场馆以及场馆周边居民集中区域分别选取有代表性地点，过滤遴选合格访问对象进行访问。

访问采用访员读录法，即由访问员读出问题及选项，由受访对象回答，由访员填写问卷，整项访问约持续10分钟。访问完毕赠送调查对象纪念品一份。

（2）访问对象

调查对象年龄以18岁以上、70岁以下为主，适当控制了18岁以下的青少年群体、70岁以上老年群体的配额，确保受访者群体年龄分布的广泛性和代表性，同时要求受调查者在嘉兴市抽样点连续居住至少满6个月。

（3）样本量

样本量设计主要以嘉兴各区县常住人口数作为主要考虑因素，以提高研究准确性，并对得到的初始样本量进行合理化修正，使各区县的样本数相对统一、规范，更利于操作执行。本次测评最终实际完成有效样本量1715份。

---

① 嘉兴公共文化服务处于浙江第一梯队，经济发展水平处于第二梯队。

2. 深度访谈

深度访谈是定性研究常用的一种方法，通常由访问人员根据研究人员预先拟好的访问提纲进行，访问时间是45~90分钟，经过受访对象许可后录音，并最终整理成书面文字资料。深度访谈的优点在于研究人员可以就相关问题获得比较深入的信息，并能够针对不同的受访对象追问不同的问题。一对一的形式可将反应与受访者直接联系起来。这不仅消除了群体压力，受访者还能够提供更加真实的评价。

研究组在嘉兴市文化行政主管部门的帮助下，对不同层面的文化行政主管部门负责人、基层文化单位（场馆）负责人、群众等进行深度访谈，深入了解他们对嘉兴市城乡一体化公共文化服务的评价和看法。深度访谈总数为8人，其中文化行政主管部门领导2人，文化馆负责人2人；乡镇综合文化站负责人2人，业余文艺团队负责人1人，群众1人。

3. 焦点座谈会

焦点团体座谈会（Focus Group）是社会调查中一种常用的定性研究方法。与政府通常召开的座谈会不同，焦点团体座谈会一般邀请8~10位受访者参与讨论，并有一套规范、专业的操作流程，有利于更好地进行研究获得结果。通过主持人和与会者，以及与会者和与会者之间的多边互动方式，帮助研究者在一定程度上生动形象地了解受访者的需求特点、行为特征和态度，以及影响他们看法的原因。

研究人员于2014年6—8月分别召集了3组不同类型服务对象的座谈会。为了达到客观、公正、全面的效果，在服务对象的选择上，尽量按照服务对象性质不同进行平均分布。在实际研究中设计了三场座谈会，分别为城市居民座谈会（参与人员8人）、农村居民座谈会（参与人员8人）、群众业余文艺团体成员座谈会（参与人员5人）。

（三）指标设计

根据文献研究的成果和研究的需要，设计基本公共文化需求满足程度与满意度指标体系（表1-1）。

表 1-1　基本公共文化需求满足程度与满意度指标体系

一级指标	二级指标	三级指标
知晓情况	知晓度	知晓率
		知晓渠道
参与情况	使用率	使用频率
		使用情况
满意度情况	硬件设施	位置便利性（方便度）
		环境整洁性
		硬件设施完备性（齐全度）
		面向特殊群体的服务情况（特殊群体关注度）
		硬件设施使用及维护
	管理服务	开放时间合理性（规范性）
		服务收费合理性（规范性）
		场馆管理是否有序
		工作人员服务态度（热情度）
		工作人员业务技能（专业性）
		群众意见反馈情况
	活动开展	活动宣传高效性
		活动开展频率
		活动开展参与度
		活动类型丰富性
		活动参与效果
文化需求情况	文化需求满足	文化活动的需求满足程度
	潜在需求形式	文化需求的形式
	文化需求获取	满足文化需求的途径

三、受访者人口统计学分析

对 1715 份受访者的基本资料进行分析，其人口统计学资料见表 1-2、表 1-3。

表1-2 受访者人口统计学资料（N=1715）

区域			年龄			户籍情况		
地区	样本数	所占比例（%）	年龄区间（岁）	样本数	所占比例（%）	类型	样本数	所占比例（%）
秀洲	218	12.71	7~12	52	3.03	嘉兴城镇户籍	550	32.07
南湖	321	18.72	13~18	171	9.97	嘉兴农村户籍	617	35.98
嘉善	250	14.58	19~29	289	16.85	外地城镇户籍	184	10.73
海盐	203	11.84	30~39	268	15.63	外地农村户籍	364	21.22
桐乡	246	14.34	40~49	294	17.14	性别情况		
海宁	243	14.17	50~59	295	17.20	性别	样本数	所占比例（%）
平湖	234	13.64	60~69	269	15.69	男	887	51.72
			>70	77	4.49	女	828	48.28

表1-3 受访者人口统计学资料（续）（N=1715）

学历情况			职业情况			月收入情况		
学历	样本数	所占比例（%）	职业	样本数	所占比例（%）	收入区间（元）	样本数	所占比例（%）
小学	256	14.93	本地务农	181	10.55	1000以下	171	9.97
初中	587	34.23	机关或事业单位职工	158	9.21	1001~2000	295	17.20
高中（中专）	578	33.70	大中企业主	15	0.87	2001~3000	685	39.94
大专/大学本科	292	17.03	小企业主/个体业主	183	10.67	3001~4000	278	16.21
硕士以及以上	2	0.12	企业管理人员/文职人员	340	19.83%	4001~5000	88	5.13
			企业体力劳动者	336	19.59	5001~6000	21	1.22
			学生	188	10.96	6001~7000	4	0.23
婚姻情况			下岗/失业/待业/无业	54	3.15%	7001~8000	5	0.29
婚姻	样本数	所占比例（%）	离退休	250	14.58	9001~10000	3	0.17
未婚	399	23.27	无固定职业	6	0.35	10001~11000	1	0.06
已婚	1300	75.80	自由职业	3	0.17	12000以上	3	0.17
离婚	6	0.35	未回答	1	0.06	无固定收入	161	9.39
丧偶	10	0.58						

四、研究结论

(一) 公共文化服务总体满意度分析

通过调查发现（图1-1），整个嘉兴市公共文化场馆服务满意度总体水平为77.53分，表现尚可①，管理服务较受好评，活动开展略有欠缺，还有较大的提升空间。

从各二级指标得分来看，各地公共文化场馆的管理服务和硬件设施受认可程度较高，分别达到了80.79分和78.62分，说明嘉兴市公共文化服务网络设施建设成效显著，而活动开展方面则还需进一步提升，很可能是今后工作改进的主要方向之一。调查中居民普遍反映，活动开展较少、活动没有吸引力和活动信息宣传不到位是各场馆需主要改进方面。

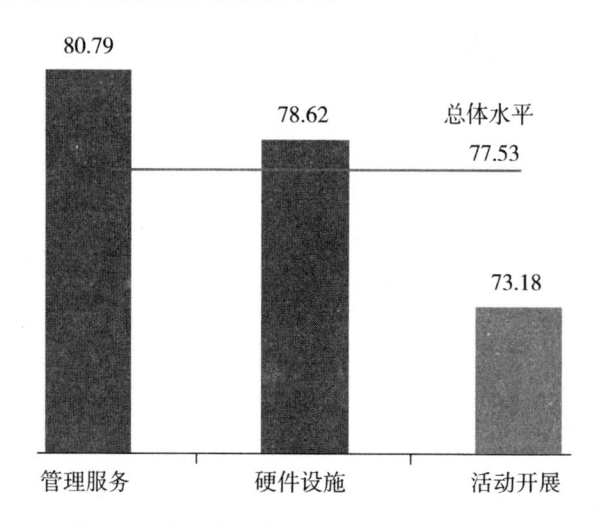

图1-1 嘉兴市公共文化服务满意度总体水平

再结合各级场馆类别来看（图1-2），从总体满意度看，各级图书馆的满意度总体评价为81.16分，文化馆满意度总体评价为73.05分。其次各级图书馆的满意度差异不大，说明嘉兴公共图书馆体系建设水平成熟稳定，居民的认可度较高，可见嘉兴图书馆总分馆服务体系建设确实卓有成效。但是文化馆的满意

---

① 公共服务评价分数标准为：得分≥85，优秀水平；80≤得分<85，良好水平；75≤得分<80，尚可水平；70≤得分<75，一般水平；得分<70，较差水平。

度水平呈现出较为波动的曲线状态，尤其是县（区、市）文化馆满意度评价处在洼地，说明这一级别的文化馆建设在居民中的认可度较市级、甚至街道（镇）略显薄弱。原因推测可能是部分县（区、市）文化馆的低满意度降低了该级别文化馆整体满意度水平，尤其是活动开展方面的满意度水平较低。

此外，各级别的文化场馆（含图书馆和文化馆）的满意度水平也呈现出同样的形态。总体来看，区/县/市的满意度也是制约满意度总体水平的主要短板。

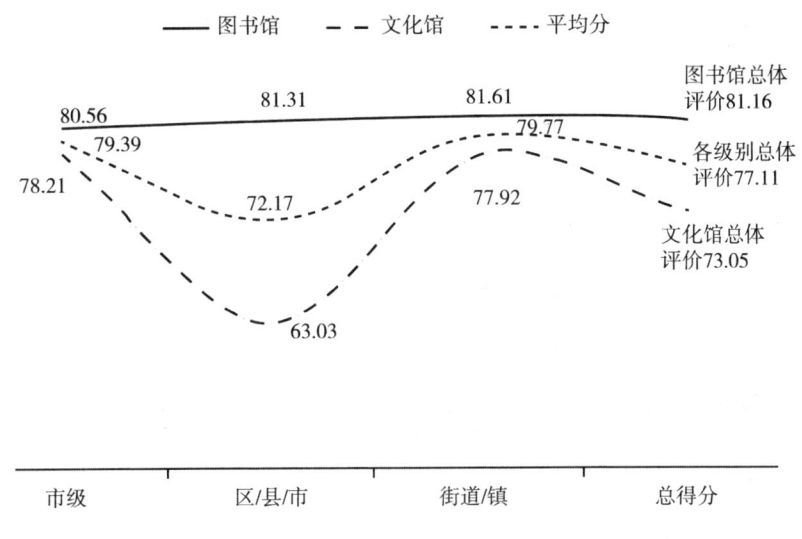

图1-2　嘉兴市各级图书馆和文化馆满意度总体评价得分

（二）群众基本文化需求满足程度分析

1. 群众基本文化需求满足程度还有很大的提升空间

研究发现，居民对不同类型文化服务的总体需求满足程度评价为66.39分（满分为100分，下同），仍有着力提升的空间。其中书刊阅读、体育健身、影视放映、广场跳舞的评价相对较高，尤其书刊阅读需求的满足程度评价最高，达到72.59分。相对而言，展示展览、讲座培训、文艺演出等文化服务的需求满足程度评价相对较低，亟待改进。

2. 公共文化场所成为满足群众基本文化需求的首要途径

分析群众文化需求的实现途径发现：电视广播、图书馆、社区文化活动中心仍然是当前居民满足文化需求的主要获取途径。68.40%的居民通过文化馆、文化站满足文化需求，33.70%的居民通过图书馆满足文化需求，30.09%的居民通过文化礼堂（文化活动室）、文化活动中心满足文化需求。此外，互联网也是居民满足文化需求的重要途径，这也应该成为数字文化建设的方向和趋势。

3. 文化礼堂成为满足农村群众基本文化需求的主阵地

嘉兴市围绕打造"农民群众精神家园和农村文化地标"的目标，突出设施、内容、队伍3个重点，全力推进农村文化礼堂建设。截止到2014年年底，全市已建成农村文化礼堂268家①。对已经建成文化礼堂的农村调查显示，87.63%的农村居民通过文化礼堂满足文化需求；93.47%的农村群众参加过文化礼堂组织的各类文化活动；74.42%的农村受访者对文化礼堂组织的文化活动表示"比较好"和"好"，远高于本次调查的平均值（平均值为45.98%），这说明农村文化礼堂建设在满足农村群众文化需求上起到了重要作用。文化礼堂已经成为农民文体活动的主阵地，成为乡村的一种文化生活观。

4. 基本公共文化服务与群众基本文化需求还有一定的差距

分析群众对基本公共文化服务的总体评价，45.98%的受访者对本地公共文化活动表示"比较好"和"好"，超四成的受访者对本地公共文化服务活动评价一般，对本地公共文化活动开展表示"非常好"和"很不好"的比例分别为1.09%和2.01%。可见，居民对本地公共文化活动开展的整体评价较为折中，公共文化活动满意度有待实质性地提升。

（三）群众对基本公共文化服务的知晓率分析

1. 文化场所知晓情况分析

对文化活动场所知晓情况的调查显示（图1-3），所在社区文化活动中心、村文化礼堂（文化活动室）和区（县、市）图书馆成为居民最近一年内经常去的文化场馆，其中社区文化活动中心、村文化礼堂（文化活动室）成为居民最常去的文化场馆，所占比例达到超过七成。其次，乡镇（街道）综合文化站（文化中心）及市文化馆、市图书馆也是较为常见的居民活动场所。相对而言，近一年内居民较少去过博物馆、妇女儿童活动中心、工人文化宫、美术馆等文化场馆。可见居民在选择文化场馆时，更多地建立在地理位置的远近或个人兴趣偏好的基础上，而且各类文化场馆的使用率还需要有不同程度的提高。这也从另外一方面反映，必须建立公共文化服务体系建设的协调机制，将其他部门

---

① 本数据调研于2014年年底。截止到2019年，嘉兴市实现文化礼堂全覆盖。

的文化活动资源有效整合进公共文化服务体系，以更好地提供公共文化服务。

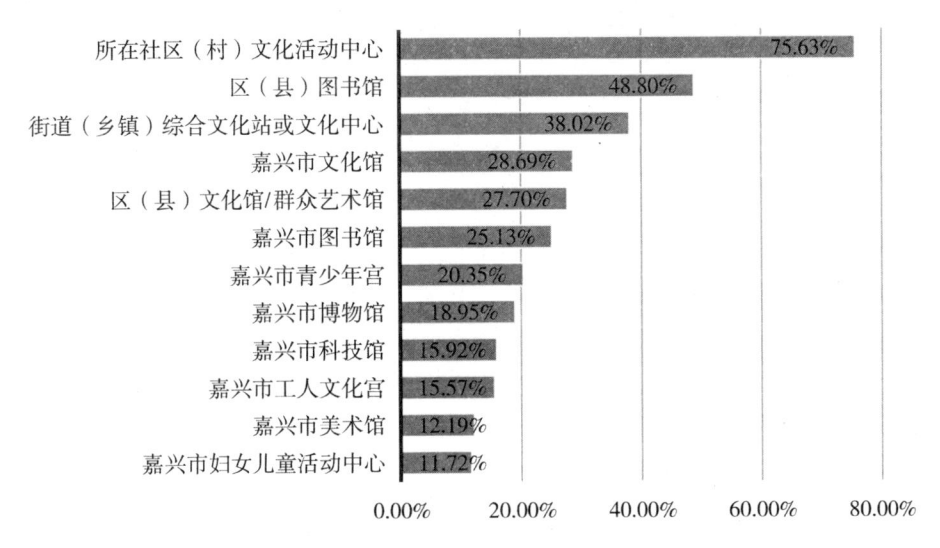

场馆	知晓度
所在社区（村）文化活动中心	75.63%
区（县）图书馆	48.80%
街道（乡镇）综合文化站或文化中心	38.02%
嘉兴市文化馆	28.69%
区（县）文化馆/群众艺术馆	27.70%
嘉兴市图书馆	25.13%
嘉兴市青少年宫	20.35%
嘉兴市博物馆	18.95%
嘉兴市科技馆	15.92%
嘉兴市工人文化宫	15.57%
嘉兴市美术馆	12.19%
嘉兴市妇女儿童活动中心	11.72%

图1-3 各类公共文化场馆具体位置的知晓度（$N=1715$）

2. 文化活动知晓情况分析

对各类文化活动知晓情况的分析显示（图1-4），大部分居民对所在社区（村）开展过的文化活动还是有所耳闻。从居民反映的知晓率来看，免费的电影放映、文体娱乐活动、文艺演出等成为常见的形式，其中对免费电影放映的知晓率达到了68.49%；从实际参与率来看，依次也是这三类形式较高，其中免费电影放映的参与率最高，达到了78.56%。但是，书画展览、摄影展等活动的知晓率和参与率都偏低。同时，仍然有一定比例的居民不知晓和没有参与公共文化活动，有6.21%的居民不知晓举办的文化活动，9.63%的居民没有参与过任何文化活动。

研究发现，对于认为社区（村）没有举办过活动的受访者而言，如果社区（村）举办文化活动，51.3%的居民表示想参加，明确表示不想参加的居民比例仅为13.91%，33.91%的居民要根据活动质量决定是否参加社区（村）文化活动。可见，如果文化活动内容质量高，内容吸引人，过半数居民主观上愿意参与社区（村）的文化活动。所以要提升社区（村）的文化活动质量，兼顾不同群体的文化需求，丰富文化活动种类，提升文化活动吸引力，能够有效提升当前居民社区（村）文化活动的参与率，扩大居民参与面。

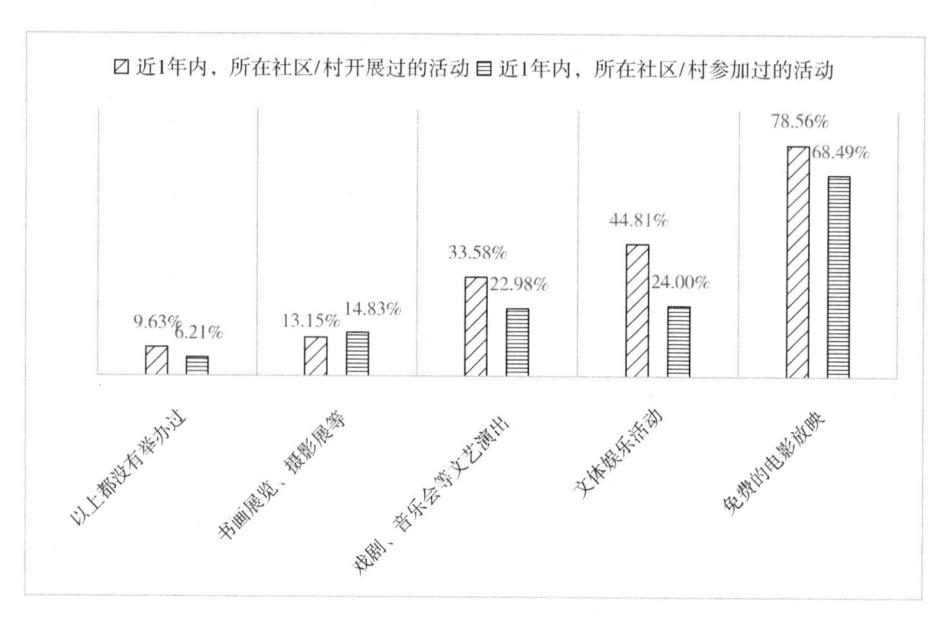

图 1-4　各类文化活动知晓度（$N=1715$）

3. 文化信息获取途径分析

对文化活动信息获取途径的分析表明（图 1-5），居民获取各类场馆相关信息的主要渠道是以个人生活圈为基础的家人、朋友和同事。近七成受访者是通过家人、朋友、同事获取各类文化场馆信息；还有是社区文化宣传栏/海报和社区宣传，比例分别为 47.6% 和 37.24%。相对而言，通过媒体宣传和网络宣传而获取场馆信息的受访者比例相对较低，分别为 21.88% 和 19%；通过微信、微博、QQ 空间等新媒体获取场馆信息的比例更低，不足 2%。可见网络和媒体宣传力度仍需提升。

（四）群众基本文化需求的时代特征分析

1. 基本文化需求从个体化的文化需求转为团队化的群众性常态文化活动

调查显示，尽管读书、看报、看电视等具有鲜明个体特征的"文化需求"仍然高居文化需求项目的前列，但参加文化培训、参与文艺团队、参加群众性文体表演等群体性活动的需求正急剧上升。数据显示，参加各类群众性文化活动的比例已经达到 45.81%，仅次于看电视和读书。可见，群众基本文化需求已

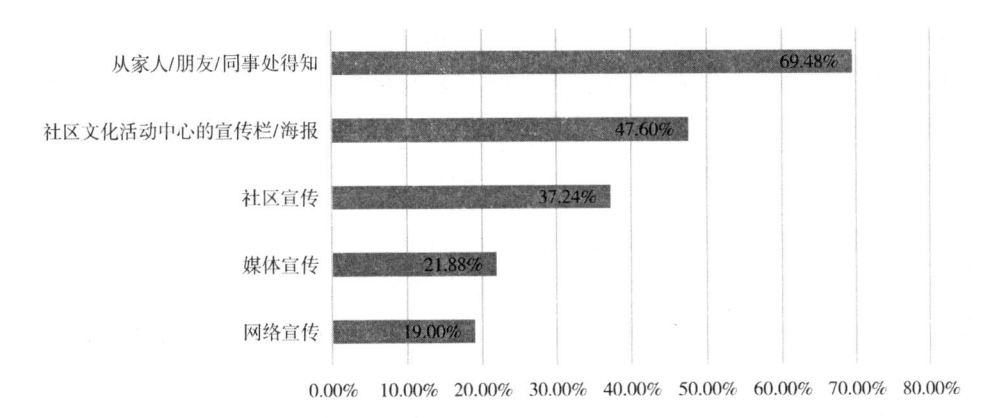

图 1-5　各类场馆相关信息获取渠道（$N=521$）

呈现团队化和常态化。近年来各地纷纷上演的"广场舞"事件①，其实质是群众团队性文化活动得不到有效满足的表现。

2. 基本文化需求从数量型的文化活动追求转向品质型的文化精品享受

分析表明，简单的读书看报、文艺演出、体育活动、放电影等已经无法满足群众的基本文化需求，"听音乐会""看书画展览""参加文艺表演"等高雅和品质型的文化活动项目，需求总量很大，增长幅度也很快。同时，愿意付出一定费用享受更高品质文化活动的群众比例很高。统计显示，尽管去社区（村）文化活动室等免费开放的文化场所参加文化活动的人群仍然超过70%，但愿意为文化活动付费的人群比例只接近30%。因此，从基本公共文化服务体系的建设来说，在凸现"公共性""公益性"的特点与使命的同时，也应该关注到群众多样化和品质化的文化需求。

3. 数字文化具备群众基本文化需求的重要内容和实现途径的双重属性

在信息发达的时代，数字技术与群众文化基本需求也紧密结合在一起。调查显示，数字文化既是群众基本文化需求的重要内容，也是群众基本文化需求的实现途径。一方面，数字文化成为群众基本文化需求的重要内容，上网、数字浏览等成为群众基本文化需求的重要组成部分。数据表明，除个别年纪较大的人，几乎100%的群众都会接触和享受到数字文化；另一方面，数字文化也成

---

① "广场舞"事件，是指各地群众在跳广场舞时因为噪声等问题引发群众投诉甚至造成激烈冲突的情形。

为实现群众基本文化需求的重要途径。网络阅读、电子阅读、数字电视等已经成为一种常态。因此在基本公共文化服务体系建设过程中,要注重利用现代数字技术,提高公共文化的传播能力和服务能力,更好地满足群众基本文化需求。

(五) 文化阵地资源需求对接情况分析

1. 文化活动资金投入仍存在缺口,通常组织诸如送戏下乡、送戏进城等大型文艺演出负担不轻。比如,深访中基层文化单位普遍反映:

> 前年我们有一个"村村一台戏",每个村出一个节目。这一块费用还是相当大。镇里出钱,奖励补给村里面,村里面出一部分资金。村里面自筹办法也有很多,有些会拉村里面的企业赞助。
>
> 平时排练或者服装,这个投入实在太大了,像这块是不是也要补助再大一点。局里面每一场演出,局里面补2500,我们镇里面也配送的,钱不够的。
>
> 局里面原来资金配套方面还是比较多的,现在财政上卡得比较严,免费开放这块补贴都没有了。唯一补下来村级文化阵地,还有业余团队、送戏下乡,补的钱也不多。

2. 群众文化团体自筹运营,尝试走"从文化活动到文化产业"的市场化转型道路

(1) 目前南湖区比较富有特色而且已经形成系列的主要公共文化活动。比如,"南湖合唱节"每年举办一次,到2010年已连续举办八届,这一系列活动带动了整个南湖乃至嘉兴地区合唱文化的发展,造就了南湖特有的"歌城"文化品牌,并成为全国著名的合唱基地。这当中涌现出不少热衷群众合唱活动的基层文化团体,尤以南湖区新嘉街道栅堰社区合唱团较为典型,他们共参加了从社区到中央电视台举办的各类演出比赛近百场,屡获佳绩。

以新嘉街道栅堰社区为例,该社区是嘉兴市南湖区最大的一个老社区。

> 我们这个社区有1.4万多人,退休的有3000多人,60岁以上有3000多人。有一个合唱团、一个歌咏班、舞蹈队、越剧队、京剧队,反正老百姓有的队我们都有,将近18个队。这么多团队成立了一个

文体协会。

其中，栅堰社区合唱团成立于1998年，团员以本社区退休教师、干部和科技人员为主。现有团员72名，平均年龄60岁。五年前，合唱团开始走自负盈亏的路子，专业级的演出服装、伴奏钢琴、外出参赛路费等都要靠开源节流、冠名演出等渠道来争取。五年来，合唱团在弥补此前的亏空、确保开支外，还每年上交社区文体协会2000多元来支援其他团队，以帮助社区开展其他文化活动。

但是相关团体负责人还是表示行政或业务条线协调有障碍，

> "譬如说，最实际的东西，2012年的奖金，市里早就批下来了，现在在街道。现在已经到2014年了还是没有给我们。包括场地、钱，关键是钱，中央肯定文化有钱拨下来的，但是这个水流到我们这里来像毛细血管一样，没有了"。

(2) "辣妈宝贝"是由嘉善县洪溪村的20多名农村妇女自发组成的舞蹈队，曾担任嘉善县"文化篮球赛"的"篮球宝贝"、全国女排联赛"排球宝贝"，应邀参加了第二三季中国达人秀，并先后到浙江卫视、江苏卫视、央视七套等各大舞台参加表演，成为嘉善家喻户晓的"草根明星"。

> 我们团队现在有26个人。从2007年开始组建，我们"辣妈宝贝"的带头人是我们洪溪村的书记兼村主任，所以是政府部门的，现在基本上都是由企业赞助我们经费。还有，现在"辣妈宝贝"成立了一个公司，将这一文化品牌推向市场。

2013年，"辣妈宝贝"正式领取了"嘉善辣妈宝贝文化传播有限公司"营业执照，正式向国家商标局提出在25类服装、31类鲜活农产品、41类文化演出上申请"洪溪辣妈宝贝"商标注册。

3. 基层文化团体中青年成员由于工作、结婚生子等原因，稳定性欠佳

相对而言，中老年群体闲暇时间较多，比较稳定，不易流失。以兴趣为基础，缺乏制度化的约束是人员流动较大的重要原因。文化团体座谈会上有受访

者表示：

> 没有抓手，比如，我自己管理的人，今天开展一个演出，像晚上有事情无法到场这一类事件，是否能克服一下，因为这是工作。像我们业余艺术团，只在闲暇时间参加，没有闲暇时间的话不参加，但是活动不是强制性的，我不能命令任何人，所以有的时候我也挺为难的。

4. 辅导老师数量不足，资源稀缺，招人困难

文化下派员制度的常规化一方面准确了解居民的培训需求，另一方面再根据合理需求派送文化培训老师。所以，存在需求是否对接，以及师资数量是否充足、是否足够专业等问题。

师资不够是客观状况。

> 我们很少用文化馆老师，因为他们人也不是太多，文化馆会有老师派送下来指导，每年配送下来，我们需要什么，基本上以站里的为主，跟他们说一下，他们也就来一两次。

为弥补文化馆师资配送的不足，辅导老师更多来源于文化站自身，或聘请社会文艺骨干或积极分子等。

> 我们会对基层文艺团队骨干进行一些培训，在对于小教员的培训，时间还是比较久的。我们本来有一个街道艺术团，分了几个组，有广场舞队的，有民族舞队的，还有声乐的、戏曲的……就像去年举办的六七个培训，都是我们自己开的。

人才资源方面还是存在供需不平衡情况。

> 像我们站里需要招一个体育方面的人才，但是困难重重，因为我们没有针对性，做不了主。报到镇里面，全市统一才能招聘的。招考通知发出去，只有两个人来报名，我们要求是三个人。限制在于报名三个才可以开考，所以去年没法招。今年接下来我们报告了，今年再

招人，现在也保证不了报名人数有多少。现在乡镇还是缺乏这方面的人才。

导致供需不平衡可能也存在招聘制度不灵活的因素。

可能有些政策方面卡得比较死。文化人才，想进我们文化事业单位是非常难的，这方面的选聘机制，要进一步拿出一个好的政策来。还有对于基层的文化干部来说，包括从事文化工作的工作人员来说，没有一个准入制度，这些都是比较大的问题。

五、提升群众基本文化需求满足度的政策建议

作为政府公共服务的重要内容，公共文化服务是指以保障公民基本文化生活权利为目的，由政府向公民提供公共文化产品与服务的制度和运作系统的总称，包括公共文化服务设施、服务资源、服务内容及其相应的人才、资金、技术、政策保障机制等内容。公共文化服务体系是以保障人民群众基本文化权益、满足人民群众基本文化需求为目的，以政府为主导，以公共财政为支撑，以公益性文化单位为骨干，向全社会提供公共文化设施、产品、服务的一整套体制、系统、政策和制度。建设公共文化服务体系的实质是文化资源的重新优化配置、合理流动和充分利用，实现构架科学、运行良好、保障有力、供给丰富、服务完善的综合目标，满足群众日益增长的文化需求。

党的十七届六中全会把文化工作提升到了一个前所未有的高度，明确提出"努力建设社会主义文化强国"的奋斗目标。其中，公共文化服务体系建设的目标是文化事业全面繁荣，覆盖全社会的公共文化服务体系基本建立，努力实现基本公共文化服务均等化，并提出了推进国家公共文化服务体系示范区创建，以全体人民为服务对象，以保障人民群众看电视、听广播、读书看报、进行公共文化鉴赏、参与公共文化活动等基本文化权益为主要内容，完善覆盖城乡、结构合理、功能健全、实用高效的公共文化服务体系。

资源配置是经济学的基本概念，资源的稀缺性决定了任何一个社会都必须通过一定的方式，把有限的资源合理分配到社会的各个领域中去，以实现资源的最佳利用，即用最少的资源耗费，生产出最适用的商品和劳务，获取最佳的效益。它包括企业、组织或全社会范围的人、财、物、科技、信息等资源的使用和安排。由于经济地位、历史人文积淀等有利条件，嘉兴市文化资源富集且质量较高，人才众多。尽管如此，但仍然存在社会文化资源配置不合理、不均衡，资源闲置与供给不足等共存的问题。因此，充分整合利用不同领域、不同系统的文化资源，实现社会文化资源优化配置和高效利用，为居民提供必需的人才资源、物质资源以适应公共文化服务与社会事业发展同步的要求。

（一）基层公共文化服务体系标准化建设

加强基本公共文化服务标准体系的建设和实施，是推进基本公共文化服务均等化的正确路径①。基层公共文化服务作为公共文化服务中的基础部分，对其进行标准化建设，即将标准化原则和方法运用到基层公共文化服务领域，制定场地设施、内容供给、服务方式、管理规范、运作程序等方面的标准体系，以保障基层公共文化服务的公益性、均等性、便利性与可持续性。

1. 构建配置合理、功能健全、实用高效的硬件设施网络，是社区公共文化标准化建设的基础

设施设备资源是提供公共文化服务的基本物质条件。要明确规定各级、各类文化设施的建筑空间尺度、内部布局要件、设备器材数量，实行统一配置，为实现公共文化服务标准化奠定物质基础。

从实际参与效果不难发现，当地的社区（村）文化活动室、街道（乡镇）综合文化站或文化中心仍然是吸纳居民日常文化活动的主要阵地，毕竟其他各级文化场馆也不能无限制、大容量地组织文化活动。所以，根据不同场馆的功能定位，在加强主要文化设施工程的同时，尽可能地改建居民最常使用的文化活动室、文化站或文化中心等的硬件设施水平。在深访中，基层文化团体负责人也反映：

> 条件不是很好，每次来要放凳子，因为他们跳舞把凳子搬光了。我们来唱歌又要排凳子，这样一来，他们跳舞又感觉到不方便了，又要搬开。而且这个房子都是危房，条件很差。打过报告，但是无人处理。

---

① 巫志南. 构建现代公共文化服务体系的政策走向分析［J］. 上海文化，2013（12）：12-16.

2. 建立居民公共文化服务"需求表达-意见反馈-满意度评价"机制

以公共文化服务均衡化为目标,建立双向多维表达-反馈-评价机制,采取有效的信息处理机制。进而以公共需求为导向,重塑文化服务的供给机制;建立意见反馈与满意度评价机制,以及有效反馈的激励机制,以建立畅通的需求表达途径,合理运用信息,提升公共文化服务的针对性和实效性。

在前期的需求了解部分,一方面要了解服务对象的需求,定期进行居民需求调研。公共文化服务效果到位与否,根本在于提供的服务内容是否能够与群众的文化需求紧密贴合。调研的目的在于通过即时、规范的方式相对真实地反映某一时间范围内群众的主流文化口味。由于群众需求也存在一个动态变化的过程,因此有必要将调研工作常态化,定期对于变化中的群众文化需求有所把握。调研的形式不局限于此,另一方面也要抓住基层文化单位的需求,加强与作为服务提供方的基层文化单位之间的沟通协调,对于目前无法满足或不能完全满足群众需求的基层文化单位,需要及时跟进、调整。

服务实施过程中,完善工作人员的对接、现场组织和管理;服务完成后,则应及时进行科学有效的考核评价,搜集服务需求方意见建议。

3. 规范居民文化需求信息采集、运用流程

不断满足居民群众的基本文化需求,是社区公共文化服务工作的本质属性,只有以之作为社区公共文化服务工作的出发点和落脚点,才能增强工作的针对性,提高工作的有效性。因此,要高度重视、精心做好社区居民群众文化的现实性、动态化需求信息的采集、运用和反馈工作。

一是做好居民群众文化需求信息采集工作。通过召集居民代表座谈交流收集意见和建议、在公共文化服务网点设置居民文化需求登记簿、在网上建立居民基本文化需求提交平台等措施,为居民群众提供线上线下多种诉求途径,广泛地采集居民群众的现实性、动态性文化需求信息。

二是做好居民群众文化需求信息运用工作。采集居民群众的文化需求信息之后,要及时进行认真的梳理、归纳,选择其中具有代表性、倾向性、创新性的需求信息,作为策划和组织开展重点文化活动的重要依据,使各项文化活动、各项服务工作更有现实针对性,更具吸引力,更有实效。

三是做好居民群众文化需求信息运用情况反馈工作。对于任何居民群众的意见、建议和诉求,无论采纳与否,都要向当事人进行反馈。形式上可以采用

会议座谈、书面沟通、网上对话等方式反馈,同时又开展新一轮信息采集,形成良性互动循环机制。

4. 建设"资源整合、统一完善、产品多元"的公共文化产品菜单式供给与配送机制

要完善文化菜单品类,重点保障老年人、弱势群体、外来务工人员的基本文化需求,提升公共文化产品质量,吸引中青年群体的参与;整合资源,建设统一完善的公共文化服务平台,提供菜单式公共文化产品供给机制①;充分利用现代网络技术手段,提升基本公共文化配送能力,加强宣传推广,充分利用广播电视、报刊、网络、社区宣传栏等渠道,加大在"文化有约"网站、微信、微博、QQ 空间等移动传播平台上的推广力度,拓宽公共文化服务资讯的传播渠道和覆盖面。

从基本文化权益角度看,需要满足不同人群的文化需求,在文化资源的分配上注重分众化和层次性:一是退休居民、老年人;二是下岗无业、家庭困难人员;三是外来务工人员;四是郊区居民,因为相对来说,经济文化不太发达,许多城区基本的文化需求没有得到满足,这也是社会主义新农村建设的一个重要方面;五是青少年群体,他们处于成长发展的阶段,优质公共文化服务将影响青少年一生的发展。

老年人、儿童以及一些弱势群体一定程度上是参与公共文化活动的生力军,而中青年这一层面却被最大限度地忽略了。应该认识到这一群体是社会的主体,他们有公共文化需求却没有享受到合适的公共文化服务。所以,吸引青年群体的参与,对提升社区公共文化配送质量,更好发挥文化公益性具有积极作用。

5. 加强宣传推广,拓宽公共文化服务资讯的传播渠道和覆盖面

社区公共文化服务标准化建设与广大居民的切身文化权益息息相关,必须加强宣传推广,拓宽公共文化服务资讯的传播渠道和覆盖面,提高公共文化服务的社会透明度,使社区居民充分知晓、主动参与、广泛融入。

除了市级媒体外,还应充分利用广播电视、报刊、网络、社区宣传栏等大力宣传、及时报道社区文化建设取得的成就和典型经验,反映社区居民对社区公共文化服务的要求和心声,针对社区公共文化服务的困难和问题进行解疑释惑。甚至越来越多地利用新型社会化媒体,如通过微博和微信等提高其公众社

---

① 陈立旭. 增强浙江公共文化服务能力的五点建议 [J]. 观察与思考,2012 (01):25-26.

会知晓度，才能吸引更多的公众享受公共文化的成果，从而提高公共文化服务资源的使用效能。

充分动员各方面力量共建共享，多增进共识，多做典型报道、示范引导的工作，营造全社会关注、支持、积极推动公共文化服务标准化建设的浓厚舆论氛围。

6. 营造社区"熟人社会"激发公众参与的意愿和活力

"社区营造"是指以共同议事、自律自治为组织方式，成员通过社区网络关系的互动而产生共识，逐渐改变社区的公共空间形态、经济发展方式及精神文化面貌。促进邻里交流互动也是社区文化活动的重要功能

"社区"概念最早是由德国社会学家腾尼斯提出的，他在1887年出版的《社区与社会》一书中最先使用了"社区"一词。他认为，社区是由同质人口组成的关系亲密、守望相助、疾病相扶、富有人情味的社会生活共同体，是自然形成的。从传统社区向现代社会的转变，一个很大的变化就是社区共同体的消失，人们之间的情感联结日益松散。因此，如何重构社区内居民之间的情感联系，让社区居民真正共同参与社区文化建设，就成为当下"熟人社会"建设中一项非常重要的议题。

社区交往和社区关系是作为一个生活共同体的社区所必不可少的基础，社区生活的许多方面也都与交往紧密联系。频繁的交往和密切的社区关系，是认同感和归属感形成的重要条件。促进社区交往和强化社区关系的基本途径是在社区中开展共同活动，人们只有在共同的文化活动中，才能增进交往，形成社会联系。

综上，建议加强社区交往的场所设施建设、组织载体建设，及社区文化建设。

（1）增加和改善社区交往的场所和硬件设施

丰富居民交往的场所，如图书馆、书画室、展览室、聊天室、聚会场所等，让居民觉得有地方可去，给予居民一定的选择机会。针对不同场地的使用性质配给相应的健身、休息、服务设施，为居民提供开展文化健身活动的好场所。让居民们在一天工作辛劳之余，在此放松身心、娱乐健身，同时也增强了彼此交往亲近的机会。

同时逐步提升社区信息化水平，社区居民之间的充分、良好的互动是社区共同体形成的标志。如果邻里之间互不往来，楼上楼下各不相认，那就没有共同体可言了。实际上，居民之间对彼此互动是有着内在需要的，关键是提高互

动的便捷程度。如利用社交媒体工具，如微信等建立"线上小区群"有望成为新型的邻里互动方式。

（2）社区管理部门要发挥主动性，充分了解居民的需求，增强社区交往的**组织载体**

一方面，积极鼓励由居民自组织的、在一定范围内自主开展活动的娱乐社交圈子；另一方面，社区居委会应当积极主动搭建社区居民参与、决策、自治的有效平台，使社区不同群体的居民在社区这一组织平台和交往环境中充分表达个人的主张和意愿，才能营造开放、自由、密切、丰富的社会关系。

（3）积极开展有文化创意的活动推动社区"文化睦邻"建设

依托节庆文化、广场文化等开展居民集体参与性高的文化活动，营造良好的社区文化氛围，尽量满足不同人群的需要，确保社区文体活动的正规化、持久化、广泛化。比如，可以设立社区居民文化网站，办好社区的活动报刊，通过这些文化载体，让居民真正参与进来，使他们积极讨论、增进交流。街道还可以组织各种公益性的短期实用培训班，如厨艺烹饪、园艺插花、养生保健、工艺编织、电脑基础等。这不仅增加了居民交往，同时也丰富活跃了居民业余精神文化生活。

（二）文化资源配置与需求整合效能提升

1. 完善投入保障机制，优化人才资源配置

建立一种"文化站工作人员+社会聘用人员+志愿者"的管理模式，有助于文化资源整合最优化、管理成本最小化和免费开放效益最大化。包括人力投入、财力投入和物力投入的"硬投入"机制和包括政策投入、科技投入、管理投入、文化投入和教育投入在内的"软投入"机制有机结合，从投入主体、投入方式、服务内容、服务理念和机制创新方面进行全面构建。

2. 建设公共文化服务志愿者队伍措施落地

在当前和今后相当长时期内，整个公共文化服务体系建设都将面临工作量大、工作面广、工作任务繁重而工作力量配备严重不足的挑战。考虑到人才供给数量与专业化程度等问题，各级各类公共文化服务人才队伍数量不足、水准不齐的矛盾问题更加突出。

积极探索缓解公共文化服务人才紧缺的措施，创立一支由群众文艺骨干分子、热心公益文化建设的社区文化精英分子组成的文化志愿者队伍。一方面，

由政府提供一定的文化经费，面向全社会公开招募文化志愿者，由其承担该街道（镇）文化站或文化中心，以及社区（村）文化室（文化公塾）的日常服务工作；另一方面，由各级公共文化事业单位推举、选聘在编或非在编、在职或退休的文化艺术精英人士，组建"志愿者专家团"，由其承担社区文化艺术创作指导、文艺活动编导辅导、文化讲座就业培训等工作任务。

建立文化志愿者资源库，搭建好文化志愿者队伍和社区居民的沟通和互动平台，充分发挥志愿者专家团指导基层群众文化工作，提供专业文化服务的作用。

3. 运用激励机制，调动一切积极力量

在社会文化资源整合过程中，要调动各方参与主体的积极性，就必须要有一套行之有效的激励约束机制。建立健全激励机制，形成良好的制度环境，可以达到优化资源配置、减少资源浪费的目的。

主要激励方式可分为两大类，即物质激励和精神激励。在物质激励上，对积极参与、做出成效、贡献突出的文化机构、团体或个人进行奖励，并形成一种长效机制。在精神激励上，可通过目标激励、政治激励、荣誉激励充分激发文化机构、团体的积极主动性。

（三）公共文化配送平台和服务载体创新

1. 建立统一完善的公共文化服务平台——"文化有约"，实现公共文化菜单式服务和传递

如今，数字网络技术已经普遍运用到社会生产生活各领域和全过程，先进技术应用对于提高基本公共文化服务效能而言，一定意义上具有决定性的作用。加强公共数字文化建设，用现代信息技术提升公共文化服务效能，满足人民群众多样化的精神文化需求，是构建现代公共文化服务体系的内在要求[①]。要继续实施国家公共数字文化服务重大工程，构建综合集成、高效运行的公共数字文化服务平台，提供丰富便利的公共数字文化服务；要运用数字网络技术手段创新公共文化服务方式，提供新颖独特的数字文化体验服务。要运用数字网络技术，建立特色文化资源库，繁荣特色文化，扩大特色文化传播，提高公共文化领域的信息化管理水平，并以此提升公共文化服务体系的整体运行效能。

嘉兴市运用大数据技术搭建的"文化有约"平台，成为推进公共文化服务

---

① 评论员. 公共文化服务与科技融合：构建现代公共文化服务体系的重要抓手［N］. 中国文化报，2015-01-21（01）.

建设的一个创新之处。由政府文化机构牵头，建立统一的公共文化服务信息平台，努力实现公共文化服务全程数字化管理，网上采集群众文化需求、网上发布公共文化服务内容，同时加强信息反馈管理，及时收集公众对公共文化服务质量的评价，实行网上监管公共文化服务。

通过利用这种现代网络传媒技术，实现随时采集、发布、更新"主干系统""枝干系统"的公共文化服务信息，一方面让广大居民百姓及时了解这些信息，以便自主选择分享公共文化服务、参与公共文化活动；另一方面通过公众反馈也能够更及时地了解他们多样性、多层次的文化需求，以便提供更好、更符合居民需要的公共文化服务。

2. 提高公共文化配送的社会化程度，服务平台更加多元化

按照"社会能自主运作的，政府不替代；社会能自主管理的，政府不包揽"原则，积极地、有步骤地吸引、鼓励和培育社会力量参与公共文化服务，使其成为文化公共品不可缺少的生产者、提供者、组织者和实施者，使公共文化服务领域凝聚和活跃着各类社会力量。

3. 落实文化馆总分馆垂直管理措施

公共文化馆体系是我国基层文化建设的主渠道，文化馆具备组织指导、传承创新、基层培训、创作指导、系统管理、综合平台六种功能。公共文化馆具有合理的公共文化资源整合和文化服务空间聚合。以市文化馆为中心馆，各县（市、区）文化馆为总馆。作为总分馆制的基层端口，街道（镇）文化中心还要负责所服务区域范围内所有社区的公共文化服务的统筹协调和业务指导任务，使总分馆制的优越性在最基层的社区落地开花。

4. 建立"社会监督、公众参与"基本公共文化服务绩效考核体系

要建立社会参与基本公共文化服务的机制，将基本公共文化工作与"两美浙江"、经济发展、新型城镇化建设等工作有机融合，加强与媒体的沟通联系，扩大社会宣传面的舆论氛围；形成社会参与机制，不断提高基本公共文化服务体系建设的知晓率、参与率和支持率；建立人大、政协监督、效能监察、舆论监督和群众评议相结合的综合监督体系，并引入专业机构开展第三方测评，创新绩效考核体系，发挥社会监督和公众参与的重要作用。政府"送文化"轰轰烈烈，群众却反应冷冷清清，出现无人问津的状况，制约了公共文化服务的可持续发展。同时，公共文化服务缺乏广泛的社会监督和公众参与，将难以满足公众日益增长的公共文化服务需求。

第二章

基本文化权益的内容与量化研究

党的十七大报告中全面部署了推动社会主义文化大发展大繁荣的战略任务，首次提出了"提高国家文化软实力，使人民基本文化权益得到更好保障"①的新思想、新论断，实际上国家公共文化服务体系把公民基本文化权益作为其框架结构功能的支撑点，这是我们党以人民为中心的发展观在文化建设中的重要体现，也是文化工作在构建社会主义和谐社会中所要解决的一个重大历史性课题。深刻理解这一重大命题的丰富内涵，对于推动我国当前的公共文化建设具有重大的理论意义和现实意义。

一、有关文化权益的研究综述

（一）文化权益的概念

有关文化权益概念的研究，在已有的文献中比较少，与之相似但经常出现的一个词是"文化权利"（the cultural rights/the cultural authority）。1951年，第6届联合国大会接受了印度和黎巴嫩提出的起草两个公约对两类人权予以保障的倡议，要求人权委员会将《世界人权宣言》所载权利区分为两个单独的国际公约，一个公约关涉公民和政治权利，即《公民权利和政治权利国际公约》；另一个公约关涉经济、社会和文化权利，即《经济、社会和文化权利国际公约》。1954年，人权委员会将经济、社会和文化权利国际公约草案（A草案）、公民权利和政治权利国际公约草案（B草案）提交给了第9届联合国大会审议。从1955年至1966年，联合国社会、人道和文化事务委员会对A草案进行了逐条审议，并于1966年12月16日第21届联合国大会一致通过。自此，《世界人权宣言》《公民权利和政治权利国际公约》及其任择议定书，即《公民权利和政治权利国际

---

① 中国共产党第十七次全国代表大会文件汇编［G］.北京：人民出版社，2007.

公约任择议定书》《公民权利和政治权利国际公约旨在废除死刑的第二任择议定书》,以及《经济、社会和文化权利国际公约》共同构成了《国际人权宪章》。

在中文研究中,将 the cultural rights 翻译成"文化权利"与"文化权益"的都大有人在,甚至很多人认为其所表达的意思一样,仅仅是翻译习惯不同,这至少表明我们对这两个词的区别还不是非常清楚。但更多的研究表明,"权益"包含着权利和由权利而带来的相关利益[1]。更有学者明确指出:文化权益与文化权利的差别在于,文化权益不仅包括文化权利,同时也包括文化利益,而且断定文化权益这个专属概念乃是中国当代语境中的又一次语词创建,并且在汉语知识领域具有一定程度的语言建基意义[2]。我们认为上述论述是对"文化权利"与"文化权益"区别最清晰的表述。在中国知网分别以"文化权益"和"文化权利"作为题目中的关键词进行检索,检索结果也表明"文化权益"的出现的确是中国当代语境中的一个语词创建[3]。

(二)文化权益的内容

从上文对概念的梳理中我们不难发现,国外的研究更多使用"文化权利"的概念,因此我们只能先借用"文化权利"的内容。联合国两个公约的重点在于实施,而非理论。所以在《世界人权宣言》《公民权利和政治权利国际公约》和《经济、社会和文化权利国际公约》中,究竟哪些属于文化权利,哪些属于经济权利或社会权利等并没有明显的区分。1968年,联合国教科文组织召开了一次专家会议讨论文化权利问题,会议得出的结论是:基本的文化权利包括每个人在客观上都能够拥有发展自己个性的途径;通过其自身对于创造人类价值的活动的参与;对自身所处环境能够负责——无论是在地方还是全球意义上[4]。

---

[1] 陈正良,何先光."保障人民基本文化权益"论析[J]. 中共成都市委党校学报,2009 (03):33-36.

[2] 王列生. 论公民基本文化权益的意义内置[J]. 学习与探索,2009 (06):54-61.

[3] 截止到2011年6月6日的检索,题名中"文化权益"作为关键词出现的文章共有108篇,其中党的十七大召开(2007年11月)之前仅有17篇研究成果。最早一篇出现在1998年,当时以"精神文化权益"的名称出现,之后一直到2002年都没有相关研究出现;2002—2007年共有16篇研究成果,但主要集中在2006年和2007年两年间,共11篇研究成果。题名中作为关键词出现"文化权利"的文章共有192篇,最早的文章出现在1958年,分布的时间段非常分散,每个年代都有研究成果出现,但十七大之后的研究成果不到100篇,与"文化权益"基本相当。可见十七大之后使用"文化权益"的多于使用"文化权利"的。

[4] 赵宴群. 文化权利的确立与实现[D]. 上海:复旦大学,2007.

<<< 第二章 基本文化权益的内容与量化研究

  从1989年起任联合国教科文组织人权、民主与和平部主任的雅努兹·西莫尼迪斯将文化权利概括为受教育的权利、文化认同权、文化信息权、参与文化生活的权利、文化创造权、享受科学进步的权利、保护作者物质和精神利益的权利、国际文化合作的权利①。福布里尔（Fribourg）大学研究文化权利的团体，即"福布里尔小组"提出，文化权利包括："文化认同的权利；与文化团体认同的权利；参与文化生活的权利；接受教育和培训的权利；信息权；文化遗产权；自由研究、创造性活动和知识资产的权利；参加文化策略的制定、执行和评估的权利。"② 中国较早的一部介绍文化权利的著作将文化权利归纳为四种，即享受文化成果的权利、参与文化活动的权利、开展文化创造的权利以及对个人进行文化艺术创造所产生的精神上和物质上的利益享受保护的权利③。

  自文化权益的概念出现后，针对文化权益具体内容的研究取得了一些成果。总体上看，这些成果可以分为两类，一类认为人民基本文化权益的内容极为丰富，包括享受文化成果、参与文化活动、接受教育、信仰自由、文化审美、文化产品创造的自由、知识产权受保护、文化产业创业的自由、文化资财受保护等方面的一系列权益，体现在人民文化生活的各个方面和各个环节④。但更多的论述将文化权益的范围界定得较小，如人民应该享有从事文化创造的权利、享受人类文化成果的权利、参与文化活动的权利、创造的文化成果受保护的权利⑤。张凤琦等人认为文化权益是指公民应当享有的不容侵犯的文化利益，包括参与文化生活的权利、分享文化发展成果的权利、文化活动及文化创造自由的权利以及文化成果得到保障的权利⑥。李庆霞认为文化权益就是人们满足精

---

① 黄觉. 雅努兹·西莫尼迪斯. 文化权利：一种被忽视的人权［J］. 国际社会科学杂志（中文版）1999（04）：95-108.
② ［美］史蒂芬·霍尔姆斯，凯斯·R. 桑斯坦. 权利的成本——为什么自由依赖于税［M］. 毕竞悦，译. 北京：北京大学出版社，2004：48.
③ 艺衡，任珺，杨立青. 文化权利：回溯与解读［M］. 北京：社会科学文献出版社，2005：218.
④ 陈正良，何先光. "保障人民基本文化权益"论析［J］. 中共成都市委党校学报，2009（03）：33-36.
⑤ 张筱强，陈宇飞. 充分保障人民的基本文化权益［J］. 中共中央党校学报，2008（03）：95-100.
⑥ 张凤琦，胡攀. 人民群众文化权益保障现状与对策研究［J］. 重庆邮电大学学报（社会科学版），2008（03）：13-18.

神需求的权利,包括文化创造权、文化享有权、文化传播权、文化选择权等①。肖荣莲认为文化权益,是指公民在社会文化生活中应当享有的不容侵犯的自由和利益,可以由几个部分构成:参与文化生活的权益、分享文化发展成果的权益、参与文化活动及文化事务管理的权益、文化创造自由的权益、文化成果得到保障的权益。公民的文化权益可以从不同层面进行理解和把握。从宏观层面上讲,包括科学知识的掌握,价值观念的确立,审美愉悦的获得等;从具体层面上讲,包括看电视、听广播、读书、看报、开展文化活动等②。任广伟认为人民基本文化权益以宪法和相关法律为依据,主要包括教育、科学、文化等方面的权益③。刘起军等人认为公民文化权益是指公民在社会文化生活中应该享受的不容侵犯的各种自由和利益,包括享受文化成果的权益、参与文化活动的权益、参与文化事务管理的权益、开展文化创造的权益、文化产权受保护的权益④。稽亚林等人认为文化权益主要包括享受公共文化服务权、享受文化科技进步权、参与文化生活权、接受教育和培训权、文化创意权等⑤。还有学者提出"文化权益=文化权利(H)+文化利益(I)=文化生活参与权+文化成果拥有权+文化方式选择权+文化利益分配权"⑥。对于一些特殊人群的文化权益,也有学者做了很多研究,比如,农民工作为普通公民,其文化权益和其他公民一样,也应该包括享受公共文化服务权、参与文化生活权、接受教育和培训权⑦。农民的文化权益主要包括文化体验权和文化创造权⑧。青年的文化权益应该包括享受文化成果、参与文化活动、参与文化事务管理、开展文化创造、文化产

---

① 李庆霞. 社会转型期文化权益的实现途径和保障机制[J]. 思想政治教育研究, 2009, 25(05): 46-49.
② 肖荣莲. 改革开放三十年:公民文化权益的保障与提升[J]. 北方经贸, 2008(12): 4-5.
③ 任广伟. 关于保障人民基本文化权益的几点思考[J]. 劳动保障世界, 2009(09): 88-90.
④ 刘起军, 孙岳兵. 试论社会转型时期公民文化权益保障[J]. 湖南社会科学, 2006(06): 87-91.
⑤ 稽亚林, 李娟莉. 公民文化权利与公共文化服务——对构建江苏公共文化服务体系的分析与思考[J]. 艺术百家, 2006(07): 121-125.
⑥ 王列生. 论公民基本文化权益的意义内置[J]. 学习与探索, 2009(06): 54-61.
⑦ 刘启营. 农民工文化权益:困境与保障机制分析[J]. 理论与改革, 2010(04): 113-115.
⑧ 杨雪梅. "盘算"农民的基本文化权益[N]. 人民日报, 2010-12-29(013).

权受保护五项①。尽管不同学者在文化权益具体内容上有不同的表述,但享受文化成果、参与文化生活、开展文化活动、接受文化教育、保护文化产权等文化权益得到了比较一致的认可。

二、基本文化权益的内容

(一) 对"基本"的理解

党的十七大报告中提出了"使人民基本文化权益得到更好保障"的新思想,因此对基本文化权益概念的把握非常重要。尽管我们认为享受文化成果、参与文化生活、开展文化活动、接受文化教育、保护文化产权等文化权益得到了比较一致的认可,但何为"基本文化权益"值得进一步研究。

参加文化生活权益所确认和保护的利益,并不是现实生活中具有特殊身份的人在文化生活领域中的客观需求,而是作为文化存在物的人的一种普遍的需求,其具体体现是这种客观需求不会因"种族、肤色、性别、语言、宗教政治或其他见解、国籍或社会出身、财产、出生、年龄、残疾、性取向"而有所区别。因此,参加文化生活权益确认和保障的文化利益普遍性,正是参加文化生活权益作为普遍人权的一种表现。参加文化生活权益确认和保护的利益,是直接关系到人作为一种文化生物存在和发展的、在文化生活领域中存在的基本的客观需求,而不是人人都希望能够满足其更高层次和更为发达的文化生活质量而超出基本需求范围的客观需求。《日本国宪法》第25条第1款特别强调"所有国民,均享有能够在健康和文化意义上最低限度生活的权利"。日本人权学家大须贺明教授也指出,"让人们失去了精神上的舒适,阻碍了人们内部的精神活动,即夺走了国民充分地维持健康的精神文化生活的基本条件"②。

但也有研究对此提出不同的观点,认为如果说基本文化权益是指最起码的文化权益,是指文化权益意义内置中的政府文化责任底线,甚至文化诉求的社会道德底线,那也就意味着这个概念的义项结构中的每一意义单元都可以直接换算为民生起点,都可以直接换算为刚性计量指标并以此作为责任政府的合法性存在警示牌,都可以直接换算为政府责任追究的清晰性法律条文和公民拥有的公益诉讼原则,而且在理论上按照"罗旺垂最低需求线"(the Rowntree Line

---

① 李建国. 试论青年文化权益的维护 [J]. 中国青年研究, 2010 (10): 73—76.
② 〔日〕大须贺明. 生存权论 [M]. 林浩, 译. 北京: 法律出版社, 2001: 26.

of lowest needs）和恩格斯的观点，只有在存在的临界位置才能找到最低文化需求线。如果我们在今天的社会发展条件下，仍然把基本文化权益理解为最起码的文化权益，就不仅无法在实践层面进行操作，而且也会在理论层面失去理性支撑①。

我们承认将基本文化权益定义为一种最低的文化权益存在值得商榷的地方，但是无论如何，这种"基本"的判断标准都应当与特定时空的社会物质生活条件保持一致。否则，人们在文化生活领域的美好追求就只能是一种激情的宣泄，而不会成为一种应有的利益。"如果什么文化权益都是基本的文化权益，那么，基本的文化权益就什么都不是。"② 举例而言，现在存在两种人人都希望享有的文化利益：一种是国家不妨碍每个人享受文化珍品所产生的文化利益，一种是国家保证每个人免费享受公共和私人收藏的文化珍品所产生的利益。按照人的文化本性的基本需求和大须贺明教授的评价标准，前者是一种基本的文化利益，而后者并不具有基本性。再以中国知网的应用为例，由于其丰富的文献内容，免费和便捷地使用中国知网的资源可能成为高校、科研院所、医疗等单位从事科研工作人群的"基本"文化需求，也是其基本文化权益，但对于社会大多数人群来讲，这应该是超出了"基本"的一种"非基本"的需求；再比如，欣赏高雅音乐，可能在一部分高收入和受过高等教育的人群中，它已成为一种"基本"文化需要，但对于大多数人来说，它仍然是一种"非基本"的文化需求；同样是看电影，能方便地看上电影，应该是一种基本的文化需求，但在高档电影院看3D、4D这种高档电影，则是一种非基本的文化需求（尽管随着时代变迁，在将来3D、4D技术可能也很普通）。所以因受教育程度、职业、收入、兴趣等因素而产生的不同文化需求，尽管在一部分人群中是"基本"需求，但对于社会的普遍大众而言，不应该成为具备"基本性"的文化权益。

因此，我们对基本文化权益的理解是"作为较低限度一种相对公平的面向普通大众的文化权益"，与"性别、收入、教育程度、职业、民族、城乡"等因素无关。当然，强调指向普遍的文化权益，并不禁止为保障妇女、残疾人和少数民族人群等特殊权益主体平等享有普遍的文化权益，而是对他们提供专门保护。同时，我们也必须承认，随着经济、政治和社会的发展，人的基本文化权

---

① 王列生. 论公民基本文化权益的意义内置［J］. 学习与探索，2009（06）：54-61.
② 蔡建芳. 参与文化生活权利研究［D］. 长春：吉林大学，2010.

益的内容也会越来越丰富和扩张①。

（二）基本文化权益的特点

1. 基本性

"基本文化权益"突出的是群众"最基本"的文化权利，是每一个公民最基本的生存权和发展权所必然涵盖的权利，是为维持基本的社会正义所必须提供给每个公民的权益。可见，"基本文化权益"是与就业、教育、社会保障、基本医疗卫生等一样，处于同等基础性地位的，是同属"民生"范畴的。

2. 福利性

"基本文化权益"的实现，主要由公共财政负担、以政府为主体提供。通过财政保障，以政府购买、补贴、配送、组织等方式，向广大群众提供免费或优惠的产品、服务。例如设立广播电台、电视台、图书馆、博物馆、展览馆、文化馆（站）、影剧院，以及组织各类群众文化活动等。

3. 均等性

"基本文化权益"基于广大人民群众的基本文化需求，属于基本的生存权和发展权。因此，每个公民在权利的享有上必然要求平等、普惠。要求做到社会成员不分地域、不分性别、不分年龄、不分老幼、不分身份高低贵贱，都可以无差别地享有同样的文化权益，享受水平大致相当的基本公共文化服务。对于农民、城市下岗人员、退休人员、进城务工人员、妇女、未成年人、老年人、残疾人等特殊群体，也应提供有针对性的措施和特别的服务，保证他们享有与其他群体同等的文化权益。

4. 保障性

"基本文化权益"是由政府保障的文化权利。建立以公共财政为支撑、覆盖城乡、结构合理、功能健全、实用高效的公共文化服务体系，让群众广泛享有免费或优惠的基本公共文化服务，是各级政府的职责。

5. 时代性

"基本文化权益"的范围，是随着国家和地区的经济社会发展阶段和总体水平而变化着的。时任国家文化部党组书记、部长蔡武在2012年全国文化厅局长座谈会上表示，"中国公共文化服务体系建设取得新突破，但中国仍处于社会主

---

① 李步云. 人权法学 [M]. 北京：高等教育出版社，2005：167.

义初级阶段,现阶段所能提供、供给的公共文化服务,还只是广覆盖、低水平、保基本的,不要提过高的指标,不要做实际上做不到的承诺"①。因此"基本文化权益"的具体内容不能脱离现实的国情。在现阶段,"基本文化权益"的范围包含"看""听""读""赏""参"等。同时也必须承认当国家经济、科学技术和社会进一步发展时,可能会有新的、更多的内容被纳入"基本文化权益",公民的文化福利会更加丰富。

(三)基本文化权益的表现形式与具体内容

基于以上分析,我们认为在现阶段国情下,城乡群众基本文化权益主要包括享受文化成果、参与文化活动、开展文化创造、接受文化教育四方面的内容。党的十七届六中全会决定提出:"要以公共财政为支撑,以公益性文化单位为骨干,以全体人民为服务对象,以保障人民群众看电视、听广播、读书看报、进行公共文化鉴赏、参与公共文活动等基本文化权益为主要内容完善覆盖城乡、结构合理、功能健全、实用高效的公共文化服务体系"②。李长春同志认为,"从总体上看,人民群众的文化需求可以分为两部分,一部分是体现人民群众文化权益的基本文化需求,另一部分是多样化、多层次、多方面的文化需求。现阶段,我们界定的基本文化需求主要包括读书看报、听广播、看电视、进行公共文化鉴赏、参加公共文化活动等""人民群众的基本文化需求,是社会主义制度下人民群众必须得到保障的基本文化权益"③。从上述论述中可以看出,在我国现在的国情下,"基本文化权益"是有其特定含义的。在内容上,"基本文化权益"具体包含"看"(电视)、"听"(广播)、"读"(书看报)、"赏"(公共文化鉴赏)、"参"(参与公共文化活动)等内容。

为了进一步厘清群众基本文化权益的具体表现形式,课题组进行了较大规模的问卷调查,发放调查问卷1000份,回收问卷845份,问卷回收率为84.5%;有效问卷801份,有效问卷回收率为80.1%,这都满足了问卷调查的要求。问卷调查显示,现阶段对基本文化需求集中在以下几类:更新及时、方便借阅、实用有效、数量充足的图书信息服务;技术先进、城乡同步、频次适当、场地

---

① 蔡武. 全国文化厅局长座谈会上的讲话[EB/OL]. 中国新闻网,2012-06-26.
② 中国共产党第十七届中央委员会第六次全体会议公报[M]. 北京:人民出版社,2011:12.
③ 李长春. 正确认识和处理文化建设发展中的若干重大关系,努力探索中国特色社会主义文化发展道路[J]. 求是,2010(12):3-13.

舒适的广播影视服务；种类丰富、水平优秀、贴近生活、强调参与的文艺演出服务；参与便利、设施齐全、环境良好、服务优质的文化活动服务；范围广泛、形式多样、切合实际、费用低廉的教育培训服务。我们将基本文化权益的内容和具体表现形式的对应关系列表如下（表2-1）：

表2-1 基本文化权益内容和具体表现形式

基本文化权益内容	具体表现形式
享受文化成果权益	读书、看报、听广播、看电视
参与文化活动权益	社区文化活动、居民文化艺术教育活动、文艺演出、文化娱乐活动、体育比赛、文化交流活动
接受文化教育权益	文化教育、文化宣讲、文艺培训
开展文化创造权益	组建文艺团队、开展文化活动、进行文化创造

1. 享受文化成果权益

文化为人民所创造，文化成果理应为人民所享有。社会经济、政治地位方面的差异不应成为人们在占有社会文化资源和接受文化服务方面的差异的根据。作为人民的一项基本权益，人人都有权平等享受人类文化成果，任何人或社会集团、社会阶层都不能倚仗经济或政治的强势地位，强行将某种文化成果据为己有；也不能借口是文化原生地或原创者，而将某种文化列为专属。人民享有传承、接受、分享人类一切优秀传统文化成果的权利。让文化成果应用于日常生活，发挥文化在日常生活中的功能，是人民享有文化成果权利的一项重要内容。读书、看报、听广播、看电视是人民群众享受文化成果权益在日常生活中的具体表现。如果文化成果不能转化成人民日常生活的一部分，那么它的实际价值就难以真正实现。只有实现了文化成果与日常生活的良好结合，人民的基本文化权益才能真正落到实处。

2. 参与文化活动权益

文化活动的形式多种多样，只有实际参与文化活动，文化成果才能得到更广泛推广，文化价值才有可能被全社会所接受。在文化活动中，人民既是文化的接受者，也是文化的创造者，文化活动的过程就是文化传播的过程。文化活动必须坚持正确导向，反映人民的思想意志、情趣品位、审美态度。社区文化活动、国民文化艺术教育活动、文艺演出和文化娱乐活动、体育比赛、文化交流活动等都是文化活动的重要形式，要努力探索广泛开展这些活动的有效形式。

另外，文化普及也是文化活动的一种。近年来国家通过"文化共享工程"、文化"下乡"活动、文化进城市居民社区活动、流动图书馆建设、社区信息中心建设、建设学习型企业组织、建立外来务工人员文化之家等活动，使文化成果被人民群众所共享，使人民群众作为文化主人的身份在这些文化活动中得到确认；文化节庆活动也是文化活动的一种重要形式。在节庆活动中，人民会感受到文化带来的快乐，会被激发出强烈的参与热情，形成强烈的文化认同感。个人在不断地融入文化的参与中充满热情地向社会表达、充满热情地为自己娱乐、充满热情地在丰富多元的文化诉求中追求精神幸福和心灵快乐，实现其社会价值目标，完成人与社会的现实统一。

3. 接受文化教育权益

群众充分享有公民应享有的受教育的权利，这是人民基本文化权益的核心。只有在接受了一定的文化教育的，才能提高个人的文化水准并从中获得幸福感；只有具备了一定的文化水准，才可能充分运用和享受阅读与欣赏图书、报刊、电视、电影、互联网等传统与现代的文化读物和产品。《中华人民共和国义务教育法》已经把免费的义务教育首次以法律的形式固定下来，以此来确保全体人民受教育的权利。十七大报告更加注重保护公民接受教育的权利，并把教育放在民生建设的首要位置。在崇尚教育的社会中，每一个公民都有接受文化教育的权利，在接受不同的文化教育的过程中，不断提高自身的文化水平和文化修养，更新自己的知识结构，提高劳动技能，自觉实现民族文化世界化、传统文化现代化的转换，以适应现代科技更新换代、不断发展的需要。这种把娱乐活动与接受教育、技能培训和锻炼结合起来的做法，不仅自身受益匪浅，而且有力地促进了社会发展。这种权利有着更多自由空间，既可以从国家提供的公共文化服务中获得，也可以从社会其他渠道中获得。政府要提高文化基础服务设施建设标准，通过财政资金倾斜，对存量资源进行升级改造，改善场地、设备不健全的状况；加大对运营经费的预算支出，并形成制度，通过经费保障促进文化教育服务人员队伍结构和素质的提升，整合服务资源、提高服务能力；定期或不定期组织参观活动、组织农民及文化干部辅导培训工作，为本地农民和社区居民举办各类教育和辅导培训服务。

4. 开展文化创造权益

这一权利体现了人民的文化主体地位，反映了社会主义的本质属性。人民是文化的创造者，人民鲜活的生活状态、社会活动和生产实践是文化生存和发展的直接源头和丰厚土壤。群众不仅仅是文化的接受者,更应该是文化的创造者,而且文化创造的过程恰恰就是文化传播的过程。在文化创造中,文化工作者具有重要的地位,负有特殊的责任,通过他们的辛勤劳动,文化产品得以从比较粗糙的原生状态转化为文化精品。随着经济的繁荣、社会的发展和科学技术的进步,人民大众已经有闲暇、有能力、有条件直接参与各种文化创造活动。例如,网络技术的发展,直接促成了无数网络写手的出现,而随着电脑的普及和数码技术的发展,开始有更多的普通民众参与诸如摄影大赛、家庭DV制作、动漫创作等文化活动。

更重要的是普通群众鲜活的生活状态、社会活动和生产实践,才是群众文化的直接源头和丰厚土壤,这些东西要从比较粗糙的原生态转化为文化产品,需要引导,需要与主流文化进行对接。否则,这些年经常开展的文化下乡等活动无法长久地待在农村。帮助农民培育自己的文化骨干队伍很有必要。同时,保护群众的文化创造权益也是保护文化遗产的有效方式。以非物质文化遗产的保护为例,"生产性保护和活态保护"成为非遗产保护的一个重要途径。为非遗传承人和民间艺人开展文化创造提供必要的支持和扶持,既保护了群众开展文化创造的权益,也使非物质文化遗产得到活态传承。在一些乡村旅游开发较好的地区,除了由政府主导的公共文化服务之外,农民自发组织的文化产业开发也是激发农民进行文化创造的重要因素。农家乐、乡村旅游将颇具地域特的乡村文化转变成产业化经营,农民在自娱自乐的同时还能促进文化的再生,走上了一条可持续发展的路子①。为此,我们要保护人民群众广泛参与文化创造的热情,努力提高全社会对文化创造劳动的尊重程度。文化创造是个性化色彩很强的劳动,需要有独到的思维、独特的手法和表现形式。因此必须遵循"保护文化创造——认可文化劳动成果——承认文化成果的社会价值——有效实施对文化成果的社会保护"的路径,对所有有益的文化创造劳动给予支持和鼓励。

三、群众基本文化权益量化指标研究

根据前期的调研结果,结合《文化部"十二五"时期文化改革发展规划》《国家公共文化服务体系示范区(项目)创建标准示范区创建标准(东部)》《浙江省文化发展"十二五"规划》等文件的精神,我们设计了群众基本文化权益量化的建议指标(表2-2)。

---

① 杨雪梅."盘算"农民的基本文化权益[N].人民日报,2010-12-29(13).

表 2-2 群众基本文化权益的量化指标

基本文化权益内容	具体表现形式	量化内容	建议指标（因篇幅关系，省略计算过程）
享受文化成果权益	读书、看报、听广播、看电视（电影）	X1：每万人拥有公共图书借阅场所数＝公共图书借阅场所数/人口数（万人）	城市每 10 千米半径内设置一所公共图书馆（借阅室），平均 15 万人左右拥有一所公共图书馆（借阅室）；城市大型图书馆的服务半径在 10 千米左右，中型图书馆的服务半径在 5 千米左右，小型图书馆的服务半径在 2.5 千米左右，社区公共图书阅览室的服务半径不超过 1 千米；乡镇每个行政区设立一座图书分馆，农村每个行政村设置一所公共图书借阅室；
		X2：人均公共图书藏书量＝公共图书藏书总量（千册）/人口数（万人）	100%乡镇（街道），社区建有标准配置的公共电子阅览室和全国文化信息资源共享工程基层服务点；市、县级公共文化设施内的电子阅览室提供免费上网服务时间每周不少于 56 小时；社区电子阅览室终端计算机不少于 10 台；
			公共图书馆人均占有藏书 1 册以上；市、县两级图书馆平均每册藏书年流通率 1 次以上；人均年增新书在 0.08 册以上；
		X3：送书下乡（社区）次数	市、县公共图书馆配备一台以上流动服务车；每年送书下乡（社区）次数不少于 60 次；
		X4：电影放映服务	设区市每年放映公益电影 1 万场以上；每个行政村（社区）每月放映一场电影；

续表

基本文化权益内容	具体表现形式	量化内容	建议指标（因篇幅关系，省略计算过程）
参与文化活动权益	社区文化活动、文艺演出、文化娱乐体育活动	X5：人均公益性群众文化活动场所面积＝群艺馆、文化馆、文化站等公益性文化活动场所等总数人口数	100%的乡镇（街道）建有单独设置的综合文化站（中心）；100%的行政村（社区）建设面积不低于200平方米的文化活动所；人均公益性群众文化活动场所达到0.1平方米；
		X6：文艺鉴赏等表演艺术服务	每个行政村（社区）每年看5场以上戏剧或文艺演出；市级大剧院每年举办公益性专场演出不少于12场；市流动演出车到基层举办不少于40场；文化馆每年组织流动演出12场以上；
		X7：文化艺术展览服务	设区市的文化馆、博物馆、美术馆每年举办固定展览30~40个；每年举办流动展览10个；
		X8：群众文化活动数量	每个行政村（社区）每年组织8次以上规模较大的群众性文化体育活动；各镇（街）每年举办文化节、读书节、运动会等文化体育活动2次以上；
文化教育权益保障	文化教育、文化宣讲、文艺培训	X9：公共文化从业人员数	市级文化单位业务人员占职工总数不低于72%，县级文化站的人员编制3名以上，行政村和社区有至少1名财政补贴的文化管理员（文化指导员）；
		X10：公益性文艺培训	各类文化事业机构每年举办公益性文艺培训班30个以上；博物馆、文化馆、美术馆每月举办一次讲座或互动交流活动

续表

基本文化权益内容	具体表现形式	量化内容	建议指标（因篇幅关系，省略计算过程）
文化创造权益保障	组建文艺团队、开展文化活动、进行文化创造	X11：文艺表演团队机构数	各镇（街）拥有不少于3支相对稳定的业余文艺队伍，经常开展活动的各类文化协会和文艺表演团队8个以上；每个行政村（社区）（居）民业余文化活动队伍、至少建立一支经常性农支
		X12：每万人拥有的文艺表演从业人数＝表演人员总数/人口数（万人）	5人；
文化投		X13：文化事业支出占财政支出的比重＝文化机构事业费支出/财政支出	各级文化事业经费拨款占同级财政支出1%以上，文化事业经费增长幅度不低于经常性财政收入的增长幅度；鼓励政府设立农村公共文化服务建设专项资金；
		X14：人均文化机构事业费支出＝文化机构事业费支出/人口数	人均文化机构事业费支出达到80元；

38

四、群众基本文化权益保障途径的思考

值得注意的是，群众的基本文化权益需要政府通过公共财政构建公共文化服务体系来保障，但绝不等于政府全部包办。李长春同志提出：人民群众的基本文化需求，要以政府为主导，以公共财政为支撑，构建覆盖城乡的公共文化服务体系来满足；对于人民群众多样化、多层次、多方面的文化需求，主要靠市场来满足①。群众的基本文化需求是一种面向大众的普遍性的文化需求，但在实践中，必须明确指向个体或明显的群体。而一旦具体指向个体或明显的群体，这种需求就必然产生个性化的特点，必然因"民族、性别、城乡、收入、职业、个人兴趣"等产生差异。仅以读书看报为例，读什么样的书、到哪里读书，会因个体的不同而产生很大的差异；再如，看电影，暂且不说对放映内容的个体差异，就地点而言，可能一般老百姓在广场看上露天电影就很满足了。但对于约会的情侣、高收入的人群那就不仅仅是看到"电影"，更需要一个看电影的环境和情调，那么高档电影院就成为他们的必然选择。但在目前的国情下，提供高档电影院影视欣赏很显然就不是一个公共文化服务。2011年3月，安徽无为县政府财政出资30万元送43名电缆企业老总到清华大学学习②。对此，社会上反响非常强烈，舆论关注的焦点当然在于政府是否该为"有钱人"买单③。对于电缆企业的老总这一特定人群来讲，到清华这种名牌大学学习也是一种受教育的基本文化权益，由政府买单，似乎也理所当然。但是政府保障的基本文化权益更应该是一种均等性的文化服务，均等性就是不分男女老少，不分富人穷人，不分城市农村，不分东中西部，都平等地享受公共文化服务④。很明显，政府为富人学习买单的行为违背了这个原则，是满足少数人文化服务的同时损害了更广大群众的基本文化权益。因此，保障群众的基本文化权益是政府义不容辞的责任，需要政府通过公共财政构建公共文化服务体系来满足，但绝不等于政府全部包办。

---

① 李长春. 正确认识和处理文化建设发展中的若干重大关系，努力探索中国特色社会主义文化发展道路 [J]. 求是，2010 (12)：3-13.
② 43名企业老总至清华充电，县政府买单30万 [EB/OL]. 新华网，2011-03-22.
③ 孙瑞灼. 老总"充电"岂由政府买单 [EB/OL]. 新华网，2011-03-24.
④ 李长春. 正确认识和处理文化建设发展中的若干重大关系，努力探索中国特色社会主义文化发展道路 [J]. 求是，2010 (12)：3-13.

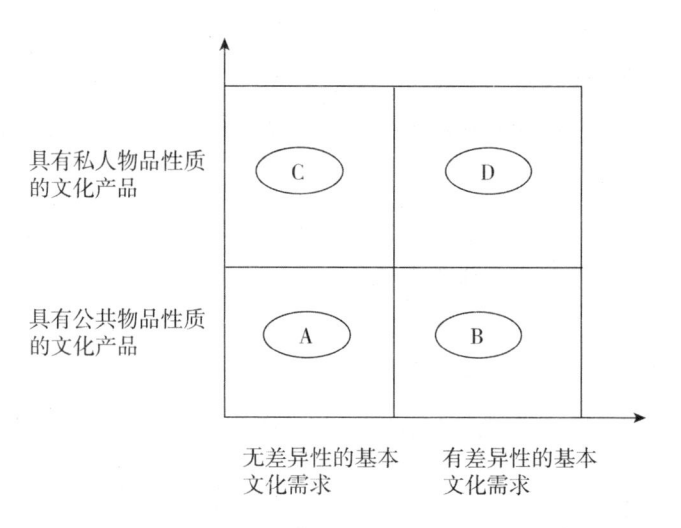

图 2-1 群众基本文化需求产品分类

因此,我们可以将群众基本文化需求是否具有个性差异和物品的公益属性将文化需求产品分为四类(图2-1)。

我们根据这四类产品的特点和表现形式,将其提供途径分为四类:一类主要由政府提供;第二类以市场提供为主,政府为辅;第三类以政府提供为主,市场为辅;最后一类主要由市场提供(表2-3)。

表2-3 群众基本文化需求产品提供途径

类别	需求差异性	产品属性	提供途径	常见案例
A	无差异	公共物品	政府	有线电视、公共图书馆
B	有差异	公共物品	市场/政府	专业性图书、数字点播电视
C	无差异	私人物品	政府/市场	文化创作、艺术品创造
D	有差异	私人物品	市场	情侣看电影

第一类,群众基本文化需求差异性不明显,所对应的产品具有公共物品的性质,这类文化需求产品主要由政府提供,满足这类产品的文化需求实际上也就保障了群众的基本文化权益。如满足群众读书看报需求的公共图书馆、满足群众看电视电影需求的有线电视;公共图书馆具有明显的公共物品属性,有线电视目前还是具有垄断性质的产品,目前这些产品完全应该由政府本着公益性、平等性的原则面向广大群众提供,而且应该重点关注农村地区、偏远地区、落

后地区等一些特殊地区和城市低收入居民、残疾人、老年人和农民工等特殊社会群体。

第二类，群众基本文化需求有差异，但产品具有一定的公共物品属性。如专业人士所需要的专业图书，这类图书一般只有专业人士才会有需求，普通群众的需求非常小，如果全部由政府提供，那么产品提供的效率和产品的利用率都会非常低；还有群众由于个人爱好对一些热门影片的偏好，如果也全部由政府提供，成本就会非常高，而且违背了均等性原则，所以这些产品应该由市场提供为主。但是，随着政府财力的增加，公共财政政策的完善，政府有义务加大对这些产品的投入力度，逐渐增加这类公共文化物品的供给，更加有效地保障群众的基本文化需求。

第三类，群众文化基本需求无差异，但具有私人物品属性的文化需求产品。典型的例子是文化、艺术产品的创作。任何群体都是文化、艺术产品创作的需求者，政府应该提供教育、培训、场地等来满足群众基本文化需求，保障群众基本文化权益。但任何文化、艺术产品一旦被创造出来，其所有权就归创造者个人或小群体所有，这样其产品就具有私人物品的属性，政府不能因为为创作者提供了一些便利而认为其产品的所有权属于政府。如政府为非物质文化遗产的传承人提供了生活补助、传承资金、传承场地，而传承人通过出售创作出来的有形的物质产品、旅游参观等市场途径获得的收入应该主要归传承人所有。政府一方面要通过公共文化服务体系来保障群众的文化创造权益，另一方面要制定政策，吸引社会资金进入文化创造领域，通过文化产业的培育和发展，使群众的文化创造成果能通过市场交换获得承认并取得经济收益，实现社会效益和经济效益的统一。随着市场经济的进一步完善与文化产业的进一步壮大，政府的作用要逐渐淡化。

第四类，群众文化基本需求有差异，同时具有私人物品属性的文化需求产品，应该以市场提供为主。如情侣一起去看电影，尽管电影具有准公共物品的属性，但此情景下看电影是一个具有明显个性差异的文化需求产品，看电影的场地、时间、内容都应该由群众自己通过市场化途径去选择，政府不能进行干涉。

五、保障群众基本文化权益的对策研究

(一) 构建层级分明的责任体系

保障城乡群众基本文化权益，构建公共文化服务体系是各级政府义不容辞的责任，但问题是不同层级政府在其中承担的具体责任是什么，目前似乎还是一个模糊的概念。我们发现，对于保障群众基本文化权益的对策研究，党和政府非常重视，地方政府也很努力，到了乡镇一级声音就很小了，而社区和村几乎没有声音。同时，我们也发现并非基层政府不重视，而是心有余而力不足。开展文化活动，一没有经费，二没有场地，三也没有指导人员。当县、市文化行政部门轰轰烈烈地送书下乡、送戏下乡、送电影下乡后，却发现几乎没有人来"捧场"，文化部门觉得老百姓不懂欣赏，老百姓觉得送来的东西不合胃口。因此，厘清各级政府在保障城乡群众基本文化权益（图2-2），构建公共文化服务体系中的责任非常关键。

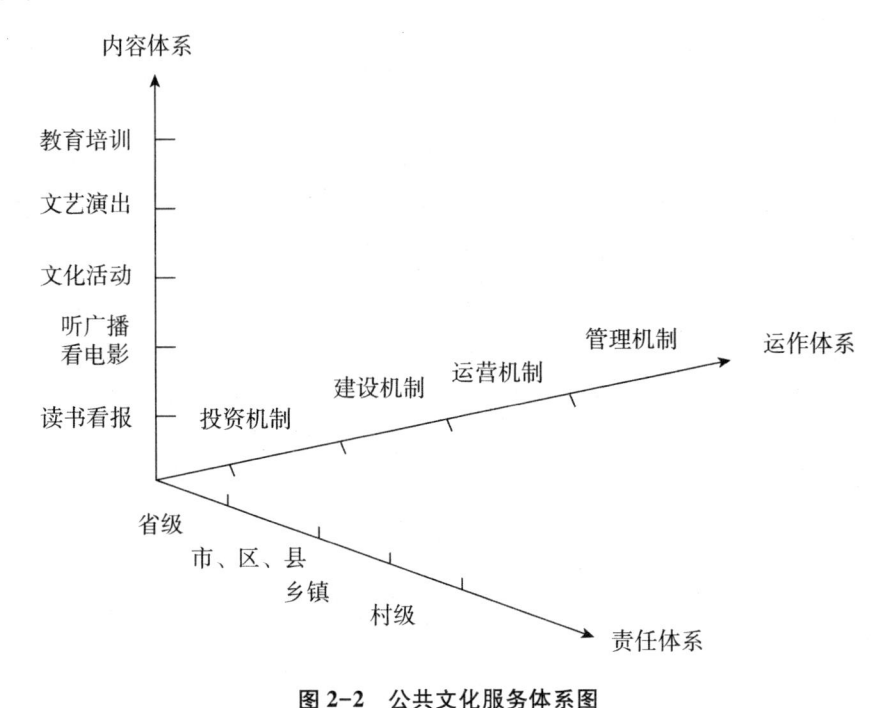

图2-2 公共文化服务体系图

1. 总体责任

省级政府：制定各项公共文化政策法规；投入资金对设施建设、设备采购、服务运营、行政管理和活动补贴提供保证，建议公共文化事业投入占省级公共财政总支出的比例应达到1%，经济发达地区要达到1.5%；改变政府文化投入范围，在保证国有公益性文化事业发展的同时，适度向民办非营利文化机构提供补贴；组织各级政府职能部门、文化行政直属事业单位以及协调社会化的组织、机构为农村公众举办和提供各类文化活动，并提供政策指导和咨询；作为全省农村公共文化服务中心，实施对全省各种文化资源的统一安排和调配；作为公共文化服务的政策制定者、主要提供者和监管者，行使对全省农村公共文化服务供给过程的统计、考核、监督和管理职责。

县（市、区）政府：制定本地区的公共文化配套政策；使用县级公共财政收入对服务所需资金进行配套，组织协调和加大对乡镇、村的资金投入，根据经济发展水平不同，公共文化事业投入占公共财政总支出的1.5%~2.5%；组织本地区文化活动，提供政策指导和咨询，并负责对区域特色文化的开发与保护；对区域内农村公共文化设施的建设和运营服务进行统计、考核、监督和管理。接受省、市两级的业务指导，对乡镇及村级公共文化服务工作进行业务指导。

乡镇街道等基层政府：根据市县两级政府制定的政策法规，组织本地区公共文化服务的实施；使用乡镇财政收入，并从省市两级政府争取资金支持，协调对行政村的资金投入；在上级政府的指导下，组织本地各类文化活动，负责对区域特色文化的开发与保护工作。

社区（村级）：组织实施本社区（村）的公共文化服务；使用村集体收入，并从市、县、乡镇政府争取资金支持；对本村文化活动情况进行统计和上报，接受上层级工作绩效考评；组织农民群众开展各类文化活动，负责对区域特色文化的开发与保护工作。

2. 读书看报

省级政府：加大资金投入，完善公共图书信息服务体系的网络互联工作。通过配合全国信息资源共享工程的推广，与社区、农村文化设施建设的统筹规划和综合利用，积极发展社区、农村基层服务点，重点支持边远贫穷地区乡镇、村基层服务点建设，实现全省图书信息资源的共享与流通。制订图书资源调配计划，建立政府部门联动机制。制订全省公共图书信息服务体系资源调配与流通的总体实施计划，完成全省公共图书信息资源目录的统一编制和实现统一检索。开展图书信息网络进农村的试点。对各相关部门如宣传部、文化行政主管部门、科技、教育、司法等开展的送书、赠书下基层活动进行协调与整合，形成资源共享优势。利用设施基础打造功能互补、专项发展、资源共享的服务体系。建立中心图书馆管理体系，按照区域和功能专项发展，形成区域间功能互补、区域内配套完善、各级服务功能特点突出的思路进行公共图书服务体系的建设。通过技术手段强化体系内的图书流通能力和图书馆通借功能，解决各级图书馆的借阅、查询、数据服务功能以及图书流通的配送能力，发展联合图书馆模式。

县（市、区）政府：除书刊资料借阅、信息服务、文化宣传推广等图书常规业务服务外，还应承担资源调配责任，成为本县市区的公共图书信息服务网络中心，进行各乡镇图书、资料的统一采购、调配，与其他区县及市图书馆进行业务协调及资源互用协作。

乡镇街道等基层政府：除书刊资料借阅、信息服务、文化宣传推广服务外，还应承担流动图书服务功能，制订藏书调配计划并与区县的藏书调配计划有效衔接。

社区（村级）：负责书刊资料借阅、信息服务。

3. 广播影视服务

省级政府：加强广播影视放映服务，提高覆盖率。加大资金拨付力度，加快农村数字影院影厅和农村放映点的建设，确保放映设备同步到位，增添流动放映设备以扩大农村电影放映覆盖面。加快"村村通"实施进度，提高行政村光缆覆盖率和有线电视注册用户。提高协同能力，确保有效运营。建立沟通机制，保证各类设施建设与服务协调提供；重点做好配送电影流动放映车和电影拷贝工作；探索培育农村电影市场经营主体的办法；通过落实责任，增加投入，改善片源数量和种类不足、更新速度慢的现状。完善绩效考评，提高服务质量。政府主管部门应设立对农村影视放映服务的年度工作绩效指标，如计划放映场次、实际放映场次、观众人次、影片种类、公众满意度评价、有线光缆接通率、有线电视用户增加值等。

县（市、区）政府：负责本地影视设施建设、设备的运营、人员的配备、费用的协调。制定对贫困户等困难人群的有线电视初装费、收视维护费等费用的政策性减免或补贴政策。

乡镇街道等基层政府：负责本地影视设施建设、设备的运营、人员的配备、费用的协调。

社区（村级）：协调上级资源，提供放映场地，组织放映活动。

4. 文化演出与文化活动

省级政府：加强设施建设，提高承载能力，繁荣文艺演出服务。通过新建和升级改造提高农村地区演出设施数量和功能；制定补贴措施盘活闲置的可转化为剧场的社会化文化设施；加强演出设施与青少年宫等综合文化设施的复合利用；提高建设标准完善文化基础设施的排练和小型演出功能。建立文艺演出调演机制，盘活演出资源。推动区域间的资源互用，组织中央、省属和外省市专业文艺院团和社会力量办文艺院团送戏下乡进行公益性文艺巡演，每年组织农村地区职业和业余团队的跨区域文艺交流。设立农村公益性文艺演出专项补助资金，制定指导办法以及省级年度演出计划和目录等。建立农村文艺团队扶持机制，涵养演出资源。制定扶持农村职业和业余文艺团队的资金补助办法，对演出交流活动给予补贴；对形成品牌的演出和演出团队给予奖励；制定对农村文艺团队和先进个人进行文艺创作和表演培训的办法。培养品牌演出，开发演出资源。利用节假日、公假期、农闲时节积极培养固定的农村文化演出季、艺术节。对于优秀的演出剧目、文艺演出活动形成保留演出，打造农村演出品牌。开展民间传统剧目的会演。

县（市、区）政府：组织业余艺术团以及驻区的专业文艺演出团体进行公益性文艺演出服务；统计掌握本区域文艺演出资源，并与省、市形成动态联系，协助省、市组织跨区域交流演出，以及本区域内各专业和业余文艺团队的调演；设立公共文艺演出专项补助资金，对本县（市、区）各文艺演出团队跨区域演出交流活动给予奖励；协助上级组织的文艺工作者教育与培训工作。倡导与提供农村地区地方性、综合性、精品文化活动，组织、辅导、发展农村区域特色的文娱活动。

乡镇街道等基层政府：组织本地公益性演出服务，支持本地农民文艺演出队伍发展，接受市、区县的统一调配，与其他村、乡镇、区县的专业、业余文艺演出团队进行交流与合作演出，组织业务培训。开展综合性群众文化宣传活动、提供农民群众日常文化娱乐活动。

社区（村级）：支持本地社区、农民文艺演出队伍发展，争取上级资源组织公益性演出活动，接受省、区县、乡镇的统一调配，与其他地区的文艺演出团队进行交流与合作演出。提供社区居民、村民日常文化娱乐活动场地和社区交流服务。

5. 教育培训

省级政府：提高设施建设和运营投入，完善设施服务功能。提高文化基础服务设施建设标准，通过财政资金倾斜，对存量资源进行升级改造，改善场地、设备不健全的状况。加大对运营经费的预算支出，并形成制度，通过经费保障促进服务人员队伍结构和素质的提升。制订整合方案，促进教育培训资源共享。由文化主管部门统一制定将分散在于各区县、分属于不同管理部门的各类公益性文化教育和科技设施资源的服务整合计划，包括资源数量、开放情况、日常主要活动项目和重点活动项目情况，服务能力等。采用"活动采购"与比例配套的财政投入方式提高社区居民、农民参与积极性。建立专项政府采购补贴资金，制定活动标准和资助方案。对于各类文化设施场所的主题活动，考虑对其进行成本补贴或统一购买门票，对于针对性的活动设计则采用"活动采购"的方式进行补贴。

县（市、区）政府：整合本区县资源，协助市级机构安排活动，定期组织参观活动和农民及文化干部辅导培训工作。

乡镇街道等基层政府：为本地社区、农民举办各类教育和辅导培训活动。

社区（村级）：协调上级文化部门，为本村社区、农民争取参加培训辅导的机会，提供培训场地，做好培训服务。

（二）注重公共文化服务公众满意度测量

目前的公共文化服务建设体系侧重于硬件指标的建设，即基础设施的状况和服务数量等的建设，忽视了软件质量的建设。以送书下乡为例，现在注重送了多少书，总量、人均量都有量化指标，但是像这些书农民是否感兴趣、有没有人看、流通率是多少等的问题却很少有人关注，导致公共文化的供给与基本文化需求脱节。因此，构建现代公共文化服务体系，不仅要注重硬件建设，更要重视服务质量的软件建设。可以借鉴顾客满意度的概念，引入公共文化服务公众满意度。公共文化服务水平的评判，从根本上是以公众是否满意为标准，而且应该是唯一标准。通过考核公众所表现出的满意度情况，可以对公共文化服务供给行为做出客观的评价，也可在不断提高公众自身需求水平的同时，进一步推动政府的公共文化服务供给能力，为政府今后的努力指明方向，以公众的基本文化需求来引导公共文化服务，从而更好地保障群众基本文化权益。

（三）培育文化产业发展来保障群众基本文化权益

公益性的文化事业在我国人民基本文化权益的保障中起着重要作用，越是基础性的文化活动就越是需要政府的投入。党的十七大明确提出要"把发展公益性文化事业作为保障人民基本文化权益的主要途径"①，这反映了我们党对新形势下文化建设基本规律的深刻认识，对于尽快提高我国人民基本文化权益保障水平具有重要指导意义。但也应当看到，发展公益性文化事业虽然是保障人民基本文化权益的主渠道，但不是唯一渠道。发展文化产业、扩大文化产品供给也是保障人民基本文化权益的重要渠道，不能将两者对立起来，更不能认为保障人民基本的文化权益只能依靠发展公益性文化事业这一唯一途径。毫无疑问，人民的一些基本文化权益，例如，平等地接受教育的权利，是不能仅靠市场的方式来实现的。但另一方面，市场可以扩大文化产品的供给，提供更为多样化和更为有效的文化服务，因此扩大文化市场、发展文化产业可以为保障人民基本的文化权益提供更好的条件②。因此要"正确认识和处理人民群众基本文化需求与多样化、多层次、多方面文化需求的关系，坚持一手抓公益性文化事业，一手抓经营性文化产业，做到两手抓、两加强，最大限度地满足人民群众日益增长的精神文化需求"③。政府要出台文件，引导文化产业发展，繁荣城乡文化市场，培育大众性文化消费市场，鼓励国有或国有控股文化企业积极开发市场、占有市场，发挥骨干作用，鼓励非公有制文化企业积极提供多样化的文化产品和服务，提高供给能力，努力满足不同地域、不同层次、不同群体、不同年龄群众丰富多彩、健康有益的文化需求。

（四）引导社会参与来保障群众基本文化权益

保障文化权益既要依靠各级政府机构的努力，又要依靠全社会的积极参与。从某种程度上说，全社会的参与更具根本性意义。人民群众文化权益意识的普遍提高是促使政府机构加快文化基本权益保障步伐的最好激励。各级政府在履行公共文化职能、保障群众基本文化权益的同时，要善于引导社会参与来保障

---

① 中国共产党第十七次全国代表大会文件汇编 [G]. 北京：人民出版社，2007.
② 张筱强，陈宇飞. 充分保障人民的基本文化权益 [J]. 中共中央党校学报，2008（03）：95-100.
③ 李长春. 正确认识和处理文化建设发展中的若干重大关系，努力探索中国特色社会主义文化发展道路 [J]. 求是，2010（12）：3-13.

群众基本文化权益。民间社会文化组织等在充分表达群众的文化意愿、提出文化发展的合理建议、动员群众从事文化创造、参与文化产品的公正分配过程、监督政府部门正确运用权力对人民的基本文化权益实施有效保护等方面起着重要的作用,因此,今后要把更好地发挥民间社会文化组织在维护和保障人民基本文化权益中的作用作为一项重要课题。此外,动员更多的社会力量投入文化建设也是事关人民基本文化权益保障的重大问题,充分的文化产品和文化服务供给不能仅仅依靠国家投资。浙江省在引导社会力量参与公共文化建设中走在了全国前列[1],社会资金投入文化建设的积极性很高,要建立便利的投资渠道和有效的投资机制。要完善鼓励文化投资的政策,要制定必要的措施,使社会资金更多地流向公共文化服务领域。大力发展民办非营利文化机构,出台地方性法规,制定扶持办法,明确资助民办非营利文化机构的资金来源、资助程序等,可考虑专门设立民间非营利文化机构发展资金;公共文化预算安排一定比例的公共财政经费,专门用于资助民办非营利文化机构。通过资助文化项目和活动、政府购买、专项补贴、政府奖励等形式扶持助民办非营利文化机构发展。借鉴发达国家经验,完善公益性文化捐赠的政策法规,制定鼓励捐助文化事业的地方性法规,积极吸纳社会民间资金,全面拓宽公共文化事业的投资渠道。

(五) 制订专项规划来保障特殊群体的基本文化权益

现阶段我国社会高收入阶层和城镇人口所享有的文化产品和文化服务一般相对较多。尽管这类人群的文化权益保障水平也仍需进一步提高,但相对而言,农村地区、偏远地区、落后地区等特殊地区以及城市低收入居民、残疾人、老年人和农民工特殊社会群体的基本文化权益保障更应当受到重视。由于经济收入、社会环境以及维权意识等多方面的原因,这些地区和这些社会群体在享有文化权益方面处于弱势,对他们的文化权益的保障更应得到重视。近年来中央相继出台了《中共中央、国务院关于推进社会主义新农村建设的若干意见》和《中共中央办公厅、国务院办公厅关于进一步加强农村文化建设的意见》,加大了政府对农村公共文化投入的倾斜力度。今后城乡群众基本文化权益保障的重点应该向这些特殊地区和特殊人群倾斜,加大文化扶持力度。对城市低收入居民、残疾人、老年人和农民工等,可以采取专项补贴和政府采购等方式为他们

---

[1] 编辑部. 浙江:建立全国首个农村公共文化服务评估指标体系[J]. 山东经济战略研究, 2010 (07): 55.

提供基本文化产品和公共文化服务。国有博物馆、美术馆、文化艺术场馆在做好免费向社会开放工作的同时，要配备无障碍设施，如残疾人通道、盲人读物等，服务残疾人士；国有艺术院团、影剧院每年安排一定场次主要面向低收入居民的低价演出或放映，中央和省级电视台应增设手语节目或栏目，积极开展为农民工送书、送戏、送电影等活动。市级政府要制定专门措施，对城市、农村最低生活保障等特殊人群减免有线电视的安装费和收视费或提供专项补贴。浙江是一个外来务工人员大省，要将外来劳务者作为公共文化服务的重点对象，为外来务工人员提供必要而有保障的公共文化服务，保障务工人员的基本文化权益。建立文物保护、图书购置、艺术收藏、大型活动等专项资金制度，帮助欠发达地区弥补文化底子薄弱的状况。

第三章

基本公共文化服务标准化均等化

发展文化事业,保障群众基本文化权益,实现基本公共文化服务均等化标准化,是党的十七届五中、六中全会提出的要求和任务。十七届六中全会指出"必须坚持政府主导,按照公益性、基本性、均等性、便利性的要求,加强文化基础设施建设,完善公共文化服务网络,让群众广泛享有免费或优惠的基本公共文化服务";党的十八届三中全会更是作出了"构建现代公共文化服务体系"的重大战略部署。落实中央精神、构建现代公共文化服务体系,必须研究确定基本公共文化服务的范围与标准,通过标准化均等化建设,解决我国基本公共文化服务"九龙治水"状况,形成合理的布局与管理;以标准化促进均等化,解决基本公共文化服务城乡之间、区域之间、不同人群之间不平衡的问题。

一、基本公共文化服务的内涵

(一)公共文化服务的概念之争

梳理既有的文献和研究成果,发现目前学术界主要围绕公共文化服务的"公共性"展开学术争论,形成了两种代表性的界定[①]:

一种是经济学式定义,即把公共文化服务区别于以一般市场方式提供的文化商品产品及服务的文化类公共产品及其相关活动。如周晓丽、毛寿龙把公共文化服务界定为基于社会效益不以营利为目的为社会提供非竞争性、非排他性的公共文化产品的资源配置活动[②]。蔡辉明认为,公共文化服务是指目标界定

[①] 夏国锋,吴理财.公共文化服务体系研究述评[J].理论与改革,2011(01):156-160.
[②] 周晓丽,毛寿龙.论我国公共文化服务及其模式选择[J].江苏社会科学,2008(01):90-95.

于保障公民的基本文化生活权利，以政府为主导、社会参与，为公民提供公共文化产品与服务的制度和系统的总称①。陈威认为公共文化服务就是由公共部门或准公共部门共同生产或提供的，以满足社会成员的基本文化需求为目的，着眼于提高全体公众的文化素质和文化生活水平②。周和平认为，公共文化服务是政府提供的以保障公民的基本文化权益，满足公民基本文化需求为目的的文化服务。具体地讲，提供公共文化服务的主要机构有公共图书馆、博物馆、文化馆、美术馆、影剧院、音乐厅、文化站等。主要内容是读书、看报、看电影、看电视、看戏、公共文化鉴赏、文化素质培训、群众性的文体活动等③。研究运用经济学或制度经济学的相关概念，讨论公共文化服务的公共属性，把之归类于公共物品，把公共文化服务直接与具有经营性的非公共物品对应，从而进一步总结出公共文化服务具有的文化性、公益性、社会性、非营利性等特点。上述理解将公共文化服务提供主体定位为政府，在当前形势下具有很强的现实意义，但对公共文化服务的这种经济学式认识往往容易造成误解，会把公共文化服务简单理解为由政府或文化事业单位等公共部门向社会公众提供免费享受的文化产品和服务。

另一种是管理学式的定义，把公共文化服务理解为除公共文化产品或文化服务提供外，还包括文化政策服务、文化相关法律法规政策、文化市场监管服务等。该界定与经济学上的理解相比，突破了公共文化服务单纯具化为物态层面的含义，认识到了公益文化事业与经营性文化产业的分类，及政府或文化行政管理部门对文化市场或文化产业发展的管理，并从中可以延伸对公共文化服务的政府公共财政投入、文化发展政策制定、体制改革与机制创新等内容。如张晓明认为，在现代市场经济条件下，广义的公共文化服务实际上将政府对文化领域提供的文化管理服务也包含在内，即文化政策服务（包括文化相关法律、法规、政策等）和文化市场监管服务④。闫平认为公共文化服务并非简单地直

---

① 蔡辉明. 新农村公共文化服务供给均等化的制度设计 [J]. 老区建设，2008（10）：47-50.
② 陈威. 大力构建公共文化服务体系 实现人民群众基本文化权益 [J]. 领导之友，2007（05）：36-37.
③ 周和平. 全面推进文化共享工程建设 [J]. 人民论坛，2008（22）：10-11.
④ 张晓明，李河. 公共文化服务：理论和实践含义的探索 [J]. 出版发行研究，2008（03）：5-8.

接提供公共文化产品和服务,而是要求政府承担好文化建设与发展的管理职能①。但这种界定却也存在把政府确定为公共文化服务的唯一主体之嫌,同样缩小了公共文化服务的内涵和外延。

综合以上研究可以发现,基本公共文化服务在性质上属于公共服务。

一是公共服务属于服务范畴。服务是相对于生产来说的。根据产业结构的划分,服务属于第三产业。在我国,第三产业即服务行业又可分为四个层次:一是交通运输、邮电通信、商业等流通部门;二是金融、保险、房地产等为生产和生活提供服务的部门;三是为提高科学文化水平和居民素质服务的部门,包括教育、文化、科学、卫生等;四是为社会公共需要服务的部门,包括国家机关、政党、社会团体等。

二是公共服务属于公共物品范畴。公共物品具有两个基本特征:消费的非竞争性与收益的非排他性。公共物品的分析适用于公共服务。与公共服务相对应的是私人服务,私人服务通过市场来提供,公共服务则主要由政府来提供。有些服务是介于公共服务于私人服务之间的准公共服务,既可以由私人通过市场提供,也可以由政府提供,还可以由私人和政府共同提供。

通过以上分析可以看出,公共服务的内容,既包括第三产业的第四层次,即国家机关通过直接提供劳务,为社会公共需要服务,也包括政府通过财政支出向居民提供的教育、卫生、文化、社会保障、生态环境等方面的服务。

(二)公共文化服务体系的内涵之辩

在对公共文化服务"公共性"讨论和界定的基础上,学者们提出公共文化服务体系的内涵。朱鸿召认为公共文化服务体系,是保障公民基本文化权利,满足公民公共文化需求的文化产品生产与服务的体系。公共文化服务体系具体包括公共文化设施体系、公共文化网络体系、公益性文化服务体系和公共文化管理体系②。李景源认为公共文化服务体系就是为满足社会的公共文化需求,向公众提供公共文化产品和服务行为及其相关制度与系统的总称,是公共服务

---

① 闫平.服务型政府的公共性特征与公共文化服务体系建设[J].理论学刊,2008(12):90-93.
② 朱鸿召.论我国公共文化服务体系建设的理论基础[J].南京邮电大学学报(社会科学版),2009(01):37-42.

体系的有机组成部分①。韩军则从公共文化服务体系的特征入手,认为公共文化服务体系是政府主办的、非营利性的、传播先进文化和满足大众基本文化需求的文化机构和文化服务的总和②。深圳市文化行政主管部门"公共文化服务体系研究"课题组认为,公共文化服务体系简单地讲就是为了满足社会的公共文化需求,向公众提供公共文化产品和服务行为及其相关制度与系统的总称,包括公共文化设施体系、公共文化网络体系、公益性文化服务体系和公共文化管理体系,它是公共服务体系的有机组成部分③。

1. 基本性

基本性是公共文化服务范围的界定,它强调首先要着眼于保障人民基本文化权益、满足人民基本文化需求,提供基本的而不是所有的文化服务。党的十七届六中全会提出"坚持政府主导,按照公益性、基本性、均等性、便利性的要求,加强文化基础设施建设,完善公共文化服务网络,让群众广泛享有免费或优惠的基本公共文化服务"。时任文化部部长的蔡武,在2014年2月国新办举办的新闻发布会上指出④:

> 强调公共文化服务的"基本性",这是社会主义初级阶段的国情决定的,就目前我们的国力来讲要搞覆盖全社会的公共文化服务体系,只能是广覆盖、低水平,不可能全部满足人民群众的精神文化需求,只能在现有基础上保障基本文化权益、满足基本的文化需求,体现公平正义的原则。特别是文化惠民工程,要致力于消除城乡二元结构,实现社会的公平正义,但限于现有国情,要让边远山区老百姓享受的文化设施不可能和大城市完全一样,现阶段是不可能做到的。

因为文化需求具有层次性,包括"基本"和"非基本"两方面。提供基本文化服务,满足人民基本文化需求,是现代公共文化服务体系建设的基本任务。所谓"基本公共文化服务",并非满足公民所有的文化需求。在现阶段,界定的

---

① 李景源. 用科学发展观指导文化建设 [N]. 中国社会科学院院报, 2007-03-01 (03).
② 韩军. 论公共文化服务体系的构建 [J]. 党政干部论坛, 2008 (01): 16-17.
③ 深圳市文化局公共文化服务体系研究课题组. 深圳公共文化服务体系研究 [J]. 特区实践与理论, 2006 (03): 18-22.
④ 蔡武. 解读"公共文化服务体系"四大关键词 [EB/OL]. 人民网, 2014-02-24.

基本公共文化服务范围主要包括看电视、听广播、读书看报、进行公共文化鉴赏、参与公共文化活动等方面。公民多样化、多层次的文化需求则主要由市场来满足。若是将应由市场来提供的服务变成公益性的公共文化服务，就是混淆了基本公共服务的性质。

2. 特色属性

基本公共文化服务在具有公共文化服务一般属性的基础上，还具有如下特殊属性：（1）以公共财政保障为主，即其服务主要以免费或优惠形式提供。（2）与经济社会发展水平相适应。由于是免费或优惠提供，所以需要在公众文化需求和公共财政支撑能力之间寻找平衡，实现二者的统一。同时，这里的"基本性"所规定的公共文化服务的内容并不是一成不变的，而是与经济社会发展水平相适应的、动态发展的，基本公共文化服务的服务内容、服务标准、覆盖面和优先事项安排应该随着经济社会和文化发展水平的提高而动态发展。（3）遵循"四性"原则。"基本性、公益性、均等性和便利性"是对基本公共文化服务的理论概括。在"四性"原则中，均等是核心，因为公共文化服务的最终目标是让文化的阳光普照到每一个人；基本是尺度，决定了这类服务是底线型、差异化程度相对较低的服务，公共文化服务保障基本文化权益、满足基本文化需求；公益是保障，公共文化服务由政府主导、以公共财政支撑为主；便利是前提，公共文化服务是老百姓身边的文化，是融入老百姓日常生活的文化，必须方便利用。"四性"原则是一个有机整体，从总体上概括了基本公共文化服务的内容、范围和提供方式。

当然，强调指向普惠的基本公共文化服务，并非改变而是应该强化保障妇女、残疾人和少数民族人民等特殊权益主体平等享有普遍的文化权益。

（三）基本公共文化服务标准化

标准是对重复性事物和概念所做的统一规定，标准化则是以获得最佳秩序和社会效益为目标，对重复性事物和概念通过制定、发布和实施标准的活动过程。1972年英国管理学家桑德斯在《标准化的目的与原理》一书中对标准化做了如下的定义：标准化是为了所有有关方面的利益，特别是为了促进最佳的经济并适当考虑到产品使用条件与安全要求，在所有有关方面的协作下，进行有秩序的特定活动所制定并实施各项规则的过程。这一定义也成为国际上流行最广、影响最大的定义之一。我国国家标准（GB/T20001-2002）中对标准化的定义是：为了在一定范围内获得最佳秩序，对实际或潜在的问题制定共同使用的和重复使用的条款的活动。

基本公共服务标准，是指在一定时期内为实现既定目标而对基本公共服务所制定的，包括服务范围、服务项目、保障水平和服务质量的标准，以及技术和管理等相关规范。根据上述定义和内涵，结合基本公共文化的特点，我们可以将基本公共文化服务的标准化定义为：为了保障每一位公民的基本文化权益，使全体公民能够公平可及地获得大致均等的基本公共文化服务，由基本公共文化服务供给和管理的各功能主体，按照基本公共文化服务的构成要素以及标准化工作的流程与要求，对特定发展阶段和特定区域范围内基本公共文化服务的政府保障、供给内容、流程职责、设施建设、环境营建、管理服务、考核评估等环节和领域中的活动，制定、发布和实施标准的过程和行为。

标准化是一套体系。基本公共文化服务标准化的体系主要包括三方面：一是保障标准，主要指体现各级政府责任和义务的保障标准；二是业务和技术的标准，主要指有关公共文化服务设施建设、业务管理、服务规范、技术应用等方面的标准；三是评价标准，主要指针对各级政府、公共文化服务机构、项目、活动等的评价标准。我国公共文化服务标准化建设已有一定基础，成果集中在业务和技术标准、评价标准两方面，业务和技术标准包括：主要用于规范设施网点布局的"建设用地指标"系列；主要用于规范设施建设规模的"建设标准"系列；主要用于规范服务内容与质量的"服务规范"系列。除业务和技术标准外，还有主要用于评价发展水平的"评估标准"系列。

当前基本公共文化服务标准化工作的难点和最薄弱环节是制定保障标准[1]。保障标准是体现基本权益、政府责任、地域特色和发展方向的标准，主要内容应包括公共文化服务设施布局和建设标准，公共文化服务产品和资源配置标准，公共文化服务人才配备和队伍建设标准，公共文化服务经费投入标准。制定保障标准时，需要把握四个原则：一是需求导向。要依据当前基层群众的基本文化需求（如读书、看报、看电视、听广播、公共文化鉴赏、参加文化活动、看电影和看戏等）制定标准。这里的需求是基本需求，而不是多样化的个性化需求；二是底线保障。这是对政府基本公共文化服务能力的要求，不是评优性质

---

[1] 张永新. 构建现代公共文化服务体系的重点任务［J］. 行政管理改革，2014（04）：38-43.

的、可做可不做的，而是政府对人民的基本承诺，是其必须要承担的基本责任和应尽义务。这是一个底线标准，也是一个均等化标准，更是一个责任标准；三是层次清晰。既要制定国家基本公共文化服务标准，作为全国统一标准。同时，经济社会发展程度较好的省份或城市，也可在国家基本公共文化服务保障标准基础上，提高底线，建立地方保障标准；四是动态发展。国家基本公共文化服务标准在一定时间内相对稳定，但随着经济社会发展，标准的水平将逐渐提高。

（四）基本公共文化服务均等化

目前，我们认可的"基本公共文化服务均等化"，是指在公平原则的前提下，政府应尽可能地使全体国民获得水平大致等同的公共文化产品和文化服务。当前基本公共文化服务均等化的三个工作重点是：

首先，均等化目标是实现"三个均等"。这包括：地区之间均等、城乡之间均等和群体之间群等。中国长期受城乡二元经济结构影响，不同地区之间经济发展水平差异很大，地区之间、城乡之间基本公共文化服务存在巨大差距。基本公共文化服务均等化就是要实现面向全体民众，既没有性别、年龄的区别，也没有身份、阶层、职业的差异，提供大致等同的公共文化产品和文化服务。因此，城乡均等要作为基本公共文化服务均等化的重中之重。同时，通过转移支付方式，来熨平地区间的差异鸿沟。此外，还要对外来群体、弱势群体等加大文化扶助力度，确保其都能享受基本公共文化服务。

其次，均等化的内容是实现底线保障。均等化是基本公共文化最基础的部分，是满足人们最根本的文化需求，而其面向的优先对象是最缺乏文化享有能力、最缺失基本公共文化服务的人群。基本公共文化服务的标准化和均等化，具有"保基本"和"兜底"的性质，这是由社会主义初级阶段的国情决定，任何基本公共文化服务高端化、国际化的目标都需要慎重考虑。

再次，均等化的核心是机会均等。如果把均等划分为起点、过程、结果三部分，那么均等化在这里强调的是起点均等，也就是人人享有相同的基本公共文化服务的机会。《国家基本公共服务体系"十二五"规划》明确指出基本公共服务均等化，"指全体公民都能公平可及地获得大致均等的基本公共服务，其核心是机会均等，而不是简单的平均化和无差异化。"政府的责任，是通过均等化的制度安排，保障全体社会成员有公平均等地享受公共文化服务的机会和条件，通过机会均等保证起点公平。但是，文化消费是选择性消费，均等化不是指每一个社会成员最终享受的公共文化服务的平均化，均等化不排斥文化享有的多元选择和自由选择。

最后，均等化的模式选择是最低公平模式。按照国际经验，基本公共服务均等化大致有"财政收入均等""收支平衡""公共服务标准化"和"基本公共服务最低公平"四种模式。公共服务最低公平模式又称基本公共服务最低供应模式。国家制定最低提供标准，并通过多级政府分担经费保障地方政府有提供最低标准服务的能力。同时，允许并鼓励有财政能力的地方政府提供更多的、质量更高的公共服务，但经费由地方政府承担。这种模式主要适应于地区差异较大的发展中国家。我国地广人多，区域、城乡、群体之间的差距都比较大。具体到浙江省，虽然其属于沿海经济发达省份，但上述三大差距也客观存在其中，而且不容小视。既然有差距和不同，就不能"一刀切"。为此，必须寻找最大公约数，确立一个各地方都接受的最低标准。基于此，在基本公共文化均等化的模式选择上，应采取最低公平模式。中央政府按照"最低公益原则"制定具有"底线标准"性质的全国普适性保障标准，各级地方政府根据当地实际制定不低于"底线标准"的地方标准，以使保障标准与地方经济社会发展水平相适应，体现地方文化特色。这一模式，可以充分体现基本公共文化服务均等化分步推进的内在规律，同时也能顾及一些地区财力和资源有限的客观实际。

（五）通过标准化促进均等化

公共服务标准化与均等化之间存在着密不可分的联系。标准化、均等化是满足人民群众基本公共文化需求必须解决的两个问题，标准化明确了满足需求的基本内容，均等化解决了满足需求的主要方式。标准化是一个体系，均等化是一项工程。公共服务均等化是一种价值导向，强调公民在公共服务面前享有的平等权利；公共服务标准化是一种结果导向，强调公共服务供给的规范高效，其目的是在满足相同群体的多样化需求，或不同群体的单一化需求时规范公共服务供给的数量和质量。公共服务均等化和标准化之间是目的和手段的关系，二者需要在相互协调过程中进行动态调整。

群众文化需求的无限性和政府责任与公共财政支撑能力的有限性是矛盾的。如何把实现公共文化服务均等化变为各级政府的自觉行动，这需要制度化的约束，只要有明确具体的标准，就能使各级政府能明确与自身职责相应的均等化公共文化服务应该提供何种内容、提供到何种程度、达到何种标准,这就是公共文化服务的标准化。标准化通过制定、发布和实施一系列具有约束性的公共文化服务标准来实现。标准化的目的,是追求公共文化服务的最佳秩序和最佳效能。十八届三中全会提出促进公共文化服务标准化、均等化,真正的含义是以公共文化服务的标准化促进均等化,标准化是手段,均等化是目的,标准化是均等化的基础和前提,离开了标准化,均等化就没有尺度、没有约束、没有衡量准则,也就没有真正的均等化。

二、研究设计

(一) 构建基本公共文化服务的范围、标准的原则

1. 认真厘清基本公共文化服务的边界,使文化事业和文化产业共同发展

政府提供的基本公共文化服务不是越多越好。过多的服务既受制于财力的限制,也影响了文化产业的发展。制定合理的基本公共文化服务范围,能引导社会力量参与文化事业建设,促进文化产业发展;文化产业的发展也能为文化事业提供资金、产品和服务。只有这样才能做到文化事业和文化产业共同繁荣发展。

2. 准确把握当前浙江省的省情

一方面,浙江省的政治、经济和社会发展取得了巨大的成就。"十二五"期间,浙江将进入人均生产总值从7000美元向10000美元跨越的发展新阶段。因此,在制定全省公共文化服务的范围与标准时,必须立足浙江,各项指标应该高于全国标准,并处于领先地位;另一方面,浙江省经济发展中还存在很多不确定因素,经济增速和财政收入增长速度明显放缓,浙江省区域城乡之间、地区之间发展不平衡、各地财政保障能力差异较大。因此,在制定浙江省基本公共文化服务的范围与标准时,不能脱离这些客观实际,随意扩大范围,盲目拔高标准。所制定的标准应该有一定的弹性,便于不同的地区根据本地区的实际情况因地制宜实施措施。

3. 科学设计清晰可量化的标准

设计制定一套科学、合理、系统的量化指标,是衡量标准结果是否准确、有效的基础和前提。指标体系的选取在理论上必须有科学依据,在实践上必须可行而有实效。因此,要以科学的理论作指导,紧扣全省基本公共文化服务的

范围，制定的标准在具体工作实践中可行、可操作和务实有效。设计标准要直观，指标要简化，计算评价方法要简便。所需要的数据要易于采集，信息来源渠道必须可靠，并且容易取得。

（二）研究过程

嘉兴及其所辖的县（市、区）以座谈会和问卷调查的方式进行问卷调查。以嘉兴市 7 县（市、区）为问卷抽样调查地区，每地区发放问卷 150 份，共发放问卷 1050 份，收回问卷 926 份，问卷回收率 88.19%，有效问卷 801 份，有效问卷回收率 76.29%。问卷回收率和有效问卷回收率都在统计学上可接受的范围内。

调查中，共计召开由各级文化和文艺干部、村（社区）干部、城乡农民和居民参与的座谈会 4 次；个别访谈 23 余人次，其中，对农、居民的直接访谈 16 余人次；通过实地走访和问卷调查，收集各种意见和建议 103 条，调研问题集中在群众读书、看报、听广播、看电视，社区文化活动、居民文化艺术教育活动、文艺演出、文化娱乐活动、体育比赛、文化交流、文化教育、文化宣讲、文艺培训、文化活动的开展等情况进行调研，重点是对群众的文化需求内容、对文化服务的满意程度及建议。

为进一步扩大研究样本，在浙江省文化厅的协助下，课题组采集了 2008 年至 2012 年的全省基层公共文化服务评估数据，先后召开各类会议 19 次，深入基层调研 10 次以上，发放调查问卷 10000 份，采集近 12 万个数据。

三、浙江省基本公共文化服务标准化均等化现状调研

2013 年 11 月开始，在省文化厅的支持下，研究者着手基本公共文化服务标准化、均等化的研究。在浙江省嘉兴市，衢州市，杭州上城区、萧山区，宁波镇海区，温州市苍南县，台州市三门县，丽水市景宁畲族自治县等地，开展群众满意度、需求性调查，共发放了调查问卷 4530 份，采集了近 12 万个数据。

（一）浙江基本公共文化服务取得的成绩

2000 年浙江省委常委会讨论通过颁布的《浙江省建设文化大省纲要（2001—2020）》，适时提出了建设"文化大省"的战略构想：到 2020 年，努力建设适应社会主义市场经济发展的思想道德体系，完善与经济社会发展要求相

适应的文化发展格局，形成符合社会主义文化发展规律的文化运行机制，构筑与人民群众日益增长的文化需要相适应的文化生产服务体系，营造有利于出人才、出精品、出效益的文化发展环境，努力把浙江省建设成为全民素质优良、社会文明进步、科技教育发达、文化发展主要指标全国领先及文化产业整体水平和文化产业发展实力走在全国前列的文化大省。2005年，浙江省委十一届八次全会通过了《关于加快建设文化大省的决定》，确定了加快建设其文化大省的新战略。《关于加快建设文化大省的决定》在总结省委制定实施《浙江省建设文化大省纲要》，特别是党的十六大以来浙江省文化大省建设经验的基础上，适应改革开放和现代化建设的新形势和新任务，提出了要从增强先进文化凝聚力、解放和发展文化生产力、提高社会公共服务能力入手，重点实施文明素质工程、文化精品工程、文化研究工程、文化保护工程、文化产业促进工程、文化阵地工程等八项工程，加快建设文化大省，满足人民群众日益增长的文化需要。

在基本公共文化服务供给中，浙江省立足基层，努力构建结构合理、发展平衡、网络健全、运营高效、服务优质的公共文化服务体系，浙江省的公共文化事业取得了令人瞩目的成绩。

一是文化体制改革深入推进。文化体制改革按照"因地制宜、分类指导、突出重点、攻破难点、扩大试点、扎实推进"的思路，拓展广度与深度，由点到面进行改革，进一步解放和发展文化生产力。

二是公共财政对文化事业投入逐年增加。2000年至2007年，浙江省省级文化事业建设费支出56.4723亿元，年均增长46.04%，连续6年文化事业财政拨款位居全国第二，文化事业费占财政支出比重多年排名全国第一。2010年浙江省文化事业费达到24.20亿元，占当年财政支出的0.79%，位列全国首位，是全国文化事业单位费的7.5%。"十一五"期间浙江省文化事业费由17.26亿元增加到24.20亿元，增长了40.21%，年均增长11.53%。

三是公共文化基础设施建设成绩斐然。全省各地积极探索投融资新机制，普遍加大了基础设施建设的力度，一批重点文化设施逐步形成网络。到"十一五"末期，全省已建和在建县级以上文化广场、文化中心300余个，浙江省自然博物馆新馆、浙江省美术馆、浙江省博物馆武林馆区等省级大型文化设施先后建成。杭州市大剧院、杭州市历史博物馆、宁波市大剧院、温州市博物馆、嘉兴市大剧院、绍兴市大剧院、衢州市博物馆、良渚市博物院等一批标志性重点文化设施建成投入使用。"十一五"末期，全省城市中每10万人拥有公共文化服务机构数达0.95个，全省拥有全国文化先进县27个，省级文化先进县42个，浙江省"东海文化明珠"乡镇545个，省级文化示范村（社区）431个。县级图书馆、县级文化馆、乡镇综合文化站基本实现全覆盖，村级文化活动室的覆盖率达到85%，平均面积分别达到4420、3222、1084、206平方米。农村出版物发行小连锁工程取得成效，全省已建成各类小连锁网点196家，实现销售收入近4000万元；文化信息资源共享工程覆盖农村，基层服务站点达4万余个，其中乡镇覆盖率达100%，村覆盖率达98.5%，建成职工电子书屋6000余家，农家书屋19567家；全省有线电视城乡覆盖率达到100%，城市用户有线电视数字整体转换率达到95%，农村用户有线电视数字整体转换率达到50%。深入实施基层文化队伍提升工程，目前全省拥有教学辅导、组织管理和技术服务三支骨干队伍5万余人，开展全省农村"种文化讲师团"下基层辅导活动，"十一五"期间全省省、市、县三级文化部门累计培训基层文化干部、业余文艺骨干、村级文化管理员超过11万人次。

四是公共文化服务能力显著加强。"十一五"期间全省累计送9.1万场演出、110万场电影、1015万册图书到农村；全省率先将博物馆常年免费开放，共举办陈列展览3230个，参观总人数超过6200万人次。实行政府指导与市场运作相结合。例如，浙江省承办的中国第七届中国艺术节筹措社会资金和实物超过5000万元，还有湖州市万场电影下农村、周小燕歌剧中心音乐会、中外经典声乐作品音乐会、维也纳交响乐团湖州新年音乐会等12个项目筹集的资金超过130万。

五是文化成果精品辈出，艺术创作取得丰硕成果。"十一五"期间全省大力繁荣文化精品创作，有近百部（个）优秀作品在国内外重大艺术评比中取得佳绩，为浙江省赢得了荣誉。仅2011年，省文联就组织了6场大型活动，强化文艺活动品牌效应，主办有影响的文化活动30多项，文艺精品和优秀文艺人才不断涌现。

（二）浙江省基本公共文化服务存在的问题

一是公共财政投入的总量仍然偏少。尽管各级财政对文化的投入在总量、所占比例和增长速度等各方面比以前都有明显的改善，但实现基本公共文化服务的财政投入基数过小，与满足城乡居民文化生活的需求相比，文化事业发展财政投入还存在一定的差距；人均文化事业费支出与北京、上海等发达地区相比，也有差距。2008年至2012年全省基层公共文化统计数据显示，很多县（市、区）公共文化文物事业经费仅占同期财政支出的0.3%，有的地区年度人均公共文化文物事业经费仅为1元。文化事业经费的投入不仅数量低，投入的渠道也很单一，目前全省公共文化事业投入主要以财政投入为主，多渠道投入的政策还不完善，一些文化经济政策未能得到有效落实。

二是基本公共文化服务的城乡差距、地区差距依然突出。一些地区和领域的基本公共文化服务存在短缺、错位的现象，区域间、城乡间文化发展不平衡的结构矛盾依然很突出，公共文化投入的地区间差异也很明显。统计显示，2009年，杭州、宁波等经济发达地区的乡镇文化站平均拨款额为45万元，而同期衢州、丽水等欠发达地区分别只有9万元和7万元。同时，全省很多基层公共文化服务机构运作经费缺乏制度性保障。2008年至2012年全省基层公共文化统计数据显示，许多县（市、区）公共文化事业经费增长率不到1%。以2012年的统计为例，公共文化事业经费零增长和负增长的县（市、区）有9个，增长率在0%~5%之间的有10个，低于同期财政支出增长速度的超过全省的三分之一。但统计也显示，有的地区出现了10倍、15倍的增长率，增长率接近和超过50%的有29个，占全省90个县（市、区）的近三分之一。尽管从高增长率看到了地方政府对公共文化事业的重视程度，但很明显，如此之高的增长率是不可持续的，这也说明，许多地方的文化投入随意性很大，没有明确目标、缺乏战略构图。

三是基本公共文化服务还不能有效地满足城乡群众的基本文化需求。浙江省基本公共文化建设的投入力度不断加大，服务网络不断完善、服务手段不断增加，但城乡群众的基本文化需求并没有得到有效满足。浙江省委宣传部的调查显示，"费用高、不方便、无人组织"成为制约公共文化发展的重要因素。同时，公共文化服务中存在着"县市和社区两头热、乡镇街道中间冷"的情形，最基层的群众文化活动基本处于"自生自灭"的"自然文化"状态，导致文化活动中出现一些低俗化的现象，有影响力、竞争力的群众文化活动品牌也难以形成。许多地方把"文化大节"当成"文化大繁荣"的重要衡量标志，倾力举办远离群众的"文化大节"，花钱不少，效果一般。

四是基本公共文化服务的管理机制还没有完全理顺，公共文化资源没有得到充分利用。在现行管理体制中，文化事业单位至少被十多个机构管辖，涉基本公共文化服务的单位除了文化行政主管部门外，还有科技局、体育局、教育局、科协、共青团、妇联等多个部门。文化事业的行政管理体系不仅复杂而庞大，而且各行业主管部门之间往往各自为政，造成政出多门、缺乏统一的目标出现。这种条块分割的管理体制所带来的直接后果是管理上的低效，而使极为有限的公共文化资源得不到有效利用，难以形成规模效应。

五是基本公共文化服务的反馈机制和评价机制尚没有形成。基本公共文化服务的产品和内容往往是由行政主管部门决定，这些产品和内容是否符合群众意愿、是否是群众的真正需求，都难以评估，这就造成"文化部门拼命赚吆喝，群众却不买账"的尴尬局面。区域社会文化的需求和供给的分析、测算缺乏科学、统一、权威的标准，群众真正的文化需求缺少有效的反馈渠道和途径，在基本公共文化产品服务的选择上缺少有效的公共决策程序。同时，由于地区差异及文化工作的特殊性，目前对基本公共文化服务工作的考核和绩效评价还处于探索阶段，目前出台的一些评估标准、评估方式、绩效考核机制等受到一些基层单位的质疑，还不具备大面积推广的条件。

（三）浙江省基本公共文化服务的保障标准

在广泛调研、深入研判的基础上，综合国家已明确的基本公共文化服务的范围与种类和浙江的实际，确定现阶段（2015—2020）浙江省基本公共文化服务的范围为：阅读、视听、活动与鉴赏四项；具体种类是读书、看报、听广播、看电视、看电影、看戏、体育健身、文化鉴赏、参与文化活动和享有数字文化，共十项。

基于以上考虑，采集了《浙江省基层公共文化服务评估数据》（2008—2012），参考《文化部"十二五"时期文化改革发展规划》《文化部"十二五"时期公共文化服务体系建设实施纲要》《国家公共文化服务体系示范区创建标准（东部）》《浙江省文化发展"十二五"规划》等文件，借鉴浙江省公共文化服务体系制度设计的相关研究成果，结合前期调研成果和浙江省实际情况，制定了"浙江省基本公共文化服务的范围、标准"（表3-1、表3-2、表3-3、表3-4）并提出了具体的实施建议。2020年，应根据全省经济社会发展的情况，调研、修改完善该范围和标准。

表 3-1 浙江省基本公共文化服务政府保障标准

范围	具体内容		标准值	标准值确定说明
投入	文化投入占财政支出比重（%）	全省	1.18%	取近5年全省各级财政文化投入占财政支出比重平均值为1.18%
		县（市、区）	0.9%	取2013年度全平均值（1.09%）和最低值（宁波市0.71%）的平均值0.9%
	人均文化事业费（元）	全省	2014年至2018年分别为72元、79元、87元、96元、106元	2009年、2013年全省人均文化事业费分别为40.68元、65.51元，年均增幅15%，考虑到未来经常性财政收入增长会逐渐放缓，加上浙江省常住人口的增长趋势，按照10%的年增幅计算
		县（市、区）	2014年至2018年分别为62元、68元、75元、83元、91元	2013年文化事业费中，省级占14%，各县（市、区）按全省86%的标准计算
	省基本公共文化服务专项资金分配要求	欠发达地区分配比例	70%以上	《浙江省基本公共文化服务专项资金管理办法》中规定
		考核奖励资金分配比例	30%以上	

续表

范围	具体内容	标准值		标准值确定说明
机构人才	落实各级各类基本公共文化服务事业单位人员配备标准和编制	每万人拥有公共文化从业人员 3 人；乡镇（街道）综合文化站应配备 1 至 2 名专职工作人员，中心镇可根据实际需要适当增加；行政村和社区有至少 1 名财政补贴的文化管理员或文化指导员		《中共浙江省委办公厅浙江省人民政府办公厅关于进一步加强和改进基层宣传思想文化工作的若干意见》（浙委办发〔2014〕22号）文件第 9、第 10 点；
	加强公共文化单位从业人员培训	省本级	每年培训 1000 名	
		县（市、区）	每年培训 100 名	
	各乡镇（街道）拥有相对稳定并经常开展活动的各类业余文艺团队不少于 3 支；每个行政村（社区）至少建立 1 支经常性衣（居）民业余文化活动队伍			
	省、市、县、乡镇（街道）建立具有一定数量的文化志愿者队伍			

续表

范围	具体内容	标准值	标准值确定说明
政策制度保障	制定各项公共文化政策法规	制定《浙江公共文化服务保障条例》；	
		制定《基本公共文化服务均等化五年行动计划》	
	制定全省各级各类基本公共文化服务场馆设施建设与设备配置标准	制定省级公共文化设施的类型与配置标准	
		制定市、县（区、市）公共文化设施的类型与配置标准	
		制定乡镇、社区、农村公共文化设施的类型与配备标准	
		制定体育、广播、影视设施建设与配置标准	
		制定全省各级图书馆、文化馆（乡镇文化站）、博物馆、美术馆等文化机构提供的产品数量与质量标准	
	制定全省基本公共文化服务与产品供给的数量与质量标准	制定全省广电、体育、影视等文化机构提供的产品数量与质量标准	
		制定全省文化走亲等群众性文化活动的产品数量与质量标准	
		制定全省数字文化服务的内容、数量与质量标准	
		制定公共文化信息发布标准	

第三章 基本公共文化服务标准化均等化

表 3-2 浙江省基本公共文化设施建设标准

具体内容		标准值	标准值确定说明
公共图书馆	省	大型馆	(1)《公共图书馆建设用地指标》（建标〔2008〕74号）；《公共图书馆建设标准》（建标108-2008）； (2) 大型馆：指服务人口150万（含），建筑面积20000m²以上的公共图书馆。中型馆：指服务人口20万～150万，建筑面积4500m²~20000m²的公共图书馆； (3) 原文化部颁布图书馆评估定级标准； (4)《浙江省文化厅关于推进全省城乡一体化公共图书馆服务体系建设的指导意见》（浙文社〔2011〕49号）。
	市	市区常住人口超过150万设置大型馆，其他设置中型馆	
	县（市、区）	部颁二级馆，建筑面积2000平方米以上	
	乡镇（街道）	省级中心镇，常住人口超过10万的乡镇（街道）设置图书分馆	
文化馆	省	大型馆	(1)《文化馆建设用地指标》（建标〔2008〕128号）、《文化馆建设标准》（建标136-2010）； (2) 大型馆：指建筑面积6000m²以上的文化馆。中型馆：指建筑面积4000m²~6000m²的文化馆； (3) 原文化部颁布的文化馆评估定级标准。
	市	市区常住人口超过50万设置大型馆，其他设置中型馆	
	县（市、区）	部颁二级馆，建筑面积2000平方米以上	
博物馆		市（设区市）至少有一座博物馆，博物馆达到二级以上（部颁二级）；县（市）设立博物馆，博物馆达到部颁三级以上（部颁三级）；县以下通过流动服务实现	《浙江省文化发展"十二五"规划》；我们鼓励地方政府出台引导举办民办博物馆的政策，但本项中只统计公共博物馆、民办博物馆、行业性专题博物馆或非政府单位举办的博物馆都不统计在内。

续表

具体内容	标准值	标准值确定说明
美术馆	市（设区市）至少有一座公共美术馆；县及以下通过流动服务实现	
乡镇综合文化站	现有乡镇综合文化站：欠发达地区，发达地区、省级中心镇乡镇综合文化站建筑面积分别不低于500m²、1000m²、1500m²	（1）《浙江省人民政府办公厅关于进一步加强乡镇综合文化站建设的意见》（浙政办发〔2008〕66号） （2）《乡镇综合文化站建设标准》（建标160—2012），大型站：建筑面积800m²~1500m²，室外活动场地600m²~1200m²；中型站：建筑面积500m²~800m²，室外活动场地600m²~1000m²。
	新建乡镇综合文化站：服务人口5万以上的设置大型站，建筑面积800m²~1500m²，室外活动场地600m²~1200m²；5万人以上设置中型站，建筑面积500m²~800m²，室外活动场地600m²~1000m²	
村级文化实施	省级中心村、人口1000人以上的行政村建有农村文化礼堂：具备不少于200m²文化礼堂，不少于50m²的讲堂，具备演出、展览、科普、广播、影视、阅读、信息共享、体育建设等功能；其他行政村（社区）建有建筑面积不少于100m²、室外活动场地不少于300m²的文化活动中心	《中共浙江省委省人民政府办公厅关于推进全省农村文化礼堂建设的意见》（浙委办发〔2013〕37号）；《浙江省文化礼堂操作手册（试行）》（中共浙江省委宣传部，2013年3月）

续表

具体内容	标准值	标准值确定说明
体育设施	乡镇（街道）建设全民健身中心、农村中心村建设全民健身广场，社区（居住区）建设健身点，人均体育公共设施1.5m²（可与文化礼堂或文化活动中心合建）	
广电设施	乡镇设广电站（含电视差转台和广播台）；农村行政村（中心村）建成广播室。设备配置达到浙广局发〔2010〕286号文件有关要求；	
	137千瓦功率（含）以上大中型海洋捕捞船舶安装接收中星9号直播卫星电视设备	

表 3-3 浙江省基本公共文化管理和服务标准

具体内容	标准值		标准值确定说明
免费开放	公共图书馆、文化馆（站）、博物馆（纪念馆）、美术馆公共空间设施免费开放		免费开放：依据《国家基本公共文化体系"十二五"规划》：（1）向全民免费开放基层公共文体设施，逐步扩大公共图书馆、文化馆（站）、博物馆、美术馆、纪念馆、工人文化宫、青少年宫等免费开放范围；（2）公共空间设施和基本服务项目免费，各级文物部门设有不少于10个月；除文物建筑及遗址类博物馆外，各级提供公园、绿地等公共场所全民健身器材。
	免费提供公园、绿地、广场等公共场所全民健身器材		
	工人文化宫、青少年宫、妇女儿童活动中心、科技馆、中小学校课外活动基地等免费提供基本公共文化服务项目		
读书看报	公共图书馆（室）免费提供阅借服务		
	人均公共图书馆（室）藏书量	全省平均1册	《浙江省文化发展"十二五"规划》目标要求到2015年达到人均1册。
		县（市、区）0.84册	县（市、区）人均藏书要去掉省、市公共图书馆的藏书，取近5年全省人均藏书量的平均值0.84册。
	县（市、区）人均购书费2元		取近5年全省最高平均值（2.28元）和最低值（2009年，1.78元）的平均值2元。
	城乡人流密集地点公共阅报栏（屏）全覆盖，提供五类报纸（党报类、三农类、科普类、文化生活类、健康文摘类）		人流密集地点：指城市和乡镇主要街道、居民小区、车站、集贸市场、商场、广场等。依据：（1）《国家基本公共服务体系"十二五"规划》：城市和乡镇主要街道、大专院校、居民小区等人流密集地点设公共阅报栏（屏），及时提供各类新闻和服务信息；（2）《国家新闻出版业"十二五"时期发展规划》：城乡阅报栏（屏）工程，"十二五"期间，采取政府支持、报社（集团）实施、社会力量参与、市场化运作模式，在城市和乡镇车站、集贸市场、商场、广场等人流密集地点建设10万个阅报栏和电子阅报屏。上架和传输的报纸以党报、类报纸、科普类报纸、文化生活类报、健康文摘类报纸为主。

续表

具体内容	标准值	标准值确定说明
流动文化服务	市、县公共图书馆、博物馆、美术馆、文化馆配备一台以上流动服务车；图书馆每年组织送书下乡（市）每年图书组织送书下乡不少于1万册；市（设区市）每年图书流动不少于4次；市（设区市）流动演出车到基层举办流动演出每年不少于40场；县（市）文化馆每年组织流动演出12场。	
	乡镇广播，有线电视联网率达100%（海岛包括微波方式），农村有线电视实际入户率达90%以上；有线对农广播覆盖率达到80%。	
	无偿提供中央第一套广播节目、中央第一套电视节目，中央第七套电视节目，浙江省第一套广播电视节目和本市第一套广播电视节目等7套以上广播和电视节目服务。	
广播电影电视服务	农村有线广播村村响，每天播出次数不少于3次，每次不少于45分钟（含）以上；广播自办对农栏目每周达3档（含）以上，平均每档不少于10分钟。	
	每个行政村（社区）每月放映一场电影；商业影片放映达全年场次目标任务20%以上。	

续表

具体内容	标准值	标准值确定说明
看戏	每个行政村（社区）每年看6场以上戏剧或文艺演出；市级大剧院每年举办公益性专场演出不少于12场	依据：(1)《中华人民共和国文化部2013年文化发展统计公报》：全年全国群众文化机构共组织开展各类活动129.32万场次，比上年增长6.8%；服务人次44171万，增长0.3%。(2)《国家基本公共服务体系"十二五"规划》：城乡居民免费享有健身技能指导，参加健身活动，获取科学健身知识等服务。
文体活动	每个文化馆（站）每年组织开展群众文体活动不少于10次	
	每个社区、村每年组织开展群众文体活动不少于2次	
	公共文化体育机构免费指导群众文体活动常态化	
展览展示	博物馆、美术馆每年分别举办免费展览不少于6次	展览展示：(1)全年全国文物机构共安排基本陈列8392个，举办临时展览9644个，接待观众74706万人次，其中博物馆接待观众63777万人次，占85.4%；(2)全国共有非物质文化遗产保护机构2525个，全年举办展览14078次，接待观众3086.05万人次。
	公共图书馆、文化馆、非遗展示馆等每年分别举办免费展览展示不少于4次	依据《中华人民共和国文物2013年文化发展统计公报》：全国共有文物机构7740个，其中博物馆3476个，占44.9%。
	未成年人、老年人、现役军人、残疾人和低收入人群参观文物建筑及遗址类博物馆门票减免	

72

续表

具体内容		标准值	标准值确定说明
培训讲座		文化馆举办普及性艺术培训每年不少于12次，文化站举办公益培训每年不少于6次	
		公共图书馆举办公益性讲座每年不少于12次	
		博物馆、美术馆举办公益性讲座、培训每年不少于6次	
"文化走亲"活动		县（市、区）每年5次	《浙江省文化发展"十二五"规划》
体育健身服务		经常参加体育锻炼人数比率提高到35%以上，城乡居民（不包括在校学生）体质合格率保持在90%以上。公园、绿地等公共场所全民健身器材免费提供；公办体育馆（含学校体育设施）向公众免费提供（免费项目由当地方政府制定；可供使用的公共体育场地，开放时间和免费体育场地）占全省体育场地总数的比率达到80%以上。	

73

续表

具体内容	标准值	标准值确定说明
数字文化服务	公共文化设施内免费提供无线 Wi-Fi，公共电子阅览室免费提供上网服务	公共文化设施内免费提供无线 Wi-Fi：适应时代发展的需要，实现文化与科技融合，为公众提供基本互联网接入服务。依据：《文化部财政部关于进一步加强公共数字文化建设的指导意见》（文社文发〔2011〕54号），公共电子阅览室建设计划：以未成年人、老年人、进城务工人员等群体为重点服务对象，与文化共享工程建设、乡镇文化站建设、街道（社区）文化中心（文化活动室）建设以及中央文明办组织实施的"绿色电脑进西部活动"相结合，推进公共电子阅览室建设，努力构建内容健康、服务规范、环境良好的公益性互联网阅览服务体系。到"十二五"末期，努力实现公共电子阅览室在全国乡镇、街道、社区的全覆盖。
	公共文化服务机构建有网站，数字资源拥有量县级不少于 4TB，地市级不少于 20TB	公共文化服务机构建有网站，数字资源拥有量县级不少于 4TB，地市级不少于 20TB：网站是提供数字资源服务的入口，数字资源测算依据《文化部财政部关于进一步加强公共数字文化建设的指导意见》（文社文发〔2011〕54号），到"十二五"末期，文化共享工程建成"公共文化数字资源基础库群"，资源总量达到 530TB；数字图书馆推广工程实现每个市级数字图书馆可用数字资源量达 30TB；数字文化实现每个县级数字图书馆可用数字资源量达 4TB。

74

表 3-4 浙江省基本公共文化工作评价标准

内容	标准
评价目的	衡量和考核政府和文化机构公共文化服务的实际绩效，推进全省基本公共文化服务水平和成效的持续提升
评价依据	基本公共文化服务政府保障标准、设施建设标准、管理和服务评价三个标准
评价主体与方式	政府：对照评价依据逐项打分
	社会公众：委托第三方实施基本公共文化满意度调研
评价频率	每年进行基本公共文化绩效评估
	每三年进行一次基本公共文化中期评估
	每一个五年计划末期进行基本公共文化考核性评估
	专项评价：根据基本公共文化服务工作的需要，就某个专项进行评价
评价结果运用	每年发布"浙江省基本公共文化发展报告"
	将评价结果纳入党政领导干部目标考核体系

四、促进基本公共文化服务标准化均等化的实施途径

（一）健全财力投入长效机制保障基本公共文化服务标准化均等化

长期以来，公共财政投入不足是我国公益性文化事业发展的制约因素。因此，十七届六中全会决议突出强调"把主要公共文化产品和服务项目、公益性文化活动纳入公共财政经常性支出预算"。建立财政投入长效保障机制，是实现基本公共文化服务标准化、均等化发展的根本保证。要进一步调整和优化公共财政支出结构，逐步提高基本公共文化服务支出所占比重，保证基本公共文化服务预算支出增长幅度应高于财政经常性支出增长幅度。

首先，要进一步提高公共文化事业经费支出比例，公共文化事业经费投入占省级公共财政总支出的比例应达到 1.5%；保证基本公共文化服务预算支出增长幅度不低于财政经常性收入增长幅度，为公共文化服务建设提供稳定的公共财政保障基础。

其次，要明确公共文化服务投入的重点。县、乡、村和社区基层公共文化服务机构是提供基本公共文化服务的基础，但其一直是公共文化服务体系的短

板和薄弱环节。解决这一问题，要求必须重点投入有助于实现公共文化服务均等化，有助于实现城乡平衡、区域平衡、群体平衡，有助于优化公共文化设施空间布局的文化建设项目，重点投入农村和欠发达地区文化设施建设以及艺术馆、文化馆等设施建设，重点投入城乡基层文化建设、基础设施建设、文化普及和精品生产。

最后，要进一步完善财政转移支付制度，加快形成统一、规范、透明的财政转移支付制度，要科学设置、合理配置一般性转移支付和专项支付，加大向县级和对欠发达地区的转移支付力度，切实增强县及以下基层政府基本公共文化服务保障能力。同时，积极争取中央财政转移支付补助资金，提高基本公共文化支出的保障水平。

（二）创新服务供给机制，以基层和基础设施为重点，推动公共文化服务网络布局和供给的均等化

制定基本公共文化服务标准的难度很大，也不能一蹴而就，不妨选择相对容易实施和评价的基础设施入手。通过基础设施的标准化、均等化，来推动服务内容、服务质量的标准化、均等化。总体来看，基层文化基础设施建设还不能满足人民群众日益增长的文化需求，广大农村地区，特别是一些山区、海岛和欠发达地区还存在一些空白，群众的文化生活还缺少基本的场所和载体。应按照党的十八届三中全会精神，采取措施，加强基层文化基础设施建设，"整合基层宣传文化、党员教育、科学普及、体育健身等设施，建设综合性文化服务中心"，提高文化设施资源的利用效率和社会效益，形成公共文化服务的合力，让人民群众就近、随时、快捷、方便地享受基本公共文化服务。

当前，基本公共文化服务的短板在基层、在乡镇、在农村，尤其是在一些民族地区、山区、海岛地区。因此，基本公共文化服务"两话、化"建设的重点要投向基层，把更多的设施、人才、产品、服务引向基层，提高基层保障水平，增强基层服务能力。

坚持以人为本和普惠均等原则，重点关注人民群众最关心、最直接、最现实和最薄弱的文化需要，扩大政府采购公益文化产品和服务的范围，保障基层人民群众公平享受基本公共文化生活的权益。按照"供给项目多、供给对象广、供给模式优"的原则，以均衡的公共文化服务供给，推动公共文化服务的均等化。通过推进浙江省基层特色公共文化活动品牌工程建设，完善群众文化配送

机制，扩大服务范围，广泛开展群众喜闻乐见的公共文化活动，解决城乡公共文化活动数量和质量以及服务供给不均衡问题。建立以人民群众需求为导向的、优质高效的、普遍均等化的新型城乡公共文化服务机制，形成城乡公共文化产品和服务"超市式"供给、"菜单化"服务①的模式。

坚持文化下乡、进乡村活动。面向农村、面向基层，制订年度农村公益性文化项目实施计划，明确服务规范，改进服务方式。创新文化下乡的内容和形式，提供农民群众喜闻乐见、迫切需要的文化产品和服务，活跃和丰富农民群众的文化生活；推动城乡文化的交流，以城带乡，以城促乡，发挥文化活动品牌的辐射和带动作用，让农民群众充分享受文化活动的乐趣。完善广播电视对农节目服务工程，健全广播电视"村村通""村村响"工程长效机制，丰富农村广播电视节目内容，增加农村节目播出时间，加快实施广播电视"低保工程"，确保低收入群体免费收看有线电视。培育农村电影发行放映服务体系，实现一个行政村一个月放映一场数字电影，农村电影放映的地点逐步从露天走向室内。每年集中招标采购适用于农村的图书，直接配送到欠发达地区乡村文化室。加强农家书屋建设，不断补充出版物，完善管理，实现资源共享，充分发挥农家书屋的作用，大力开展读书征文、知识讲座、科技培训等形式多样的读书学习活动，不断丰富服务手段，拓宽服务范围。

面向老年人、残疾人、农民工、低保等重点群体，继续实施"耕山播海""春泥计划"等均等化举措，开展文化、艺术、读书节、歌唱赛活动，建立制度化、可持续的、落实到点、落实到人的运作机制。

（三）建立统筹协调机制，推动基本公共文化服务资源利用均等化

十八届三中全会提出要将"建立公共文化服务体系建设协调机制"作为构建现代公共文化服务体系的重要任务之一。2014年3月，当时文化部牵头成立了国家公共文化服务体系建设协调组，并召开第一次全体会议。这标志着国家层面的公共文化服务协调机制正式运转。当前浙江省应以推进基本公共文化服务标准化均等化工作为契机，加快建立公共文化服务体系建设协调机制。从整体上谋篇布局，聚合各方力量，有效提升政府的文化治理能力，保障好人民群众的文化权益。

---

① 陈立旭. 增强浙江公共文化服务能力的五点建议 [J]. 观察与思考，2012（01）：25-26

要以深化文化体制改革为契机，按照国家公共文化服务体系建设协调组建模式，由浙江省文化厅牵头，联合宣传、组织、发改、财政、文化、广电、体育等部门，成立浙江省公共文化服务体系建设协调组织机构，促进工作的规范化、常态化，协调解决矛盾和问题，加快形成科学有效的宏观文化管理体制。协调组织机构负责行动计划的组织领导、统筹规划、政策制定，定期召开协调会议，协调解决基本公共文化服务均等化实施过程中的重大问题，确保行动计划顺利推进。

明确实施主体，落实责任分工。省级政府要着重抓好政策制定、转移支付、督查考核等工作，并根据《基本公共文化服务均等化行动计划》，制订实施各部门的五年实施方案和年度工作计划，将目标责任分解到各市、县。市县政府是行动计划的实施主体，要根据各有关部门的责任分解制订总的实施方案和年度工作计划，切实做好任务和项目的具体落实工作，形成一级抓一级、层层抓落实的工作机制。

通过建立协调机制，一方面能强化文化部门作为牵头单位、职能部门的主体地位。另一方面是以此为抓手，更好地发挥各部门的力量，提高公共文化服务的覆盖水平和服务供给能力；更好地履行公共文化服务的责任和使命，保障好、实现好、发展好广大人民群众的文化权益。通过多种措施汇聚各方力量和资源，建立政府、市场、社会的良性互动机制，使公共文化服务从单一系统的"内循环"逐步转为面向社会的"大循环"。

（四）完善考核评价机制，促进基本公共文化服务评价标准化

现阶段的基本公共文化服务和产品的供给模式基本上是自上而下的单向模式，文化事业部门"送文化"多，"种文化"少；城乡群众"被文化"多，主动参与文化少。城乡群众在文化上的需求、决策、管理、评价等方面缺少参与权、表达权和监督权，导致政府提供的文化产品和服务与群众的需求不匹配，群众的主体性作用薄弱。

建立反馈机制，要充分发挥政府的作用，注重基层文化站的职能，组成专家团队对基本公共文化需求进行定期评价和反馈。文化管理部门要通过调查研究、接触公众代表和人民代表等多种方法，广泛调动和汇聚民智民力，形成市民文化需求表达、意见收集和公共文化决策参与机制，改变公共文化产品和服务供给与人民群众多样化文化诉求目标错位、需求结构不对称现象，促进基本

公共文化服务决策的科学化与民主化。把保障人民群众知情权、参与权、监督权贯彻于"文化惠民"全过程中，以民主保障公共文化服务供给的公平和效率。要广泛调动和汇聚民智民力，形成群众文化需求表达、意见收集和公共文化决策参与机制。可通过设立公共文化服务电话、短信、QQ讨论区、官方微博等平台，多渠道了解群众文化需求，及时分析、反馈和评价，形成良好的双向沟通互动。

组建浙江省基本公共文化服务评估中心，实施基本公共文化服务公众满意度第三方评价。把政府评估与专家学者、社会公众等社会主体评估有机地结合在一起，通过社会主体的广泛参与，提高公共文化服务政策评估的透明度、客观性和公正性。建立问责机制，对基本公共文化服务建设中政府"不作为、少作为、变相作为"进行有效约束。在基本公共文化服务满意度测评中，要科学选取测评的项目、测评对象和测评方法，避免主观性很强的测评手段，否则最后的测评结果往往得不到被测评单位的认可。同时，也要注意不能为了测评的客观性，而选择过于复杂的测评方法。有的测评需要依靠数学模型和专业软件进行，尽管客观性比较强，但可实施性比较差，基层单位基本无法实行。要探索实施公共文化服务第三方评价机制，增强公共文化服务评价的客观性和科学性。

（五）建立社会力量参与机制，促进基本公共文化服务均等化

在基本公共文化服务建设中，政府主导不等于政府包办。基本公共文化服务建设涉及政策、人员、资金、设施、技术等诸多要素，其复杂结构及多重任务不仅要求政府发挥主导性的建设作用，而且还要为公共部门、社会组织、市场主体协同合作，推进文化事业建设繁荣发展提出现实诉求。《中共中央关于全面深化改革若干重大问题的决定》提出，"鼓励社会力量、社会资本参与公共文化服务体系建设，培育文化非营利组织。"

设立财政引导资金，引导社会资本参与基本公共文化服务建设。浙江省民营经济发达，社会资本参与公共文化服务的热情很高。通过财政引导资金，明确扶持社会资金参与公共文化发展项目的范围、内容、标准、申报程序、资金来源，鼓励和吸引社会资本积极参与基本公共文化发展项目。鼓励剧院、电影院、剧团等公共文化单位针对弱势群体开展优惠或免费活动。借鉴发达国家经验，完善公益性文化捐赠的政策，制定鼓励捐赠文化事业的地方性法规，积极

吸纳社会民间资金，全面拓宽公共文化事业的投资渠道。

壮大文化社会组织。国外很多国家的社会组织已经成为提供公共文化服务中的重要主体。政府部门通过第三方的专业化社会组织，对文化基础设施或文化投资进行管理和运营，以提高文化设施的运营效率和组织效率，避免因庞大的政府公共部门而带来的效率下降的现象。要制定针对性的政策措施，营造发展环境，鼓励和引导社会组织等社会主体参与到公共文化服务设施的投资、建设、运营和管理中来；制定导向性的地方政策和法规，逐步放宽公共文化服务的市场准入限制，如简化社会组织登记注册手续，放宽成立的限制条件，同时加强社会组织的认证管理，消除制约社会组织参与公共文化服务的障碍，切实从重视"入口"管理转向重视"过程"的监督。

建立购买机制和补贴机制。转变政府付费机制，实行公共服务外包是公共服务社会化的重要改革内容。政府推行政府购买、服务外包、活动补贴、特许经营、优惠政策等方式，向社会资本和文化社会组织购买服务和提供不同形式的财政补贴，将有助于缓解社会资本和文化社会组织的资金紧张问题，增强社会资本和文化社会组织的发展能力，促进社会资本和文化社会组织之间的竞争，并可以提高财政资金的使用效率。

（六）制定公共文化人员配备标准，加强培训，优化公共文化人才队伍建设

满足人民的基本文化需求是公共文化建设的基本任务，其重点和难点在基层队伍建设上。刘云山同志在加强地方县级和城乡基层宣传文化队伍建设专题电视电话会议上指出"做好新形势下的宣传思想文化工作，重心在基层、在基础，队伍是关键、是保障"[1]。因此，在基本公共文化服务标准化、均等化建设中要着力解决文化单位人员配备与待遇问题。要以解决县、乡文化馆（站）人员配备问题为重点，制定不同类型公共文化单位人员配备标准，完善以培养、使用、激励、评价为主要内容的政策措施和制度保障，实行职业资格管理制度。采取各种措施吸引各类优秀人才进入公共文化服务领域发展，鼓励高校毕业生到基层从事公共文化服务工作。和高校联合培养基层文化人才。引导和支持专业文艺院团改革中的分流人员到社区、乡镇和红色旅游纪念馆工作，担任文艺

---

[1] 刘云山. 把县级和城乡基层宣传文化队伍建设抓紧抓好 [EB/OL]. 中国文明网，2010-07-13.

辅导员、文化指导员和讲解员，切实壮大基层公共文化服务人才队伍。

加强基层文化人才队伍的培训和辅导，切实提高业务素质和公共文化服务能力。建立专业文艺工作者下基层制度，以县级文化馆、图书馆、文联、剧团的创作者、演员为重点培训对象，深入社区农村，帮助指导社区居民和农民群众自办文化。要加强对城市社区和农村基层文化管理人员、民间艺人、文化能人、文化经纪人的教育和培训，培养一批文化示范户、文化经营户、农民读书社、农民电影放映队、民间职业剧团、农村业余剧团，努力形成一支扎根基层、服务群众的专兼职公共文化服务队伍。

加强文化志愿者队伍建设。志愿者是参与基本公共文化服务建设的重要力量。制定文化志愿者招募标准和流程，确保文化志愿者队伍素质；加强对志愿者的培训，聘请社会学、心理学、文化学、艺术学等专家为志愿者进行培训。建立基本公共文化服务专题网站、专题论坛、QQ平台、公众微信号等志愿者的交流平台，确保文化志愿者服务能力；建立文化志愿者激励机制、为志愿者提供相应实习证明；将服务时间计入中国青年志愿者服务总时间；推荐表现优秀的志愿者参加"星级志愿者""优秀志愿者""十佳志愿者"等评选，提高其积极性。

（七）加强公共数字文化建设，提升公共文化服务的现代化水平，促进基本公共文化服务均等化

在数字化、信息化、全球化的时代背景下，深刻认识并准确把握国内外形势的新变化、新特点，结合人民群众不断增长的精神文化需求，将信息技术、数字技术、网络技术等现代科学技术和传播手段应用于公共文化服务体系建设，进一步加强公共数字文化建设，是适应时代发展的必然要求和战略选择①。公共数字文化服务具有传播障碍少、效率高、人力成本低和内容丰富、适应人群广的特点，是城乡、区域和人群均等化都能借用的手段，有利于实现基本公共文化服务的标准化、均等化，对公共文化服务体系建设具有十分重要的意义。

通过积极推动数字文化发展来切实增强均等化服务的绩效。公共数字文化服务，要在重点实施文化共享工程、数字图书馆推广工程和公共电子阅览室建设计划三大公共数字文化惠民工程的基础上，广泛动员各方面力量，逐步拓展范围，带动数字美术馆、数字文化馆、数字博物馆、数字爱国主义教育基地等

---

① 蒯大申. 现代公共文化服务体系的内涵与基本特征[N]. 文汇报, 2014-02-04 (10).

建设。

积极运用现代化手段，发展数字报刊、网络广播、网络电视、手机网站、手机报刊、移动数字电视、微信等新兴传播载体，增强公共文化的服务能力、供给能力。要高度重视移动物联网技术对基本公共文化服务的推动作用，开发一批有特色公共文化项目移动客户端；加快广播电视传播和电影放映数字化进程，提高公共文化服务的信息化水平、网络化水平。利用国家现有的通信网络，依托全国文化信息资源共享、农村党员干部现代远程教育、农村中小学现代远程教育、广播电视村村通等工程的实施，在农村大力推进数字基本公共文化服务。

大力整合汇聚非物质文化遗产、国有艺术院团、民间文艺社团等方面的数字化资源，不断丰富和加强公共数字文化建设，从而丰富公共文化服务内容，拓展公共文化服务阵地，整合公共文化服务资源，创新公共文化服务手段，提高公共文化服务水平，完善公共文化服务体系。目前，浙江省开发的"浙江文化通"是国内首创的数字文化服务专用平台，已通过国家共享工程特色应用的专家评审，被誉为目前国内最为新颖便利且具有良好应用前景的数字文化项目。绍兴市开发的电视图书馆是第二批国家公共文化服务体系建设示范项目，它以电视为平台，把图书馆的主要服务功能送进了千家万户。浙江省的这两个数字文化项目在国内领先，并经过实践检验，比较成熟，应作为省级重点扶持项目在均等化过程中推广。

附录：《浙江省基本公共文化服务标准（2015—2020）》

项目	内容	标准
基本服务项目	读书看报	公共图书馆免费开放，每周开放时间不少于 56 小时；乡镇公共电子阅览室开放时间不少于 28 小时；农家书屋每周开放时间不少于 40 小时。 县级公共图书馆人均藏书 1 册以上，或总藏量不少于 50 万册；人均年新增藏书量不少于 0.05 册。农家书屋不少于 1200 种、1500 册，报刊不少于 10 种，年新增图书不少于 60 种。 市、县（市、区）公共图书馆每年组织送书下乡 1 万册次，县级公共图书馆对乡镇图书分馆年流通不少于 4 次。县级以上人民政府每年指导举办 1 次全民阅读活动。 在城镇主要街道、公共场所、居民小区等人流密集地点设置阅报栏或电子显示屏，提供时政、三农、科普、文化、生活等方面的信息服务。 乡镇有线广播联网率达到 100%，有线对农广播覆盖率达到 80%；农村有线广播村村响每天播出次数不少于 2 次，每次不少于 30 分钟。
	收听广播	为全民提供突发事件应急广播服务。
		通过直播卫星，免费提供 17 套广播节目，通过无线模拟，免费提供不低于 15 套广播节目。
	观看电视	有线电视联网率达 100%（海岛包括微波方式），农村有线数字电视实际入户率达 90% 以上；电视自办对农栏目每周达 3 档（含）以上，平均每档不少于 10 分钟。

续表

项目	内容	标准
基本服务项目	观看电视	通过直播卫星提供 25 套电视节目，通过地面数字电视提供不低于 15 套电视节目，提供不少于 5 套电视节目。在城市和有线电视通达的农村地区，未完成无线数字化转换的地区，为城乡低保户免费提供基本有线（数字）电视节目。
	观赏电影	为农村群众提供数字电影放映服务，合理调整放映结构，其中每年国产新片（院线上映不超过两年）比例不少于 1/3。 为中小学生每学期提供 2 部爱国主义教育影片。
	看戏	根据群众需求，通过政府采购等方式，平均每年为每个乡镇（街道）送地方戏曲等文艺演出 5 场以上。国有剧院团每年举办公益性演出不少于 12 场。
	设施开放	公共图书馆、文化馆（站）、公共博物馆（非文物建筑及遗址类）、公共美术馆等公共文化设施免费开放，基本服务项目健全。 未成年人、老年人、现役军人、残疾人和低收入人群参观文物建筑及遗址类博物馆实施门票减免，文化遗产日免费参观。 公园、绿地等公共场所全民健身器材免费使用。
	文体活动	学校、工人文化宫、体育馆、青少年宫、妇女儿童活动中心、科技馆等文体设施向公众免费开放，开放时间和免费项目由地方政府制定。 每个县（市、区）每年组织开展群众文体活动不少于 12 次；每个乡镇（街道）每年举办文化节、运动会等文体活动不少于 6 次；每个村（社区）每年组织群众性文体活动不少于 2 次。

续表

项目	内容	标准
基本服务项目	展览展示	公共博物馆、公共图书馆、文化馆、公共美术馆每年分别举办免费展览不少于 4 次。
	文化走亲	市、县（区）每年组织跨区域文化走亲 5 次。
	数字文化	县（含）以上公共文化设施内免费提供 Wi-Fi，公共电子阅览室免费提供上网服务。通过手机、电脑等网络终端可以享受到数字文化服务。
	培训讲座	公共图书馆、文化馆每年举办公益培训或讲座不少于 12 次；乡镇综合文化站每年举办公益培训不少于 6 次。公共博物馆、公共美术馆每年举办公益培训或讲座不少于 6 次。
硬件设施	图书馆（室）	市政府所在地常住人口超过 150 万的设置一座大型公共图书馆；其他市设置中型公共图书馆。县（市、区）政府所在地设置一座独立建制、部颁二级以上的公共图书馆。省级中心镇或常住人口超过 10 万的乡镇（街道）设置图书分馆。村（社区）设置图书室（含农家书屋）。乡镇（街道）、村（社区）建有标准配置的公共电子阅览室或文化共享工程基层服务点。
	文化馆	市设置中型文化馆。县（市、区）政府所在地设置一座独立建制、部颁二级以上的文化馆。
	博物馆非遗馆	市、县（市）建有一座国有公共博物馆，其中市博物馆建筑面积 6000m² 以上，县（市）博物馆建筑面积 4000m² 以上。市、县（市、区）设立独立建制的非遗展览展示场所（馆）。
	美术馆	市建有公共美术馆。

85

续表

项目	内容	标准
硬件设施	乡镇综合文化站	乡镇（街道）建有单独设置的综合文化站。服务人口在5万人（含）以上的乡镇（街道）综合文化站，人员配备、综合管理等达到《乡镇（街道）文化站建设标准》；建筑面积不低于1000m²，室外活动场地不低于500m²，建筑面积不低于600m²。其设备配置、活动开展，服务人口3~5万人的乡镇（街道）综合文化站，建筑面积不低于1500m²；服务人口3万人以下的乡镇（街道）综合文化站，建筑面积不低于600m²，室外活动场地不低于600m²。
	文化礼堂（文化活动室）	村建设农村文化礼堂，面积不少于200m²，其中讲堂不少于50m²，具备演出、展览、科普、广播、影视、信息共享、体育健身等功能，尚未建设文化礼堂的村，结合基层服务综合设施建设，整合闲置中小学校等资源，建有建筑面积不少于100m²，室外活动场地不少于300m²，因地制宜配置器材的文化活动中心。社区建有面积不低于100m²的文体活动中心，具备条件的建有文化公园。
	广电设施	县级以上设立符合建设标准的广播电视播出机构和广播电视发射（监测）台。乡镇设立广电站（含有线电视机房和广播室），村建成广播室，设备配置达到省颁标准。137千瓦功率（含）以上大中型海洋捕捞船，安装接收中星9号直播卫星电视设备。
	体育设施	全省人均公共体育设施1.5m²。县级以上设立公共体育场；乡镇（街道）建设全民健身中心，省级中心村建设全民健身广场、社区（居住区）建设健身点（可与文化礼堂或文化活动中心合建）。
	流动设施	开展流动文化服务。根据实际配备流动文化设施设备。
	辅助设施	公共文化场所为残疾人配备无障碍设施。有条件的公共文化场所配备安全检查设备。

续表

项目	内容	标准
人员配备	人员编制	县级以上公共文化机构按照职能和当地人力资源社会保障、编委办等部门核准的编制数量配齐工作人员。乡镇（街道）综合文化站配备编制人员1~2名，规模较大的乡镇适当增加；村（社区）公共服务中心设立由政府购买服务的公益文化岗位。
	业务培训	县级以上公共文化机构从业人员每年参加脱产培训时间不少于15天；乡镇（街道）专兼职人员每年参加集中培训时间不少于5天。
	文化团队	各乡镇（街道）拥有相对稳定并经常开展活动的文体团队不少于3支；每个村（社区）至少建立1支经常性群众文体团队。
	文化志愿者	市、县、乡三级建立具有一定数量的文化志愿者队伍。

87

第四章

文化馆总分馆制研究与实践

文化馆作为中国独有的公益性文化机构，是现代公共文化服务体系的重要组成部分，是弘扬社会主义核心价值观、建设社会主义文化强国的重要载体[①]。文化馆以满足人民群众基本文化需求为目的，肩负着组织指导全社会群众文化，保护、传承和传播地方特色文化的重要责任，成为党和政府密切联系群众的桥梁和纽带，更是公共文化服务体系建设的"龙头"。因此，研究文化馆总分馆服务体系，对于加快推进现代公共文化服务体系建设，具有重要作用。

一、文化馆在构建现代公共文化服务体系中的地位和作用

（一）文化馆是中国特色社会主义文化事业的重要标志

党的十七届六中全会提出走中国特色社会主义文化发展道路，明确要求"到2020年，文化事业全面繁荣，覆盖全社会的公共文化服务体系基本建立，努力实现基本公共文化服务均等化"。党的十八大进一步要求"完善公共文化服务体系，提高服务效能"。十八届三中全会提出"加快完善文化管理体制和文化生产经营机制，建立健全现代公共文化服务体系、现代文化市场体系，推动社会主义文化大发展大繁荣"。文化馆体系作为中国独有的公益性文化机构体系，体现着中国共产党人对文化建设的重视和对人民群众文化创造主体地位的尊重，也是党和政府对丰富人民群众精神生活，满足和实现人民群众基本文化权益的自觉的责任担当。可以说，文化馆体系是中国特色社会主义文化事业的一个重要标志，办好文化馆，充分发挥文化馆的效能，就是走中国特色社会主义文化发展道路的一个具体体现。

---

① 戴珩. 建设充满魅力的现代型文化馆[N]. 中国文化报，2012-02-29（07）.

（二）文化馆是弘扬社会主义核心价值观、建设社会主义文化强国的重要载体

党的十七届六中全会提出了建设社会主义文化强国的战略目标，并指出，社会主义核心价值体系是兴国之魂，是社会主义先进文化的精髓，决定着中国特色社会主义发展方向。十八届三中全会提出，要"紧紧围绕建设社会主义核心价值体系""建立健全现代公共文化服务体系"。文化馆（站）自觉地把社会主义核心价值体系作为群众文艺创作、群众文化活动的精神内核，通过创作和传播优秀的群众文艺作品及其他公共文化产品，开展人民群众广泛参与、丰富多彩的群众文化活动，大力弘扬民族精神和时代精神，倡导富强、民主、文明、和谐，倡导自由、平等、公正、法治，倡导爱国、敬业、诚信、友善，积极培育和践行社会主义核心价值观，丰富人民精神世界，增强人民精神力量。由此可见，文化馆（站）是弘扬社会主义核心价值体系、建设社会主义文化强国的重要载体和重要力量，在培育和践行社会主义核心价值观上起着重要作用。

（三）文化馆是我国现代公共文化服务体系不可或缺的重要组成部分

文化馆网络体系是我国公共文化服务网络建设与构成的重要基础。我国的公共文化服务设施网络覆盖体系包括中央、省、市、县、乡、村六级。文化馆体系包括了省、市、县级文化馆以及乡镇综合文化站和村文化室，这完整的五级文化馆网络体系构成了我国公共文化服务设施网络体系建设的重要基础。没有完整的五级文化馆网络体系做基础和依托，或者失去了完整的五级文化馆网络体系做骨干和支撑，中国的公共文化服务设施网络体系将无从谈起。十八届三中全会提出，要"建立健全现代公共文化服务体系"，因为文化馆（站）的职能丰富，设施体系覆盖了省、市、县、乡、村五个层级，服务的范围和受众面极广，更能在更大程度上满足人民群众多层次、多样化的文化需求，保障和实现人民群众的基本文化权益。因此，文化馆体系是现代服公共文化服务体系不可或缺的重要组成部分，在实现公共文化服务标准化、均等化方面具有重要作用。

（四）文化馆是党和政府密切联系群众的桥梁和纽带

社会主义文化发展的根本目的是为了人民。要做到文化发展为了人民、文化发展依靠人民、文化发展成果由人民共享，就必须始终密切联系群众。文化馆（站）所提供的公共文化服务大多是以人为载体，是双向、生动、鲜活的。

文化馆（站）所提供的文艺演出、文化活动、文化艺术培训等服务，既是文化馆（站）工作者向人民群众提供文化艺术产品、传授文化艺术知识与技能的过程，同时也是和人民群众交流思想感情的过程，是了解文化民意、文化民情、文化民生的过程，是吸引人民群众共同参与、共同享有、共同创造的过程。文化馆（站）作为政府设立的公益性文化机构，为党和政府联系人民群众起到了重要的桥梁和纽带作用。

（五）文化馆肩负着组织指导全社会群众文化，保护、传承地方特色文化的重要责任

优秀传统文化和地方特色文化凝聚着中华民族自强不息的精神追求和历久弥新的精神财富，是发展社会主义先进文化的深厚基础，是建设中华民族共有精神家园的重要支撑，同时是文化馆（站）开展群众文化活动的重要资源，也是重要依托，许多重要的群众文化活动都是依托春节、清明、端午、中秋等传统节日以及重大历史事件、历史人物纪念日、当地特有的民俗活动而开展。因此，文化馆的价值追求在于激发全民族文化创造活力、推动文化创新，通过开展文化艺术普及，保护利用非物质文化遗产，组织开展丰富多彩的群众文化活动，提高全民族的科学文化审美素质，激发全民族的文化创造活力，使人民群众的精神风貌更加昂扬向上。

二、文化馆服务体系运行状况分析：嘉兴案例

（一）嘉兴市文化馆（站）的设置体系

文化馆是指县级以上人民政府专门为从事组织、辅导、研究群众文化工作而设置的公益性文化事业单位，包括省、市（地区）、县（市、区）各级群众艺术馆、文化馆和文化中心。按照《文化馆管理办法（讨论稿）》和《浙江省文化馆管理办法》（浙江省人民政府令第262号）的要求，县级以上各级地方人民政府应按照行政区域分级设立文化馆。

乡镇综合文化站（以下简称"文化站"）是政府举办的提供公共文化服务、指导基层文化工作和协助管理农村文化市场的公益性、综合性公共文化机构。按照《乡镇综合文化站管理办法》（文化部第48号令，2009年），乡镇文化站由县或乡镇人民政府设立，乡镇人民政府负责文化站日常工作的管理，县级文化行政部门负责对文化站进行监督和检查，县文化馆、图书馆等相关文化

单位负责对文化站开展对口业务指导和辅导。

嘉兴市地处中国东南沿海的杭嘉湖平原，东接上海，北邻苏州，西连杭州，南濒杭州湾，交通区位优势得天独厚，是长江三角洲的地理中心。全市陆域面积3915平方千米，现有常住人口457万，其中户籍人口345万，下辖南湖、秀洲2个区，平湖、海宁、桐乡3个县级市和嘉善、海盐2个县。嘉兴市文化馆服务体系按照行政序列逐层设置，目前在市本级设置嘉兴市文化馆，市属南湖区、秀洲区以及下辖的嘉善、平湖、海盐、海宁、桐乡设置县（市、区）级文化馆（表4-1）；各镇（街道）设置综合文化站（表4-2）。

市、县两级文化馆8个，均达到部颁一级标准，总建筑面积约66000平方米；镇（街道）文化站69个，在设备配置、活动开展、人员配备、综合管理上全部符合《乡镇综合文化站管理办法》的要求，并高于国家建设标准。嘉兴市文化馆服务系统进一步向基层延伸。全市1170个行政村（社区），均建有文化活动中心（室），建筑总面积377637平方米，平均每个村（社区）323平方米。

表4-1 嘉兴市文化馆基本情况汇总表

序号	文化馆名称	服务人口※（万）	服务面积（平方千米）	馆舍建成年份	建筑面积（平方米）	评估等级	实际人员数	核定编制人数	在编人数
1	嘉兴市文化馆	457	3915	2003	8000	一级	32	30	29
2	南湖区文化馆	63	426	2010	5500	一级	11	12	12
3	秀洲区文化馆	59	530	2012	12000	一级	19	18	18
4	嘉善县文化馆	57	508	1999	5963	一级	21	29	17
5	平湖市文化馆	68	548	2013	10600	一级	23	21	21
6	海盐县文化馆	44	549	2011	4125	一级	24	26	24
7	海宁市文化馆	83	730	2004	10400	一级	34	31	27
8	桐乡市文化馆	83	727	2013	8578	一级	18	30	21

（※为截止到2014年年底的常住人口。数据来源：根据县（市、区）政府网站2014年国民经济和社会发展统计公报整理而得）

表4-2 嘉兴市镇（街道）综合文化站基本情况汇总表

序号	县(市、区)	基本情况					镇(街道)综合文化站			人员情况			
		服务人口(万)	区域面积(平方千米)	乡镇数量	数量	总面积(平方米)	平均面积(平方米)	等级(数量)	平均服务人口(万人)	平均服务面积(平方米)	在编人数	在编外借用人数	借聘用人数	总人数	平均数
1	南湖	63	426	11	11	13695	1245	二(5),三(5),末(1)	5.72	33.6	15	2	7	20	1.8
2	秀洲	59	530	7	7	9000	1286	特(1),一、二、三级各2个	8.43	75.8	14	2	11	23	3.3
3	嘉善	57	508	9	9	25575	2842	特(1),一(6),二(2)	6.33	56.4	16	4	32	44	4.9
4	平湖	68	548	9	9	17091	1899	特(3),一(4),二(2)	7.55	60.9	26	1	13	38	4.2
5	海盐	44	549	9	9	28144	3127	一(2),二(3),三(2),末(2)	4.89	61	29	1	16	44	4.9
6	海宁	83	730	12	12	41305	3442	特(6),一(6)	6.91	60.8	39	0	56	95	7.9
7	桐乡	83	727	12	12	25047	2087	一(6),二(5),三(1)	6.91	60.6	32	7	20	45	3.8

（备注：1. 南湖区的城南街道、长水街道和秀洲区的嘉北街道、塘汇街道因为委托嘉兴经济开发区管理，其街道文化站情况暂未纳入统计，但南湖区、秀洲区的服务人口数量包含了四个街道的人口；2. 服务人口数据包含外来人口，根据市（县、区）政府网站上当地2014年国民经济和社会发展统计公报整理而得；3. 总人数＝在编人数＋在编外借人数＋借聘用人数。镇（街道）文化站人员情况时间节点为2014年6月。）

(二) 嘉兴市文化馆体系的实施基础与运行状况

1. 文化馆（站）设施建设领先与现代化程度不足并存

"十一五"以来，嘉兴市投入大量资金，新建了一大批文化设施，市、县两级文化馆8个，均达到部颁一级标准，总建筑面积达到66000平方米，馆均建筑面积超过8000平方米，在全国处于领先水平。除大力建设文化馆外，嘉兴市还高度重视基层文化设施建设，不断加大对乡镇综合文化站和村级文化活动中心（室）公共财政投入。目前全市镇（街道）综合文化站总建筑面积12.27万平方米，站均1681平方米，是全国乡镇文化站平均面积的3倍。拥有特级文化站11个，一级文化站26个，特级和一级文化站数量占全市文化站的54%，文化站定级基本实现了全覆盖。嘉兴全市镇（街道）综合文化站，在设备配置、活动开展、人员配备、综合管理上全部符合《乡镇综合文化站管理办法》，并高于国家建设标准，其整体服务水平在全国乡镇文化站中处于领先地位。在强化镇（街道）综合文化站建设力度的同时，嘉兴市还特别关注农村文化设施建设。目前全市1170个行政村（社区），均建有文化活动中心（室），建筑总面积377637平方米，平均每个村（社区）323平方米。其中，100平方米村文化活动中心（室）实现百分之百覆盖，300平方米村文化活动中心（室）建成率接近60%，村级公共文化设施建设水平在浙江省和全国都处于领先地位。这些村文化活动中心（室），与市、县文化馆、镇（街道）文化站结成有机网络，在延伸市级和镇级公共文化服务、丰富农村文体娱乐生活、提供信息资源共享、开展图书借阅、支持图书下乡流动等方面发挥了巨大的作用，成为嘉兴市基层公共文化服务的坚实基础。

但与此同时，我们也要清醒地看到，嘉兴市文化馆服务体系的现代化程度明显不足，与公共文化服务的现代化要求还有一定的距离。主要表现在：一是基层公共文化的网络建设等硬件配备还比较滞后，通过网络传输文化资源的手段还很欠缺，传统的公共文化网络传输方式与先进的网络传输手段在技术层面难以全方位融通；二是基层公共文化队伍运用数字化网络设施的基本技能缺乏，造成文化共享工程使用难度大；三是在文化资源和产品供给中，提供传统节目的共享资源与现代网络的传播方式产生落差，造成高端的数字化产品送不到硬件配备比较低端的农村中；四是数字服务手段的现代化程度不足，仅有的一些数字服务还停留在"网吧"阶段，如何利用现代数字技术，优化基层文化资源的整合、配送和传播渠道，实现文化资源的现代化传播，是文化馆系统面临的巨大挑战。

2. 群众性文化活动风生水起与难以有效满足群众需求并存

"十一五"以来，嘉兴市不断加大文化事业经费投入。2010年全市公共财政文化投入为26313.8万元，2011年为29687.4万元，增加12.8%。嘉兴市设立文化发展专项资金，"十一五"期间，每年增加200万元，到2011年，已达到3000万元，同时设立总额为2000万元的农村文化发展资金，每年500万元，用于推进农村文化建设。各县（市、区）也设立了相应的文化发展资金。2011年，全市人均文化事业费为78元，高于全省平均64.5元的水平。随着文化投入不断增加，群众性文化活动丰富多彩，一批文化精品精彩纷呈，提升了群众文化活动的质量，引领了嘉兴群众的文化消费时尚，满足嘉兴人民对文化生活的渴望和追求。全市各类业余文艺团队达2500多支，参与人数接近5万人。2011年、2012年两年，全市参与重大文化活动群众达570万人次，平均每年群众参与率为62.8%。"中国·嘉兴江南文化节""中国·嘉兴端午民俗文化节"、嘉兴市春节元宵文化活动、嘉兴市"社区之声"文艺调演、嘉兴市乡村文化艺术周、嘉兴市校园文化艺术节、嘉兴市新居民文艺汇演等具有代表性、常年举办的文化活动渐成品牌，活动水准和影响力越来越大，城乡居民参与面越来越广，形成了"新居民文化艺术节"、广场流动电影展、图书流通点、"帮兄弟回家"等面向农民工群体的文化服务品牌。

尽管嘉兴全市群众性文化活动内容与形式日趋丰富和多样化，但数量和质量亟待增加和提高。调查显示，当前文化馆（站）文化活动的服务内容、服务数量还满足不了群众的文化需求，服务质量仍需提高，群众参与性不够高。据第三方调查的数据显示，群众对文化场馆服务的总体满意度只有77.29%，对文化馆系统开展活动的满意度则低于总体满意度，仅为73.05。数据表明，我市文化馆公共文化服务整体状况仅处于一般或尚可水平[1]，与群众的文化需求还有较大的差距，与建立现代公共文化服务体系的要求还不适应。

3. 基层人才队伍建设创新成效显著与队伍建设薄弱并存

专业人才队伍一直是制约文化馆服务体系建设的薄弱环节。嘉兴市在文化

---

[1] 公共服务评价分数标准为：得分≥85，优秀水平；80≤得分<85，良好水平；75≤得分<80，尚可水平；70≤得分<75，一般水平；得分<70，较差水平。

馆服务体系建设中，高度关注人才队伍建设，通过不断创新，在基层文化人才队伍建设领域取得了一批具有全国性示范意义的成果，其中包括村级文化中心（室）专职管理员制度、镇（街道）文化站专职工作人员编制量化制度、综合文化站文化工作人员下派制度等。2008 年，海宁市积极探索村级文化专职管理员制度，在每个村（社区）配备 1 名以上享受政府补贴的专职文化管理员，经费由海宁市、各镇（街道）、村（社区）三级财政共同承担，在全国率先实现村级文化阵地专职管理员全覆盖。目前，海宁市已配备了一支 346 名、平均年龄 40 岁左右的专职文化管理员队伍，建立了"阵地有人管、队伍有人建、活动有人搞"的长效机制。在村级文化中心（室）专职管理员制度的基础上，海宁市积极探索镇（街道）文化站专职工作人员编制量化制度。2010 年，海宁市出台《关于进一步加强镇街道综合文化站建设的实施意见》，对乡镇文化站人才队伍建设制定了"海宁标准"。"海宁标准"将乡镇文化站专职人员配备与服务人口规模匹配挂钩，具有很强的操作性，体现了嘉兴人对公共文化服务人才队伍建设的高度关注。海盐县则首创综合文化站文化工作人员下派制度①，进一步密切文化馆与镇（街道）文化站的联系，以全面提高乡镇文化站的专业服务能力。2013 年，嘉兴市文化、编办、人事、财政等四部门联合发文，在全市范围内推广村级文化专职管理员制度和文化员下派制度，全面加强农村文化工作力量。

通过制度创新，嘉兴市文化馆（站）的队伍建设基本形成网络，形成了一批理论水平较高、实践经验丰富，团队战斗力强的公共文化队伍。以海盐县文化馆系统为例，专业技术人员中副高以上占 35.6%；全县招聘村级文化专职管理员 99 名，大专以上学历占总数的 86.9%，80 后年轻人占文化员队伍的 98%。这些人具备一定的文艺专长，总体素质好，业务能力强，充满活力，成为实施文化馆总分馆制的重要支撑。但从调查结果来看，文化馆（站）队伍"不专业、不专心、不转职"的问题还普遍存在。全市七个县级文化馆，有编制 150 人，平均每馆编制为 21.5 人；实际在编人数为 140 人，平均每馆 20 人，拥有中级及以上职称者比例仅为 45%。全市乡镇（街道）文化站平均每站工作人员 4.48

---

① 为解决乡镇文化站专职人员专业不对口、业务能力不强等问题，2010 年，海盐县文化馆拿出专门编制，招聘选拔出文化工作员，经过培训后正式派往乡镇文化站任职，协助管理农村文化活动场地、设备、器材，从事文艺创作、表演和辅导培训等，组建文艺团队，配合开展文化工作。

人，具有中级职称人员所占比例仅为22.3%，高级职称数量更少，接近80%的专职人员为初级和无技术职称；每个文化工作人员服务人口是1.24万人，服务面积是13平方千米。尽管文化工作人员数量非常有限，但人员被抽调、借用、兼用的现象普遍存在。调查显示，2013年平均每个文化馆被抽调、借用1.42人；几乎每个镇（街道）综合文化站站长都同时兼任镇（街道）其他工作，40%以上的精力被其他工作所占用；镇（街道）综合文化员中三分之一以上的人员兼职负责卫生、出纳、教育、科技、计生、招商、残联等工作。文化人才队伍建设水平与满足人民群众的文化需求还有较大的差距。

4. 文化馆联盟建设成效显著与文化馆运行的"孤岛模式"并存

嘉兴市的文化馆服务体系，也是按照行政序列逐层设置。按照现在的体制式，市文化馆人员编制和运行经费由市财政负责，县文化馆人员编制和运行经费由县财政负责；乡镇文化站人员编制和运行经费由乡镇负责，日常管理也由乡镇负责，县文化馆对文化站开展业务指导和辅导。各级文化馆（站）之间并没有直接的联系。为了有效解决文化馆运行中的各自为政、重复建设、资源浪费等现象，嘉兴市积极探索文化馆联盟建设，创新文化馆服务内容和方式，创建"文化馆联盟"运作模式，制定了《关于建立市县文化馆联动机制的实施方案》，并建立以"会议联席、活动联办、培训联做、平台联建、场地联用"为主要内容的"五联"工作机制[①]。在"五联"工作机制下，文化馆进一步拓展服务领域，增强服务能力，整合市、县（市、区）文化馆活动、人才和空间资源，搭建市县文化馆多层次、多门类、多方位的交流协作平台，努力形成"资源共享、优势互补、区域联动、服务基层"的长效运作机制，切实保障人民群众的

---

① "五联"工作机制具体指：①会议联席：建立市、县（市、区）文化馆馆长联席会议制度，每季度召开一次会议，共同交流、商讨、策划全年的工作、活动与相关项目的开展。②活动联办：通过会演、展演、合演、比赛、"文化下乡""文化走亲"、书画展、摄影展等形式，由各文化馆联合组织、策划、举办各项公共文化活动，为广大群众提供优秀的文化产品和服务。③培训联做：以培训、辅导、讲座、学习交流等为主要形式，分类开展文化馆（站）干部、基层群众业余文艺团队骨干培训和公益性文艺培训，提升素质与能力，带动基本公共文化服务项目，扩大影响力。④平台联建：依托"文化有约"公共服务平台，健全完善市县文化馆各类公益性文化服务项目，通过人才互动、活动互补、网上互联，优化配置市县两级文化资源，实现共建共享，有效提高文化资源与信息的利用率。⑤场地联用：挖掘市县文化馆场地、空间资源，以方便、就近为原则，统筹多功能厅、展览厅、小剧场、音乐厅、辅导培训教室、舞蹈排练厅等公共空间设施场地，进一步拓展文化阵地，丰富活动内容，推进免费开放工作。

基本文化权益，全面提升全市公共文化服务质量和水平。

近几年来，随着镇（街道）的体制改革，全市镇（街道）文化站仍然实行"行政隶属镇（街道）政府领导，业务接受文化主管部门指导"的管理模式，文化站的经费、人事权下放到乡镇政府，基层文化机构设置上有了很大改变。全市100%的镇（街道）文化站都与其他机构合署办公。县文化馆属于文化行政主管部门下属单位，镇（街道）文化站隶属于各镇（街道）政府、办事处，城乡二元、以"块"为主。县（市、区）文广新局、文化馆与镇（街道）文化站只存在业务指导关系，在这种管理模式下，文化馆（站）之间普遍存在着各自为政、单独运行的"孤岛模式"。具体表现在：一是文化站的设置、运行、活动开展与乡镇财力和领导重视程度高度相关，导致不同乡镇文化站之间建设标准、产品供给、服务水平差异很大；二是管理体制不顺，造成乡镇（街道）文化专干不专，文化干部借作他用，常年承担乡镇中心工作或其他行政工作任务，难有精力组织文化活动；三是体制不顺，镇（街道）政府对文化站投入少，管理不力。县（市、区）文化主管部门虽然有对文化站工作的业务指导功能，但很多方面不能过问，也不便过问，缺乏调控手段，使文化站处于"一方不愿管、一方管不了"的两不管境地；四是各乡镇文化站之间是平行甚至是竞争关系。因此文化站之间交流，更谈不上资源的相互利用。从总体上看，文化馆（站）各自为政，运行脱节，各类资源分割，缺乏一套统筹协调、管理运行、考核激励机制，难以实现基本公共文化服务的标准化、均等化。

三、文化馆总分馆服务体系建设的地方探索

（一）重庆大渡口区文化馆总分馆制

1. 大渡口区文化馆总分馆基本构架

大渡口区地处重庆市主城核心区，辖"五街三镇"，辖区面积103平方千米，常住人口28万人。大渡口区文化馆实行总分馆制的探索始于2011年6月，是结合创建国家公共文化服务体系示范区（项目）而进行的。大渡口区文化馆总分馆坚持"政府主导、统筹规划、两级投入、双重管理、资源共享、服务创新"的建设模式，重点突破城乡二元结构矛盾，在总馆与分馆之间施行"四个统一"，即统一规划、统一标识、统一配置、统一验收。旨在探索在镇、街设立区文化馆直管型分馆，统筹规划村、社区文化活动室，构建城乡一体化文化馆服务体系①（图 4-1）。

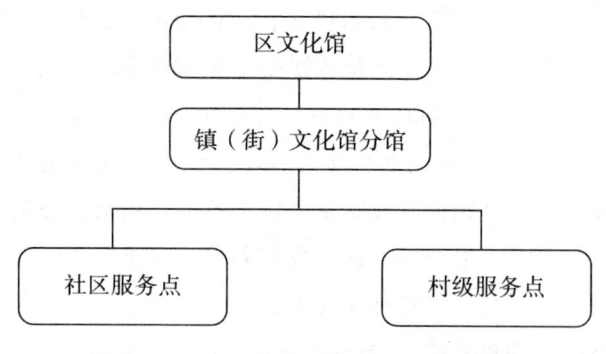

```
         ┌──────────┐
         │  区文化馆  │
         └────┬─────┘
              │
      ┌───────┴────────┐
      │ 镇（街）文化馆分馆 │
      └───────┬────────┘
        ┌─────┴─────┐
   ┌────┴───┐  ┌────┴───┐
   │ 社区服务点 │  │ 村级服务点 │
   └────────┘  └────────┘
```

图 4-1　大渡口区文化馆总分馆网络示意图

2. 大渡口区文化馆总分馆的经验总结

（1）管理体制的创新

大渡口区按照"两级财政、双重管理、一体化建设"的基本思路，打破了过去的行政管理体制、经费管理体制和人员管理体制，构建了一个行之有效的公共文化服务管理体制系统②（图 4-2）。在业务垂直管理方面，解决了文化行政部门对总馆，尤其是镇（街道）综合文化站管理缺位的问题；解决了区文化馆长期对镇（街道）综合文化站、镇（街道）文化站（分馆）对村（社区）文化活动室不闻不问、指导缺位的问题。通过这种合理界定各级行政单位和业务单位在文化馆公共文化服务中的权责标准，明确工作职责，做到各层级、各部门各司其职。

（2）资源整合的创新

大渡口区通过实施文化馆总分馆在资源整合方面实现了两个创新：一是有效整合文化系统外部资源：形成了一个由区政府主导、区文化广播电视新闻出版局牵头、多个部门协同共建的公共文化服务资源整合机制。二是有效整合文化系统内部资源：形成了一个由区文化广播电视新闻出版局主导、区文化馆牵头，多个文化企事业单位协同共建的公共文化服务。这两大创新使文化馆体系

---

① 彭泽明，刘治恒，安桂香，等. 重庆市大渡口区文化馆总分馆制探索［J］. 上海文化，2013（02）：24-32.

② 龙滔，周铭蓉."文化馆图书馆总分馆制"在重庆市大渡口区图书馆的实践——基于国家公共文化服务示范项目的探索［J］. 图书馆，2014（03）：31-34.

<<< 第四章 文化馆总分馆制研究与实践

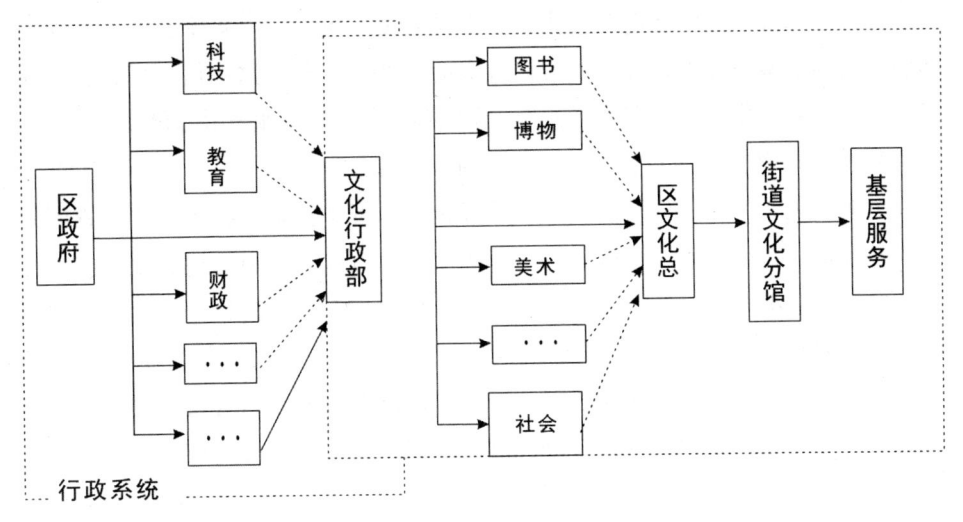

图 4-2 大渡口区文化馆总分馆制服务管理模型

总体运行成本明显降低，每年节约运行成本100万元①。在节约运行成本的同时，通过信息资源服务平台，把公共文化产品的供给方、公共文化服务方与公共文化需求方有机地联系在一起。整合后的各分馆可以通过先进的网络集成系统，实现规范化的管理和资源的共享，而总馆也可以通过对分馆的建设弥补在特色资源上的匮乏。同时，各分馆通过总馆的调派或者各分馆之间相互合作，实现文化产品差异互补，有效解决了在资金短缺条件下提供丰富多彩的文化活动，满足群众基本文化需求的问题。

（3）服务方式的创新

第一，大渡口区文化馆公共文化服务由阵地服务为主向阵地和流动服务并重转变。在原有的阵地服务基础上，实现三大流动服务方式：一是总馆向分馆和基层服务点流动，主要是实现公共文化服务均等化；二是分馆和基层服务点向总馆流动，主要是为总馆提供特色文化；三是各分馆和基层服务点之间互相流动。第二，由自上而下服务向发挥群众主体创造与量力而行并重转变。大渡口区统筹政府、市场和社会三方供给，鼓励群众创编文艺作品、展演文艺节目，并出台《大渡口区优秀文艺作品奖励办法》，实现文化馆公共文化服务由自上而

---

① 马健. 为了公共文化的发展和繁荣——大渡口区深入推进国家示范项目"文化馆图书馆总分馆制"创建纪实［J］. 重庆行政（公共论坛），2013，14（06）：83-85.

99

下服务向发挥群众主体创造与量力而行并重转变。第三，由实体服务为主向实体服务与网络服务并重转变。大渡口区借助"共享工程"这一信息平台，实现了文化馆公共文化服务由实体服务为主向实体服务与网络服务并重转变。

3. 大渡口区文化馆总分馆制对嘉兴的借鉴与启发

大渡口区文化馆总分馆制在运行管理体制、资源整合、服务方式等方面的创新都值得嘉兴市借鉴。但嘉兴市的基础与大渡口区有很强的现实差异。一是行政体制层级不同。大渡口区作为重庆直辖市的主城区，是"区-镇（街道）"两级管理体制，而嘉兴市作为设区市，是"市-县（市、区）-镇（街道）"三级管理体制；二是财政体制的区别。浙江省实行以县为主的财政体制，嘉兴市下辖的五县（市）财政独立性较强，因此在嘉兴的文化馆总分馆体系中，我们建议以县为总馆。三是文化馆建设的现实基础不一样。大渡口区作为西部地区，地域面积小，人口适中，行政单位数量较少，同时文化馆建设的基础非常薄弱，在实施文化馆总分馆以前很多乡镇甚至没有文化站。在构建新型文化馆总分馆体制中，需要考虑的因素相对比较简单，可以重新规划文化站的布局，新建的文化站可以直接明确为文化馆分馆。而嘉兴市作为东部发达地区，文化站建设比较完善，早已实现了文化站全覆盖。在嘉兴市文化馆总分馆服务体系建设中，如何处理现有文化站资产、设备、人员，尤其是乡镇文化站和文化馆乡镇分馆之间的关系，是一个非常值得探讨的问题。

（二）深圳福田区文化馆总分馆制

1. 基本情况

福田区位于深圳经济特区中部，拥有园岭、南园、福田、沙头、梅林、华富、香蜜湖、莲花、华强北、福保10个街道办事处。其中，区委、区政府驻福保街道。全区面积78.66平方千米，总管理人口165.89万人，其中辖区常住人口133.05万人，户籍人口73.02万人。区文化馆是区文化体育局下属公益性文化事业单位，成立于1996年，是福田区公共文化体系中的重要枢纽。文化馆中心馆坐落于福田景田社区，是国家一级馆。福田区文化馆体系由7个区文化馆和10个乡镇文化站组成。全区7个文化馆均按总分馆模式由文化馆中心馆统一领导、统一管理、统一经营，各分馆在总馆的统一领导下，实行资源共享、优势互补①。

2. 背景与发展

2003年福田区开启"大文化"的发展战略，计划3年投入13亿元进行公共文化设施建设，到2005年建成以"一千米文化圈"为基础的公共文化服务体系。在文化大发展的背景下，全区仅文化馆系统就建成7个文化馆、10个街道文化站、88个社区文化活动室、50个文化广场。七大文化馆丰富了福田区的公共文化资源，为辖区居民提供了多样的公共文化服务，并促进了福田文化的发展繁荣，但另一方面，也给福田区财政带来了沉重的包袱。政府因财力有限，诸多馆建成使用后只能通过场馆出租或与企业、培训机构合作的方式，来弥补经费的不足。这种迫于经济压力而寻求商业合作的模式，导致文化馆的经营性项目无序扩张、公共资源的公益性削弱，引起居民质疑和投诉。

2012年，管辖区属文体设施管理运营的"福田区公共文化体育发展中心"成立，收回了文化馆的场地经营权，实施文化馆总分馆制，即全区7个文化馆均按总分馆模式由文化馆中心馆统一领导、统一管理、统一经营，中心馆根据工作需要统一调配分馆的人力、物力资源。为统筹管理运营七大文化馆，经过调研和论证，福田区根据场馆设施、专业人才、群众文艺队伍等资源分析，积极探索文化馆"专业化、特色化、竞争化"的发展模式，采取了"主题定位"的方式，把原来的中心馆和6个分馆分别定位为戏剧、音乐、书画、舞蹈、钢琴、非遗、梦工场（青年）七大主题文化馆。

福田区10个街道都建立有乡镇综合文化站，街道文化站成为片区文化指导中心，暂时还没有纳入总分馆制。

3. 福田模式及对嘉兴总分馆建设的启示

福田模式有其深刻的社会背景。一是在文化大发展的背景下，福田区投入巨资已经建成了7个文化馆，而且这些文化馆是由区委区政府统一投资建设，产权关系比较简单和清晰。文化馆是按照片区设置，与行政区划设置没有对应的关系。在文化馆总分馆建设中，资产、人员的处置相对简单。而嘉兴市目前的文化馆体系不具备福田区的基础，在实施中也不可能投入大量资金建设新的文化馆。二是福田模式只在区级层面的文化馆实施，暂时没有纳入乡镇文化站。

---

① 孙柳. 为有源头活水来——深圳市福田区文化馆在创新中彰显活力[J]. 文化月刊，2006（11）：120-123.

这与嘉兴文化馆总分馆体系中的全覆盖有很大的区别。

(三) 北京朝阳区文化馆总分馆制

1. 基本情况

朝阳区位于北京市东部，辖域面积470.8平方千米，是北京市城近郊区中面积最大的一个区。朝阳区现辖23个街道办事处，20个地区办事处，全区常住人口超过300万，其中户籍人口超过200万，外来人口约100万。

北京市朝阳区文化馆"十二五"时期实施"总分馆制"，即总馆带动10个地区分馆（地区级文化中心）的管理模式①。在区、街道之间设地区分馆，中心馆、地区分馆与街乡文化中心、社区（村）文化活动室形成四级联动的文化服务网络。

2. 朝阳模式的现实基础

朝阳区总面积（470平方千米）与嘉兴各县（市、区）相比，仅比面积最小的南湖区（426平方千米）稍大，人口数量却远远超过各县市，下属行政区划数量也远远超过县市。如与嘉兴市面积最大的海宁市相比，朝阳区地区面积约为海宁市的65%，人口数量却相当于海宁市的4倍。如果简单地按照行政区划设置，朝阳区一个区文化馆将对接43个乡镇文化站，明显超出了区级文化馆的服务能力。因此，朝阳区在区、街道之间设地区分馆，由"1（区馆）-43（文化站）"的层级变成"1（区馆）-10（地区分馆）-43（文化站）"的构建，将有效减少区级文化馆的管理幅度。

3. 朝阳模式的及对嘉兴总分馆建设的启示

从朝阳模式的构建上看，朝阳区的总分馆的实质是总馆职能的扩大和工作场地的前移。这与嘉兴市的"市级馆——县级馆——乡镇文化站"的构架基本一致。区别在于，朝阳区总分馆制的分馆是新建的，从建设初期就明确为区文化馆分馆，区级总馆对地区分馆拥有绝对的管理权。而嘉兴市的构架中，由于体制的原因，县级馆拥有较大的自主权，与嘉兴市馆的联系非常松散。同样，由于体制的原因，在嘉兴市文化馆总分馆服务体系构建中，不可能也无必要将县级馆改造成嘉兴市馆的下属单位。与福田模式相似，朝阳模式只在区级层面的文化馆实施，暂时没有纳入乡镇文化站。这与嘉兴文化馆总分馆体系中的全

---

① 李晓林. 关注的始终是"人"[N]. 中国文化报，2011-08-23（05）.

覆盖有很大的区别。

四、县级文化馆总分馆结构体系研究——以嘉兴市为例

（一）指导思想

按照党的十七届六中全会关于"推进国家公共文化服务体系示范区创建"和党的十八大关于"完善公共文化服务体系，提高服务效能"的要求，深入贯彻落实十八届三中全会的决定，明确文化馆（站）的功能定位，建立法人治理结构。以基层，特别是农村为重点，坚持公益性、基本性、均等性、便利性原则，创新文化馆运行机制，提高服务效能。使广大群众，特别是农民群众的基本文化权益得到有效保障，对公共文化服务的满意度明显提高。

（二）总体目标

在县（市）范围内，构建以"县（区、市）文化馆为总馆，镇（街道）文化站为分馆"的文化馆总分馆服务体系；并在嘉兴全市范围内，以嘉兴市文化馆为中心馆，协调全市总分馆开展公共文化服务；形成包含"中心馆-总馆"协同服务体系、"总馆-分馆"总分馆服务体系、"分馆-支馆"延伸服务体系的三级服务体系，打造"平台共享、资源互补、区域协同、供需对接"的文化馆运行模式。逐步形成城乡一体的群众文化活动指导创作、辅导培训、团队建设、成果展示、技术服务等体系化运行方式，促进基本公共文化服务标准化、均等化。

（三）嘉兴市文化馆总分馆体系构架

在嘉兴市文化馆总分馆体系中，明确嘉兴市文化馆为中心馆、以县（区、市本级）文化馆为总馆，镇（街道）综合文化站为分馆，村（社区）文化活动中心（文化礼堂）为支馆（图4-3），开展县、镇（街道）、村（社区）三级公共文化服务，切实保障基层群众在参与公共文化活动、进行公共文化鉴赏等方面的基本文化权益。

在总分馆中，县文化馆馆长任总馆馆长，各镇（街道）文化站站长任镇（街道）分馆馆长、各镇（街道）文化下派员任镇（街道）分馆馆长助理，各村（社区）文化专职管理员任村级支馆干事，形成"总馆馆长-分馆馆长、分馆馆长助理-支馆干事"三级组织体系（图4-4）。由于当前乡镇（街道）综合文化站承担的职能较多，很多职能不属于公共文化的范畴，为进一步理顺乡镇

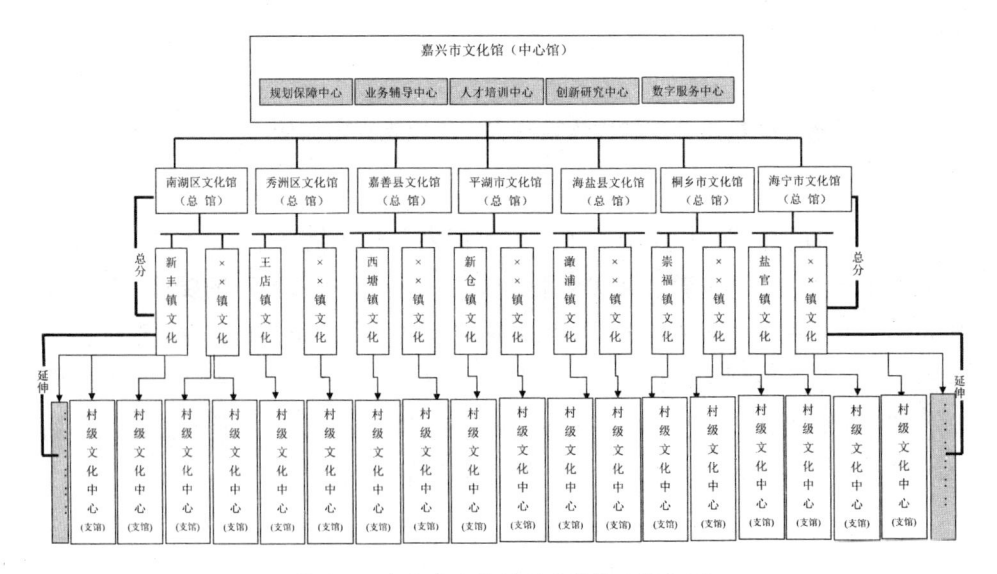

图 4-3 嘉兴市文化馆总分馆体系构架图

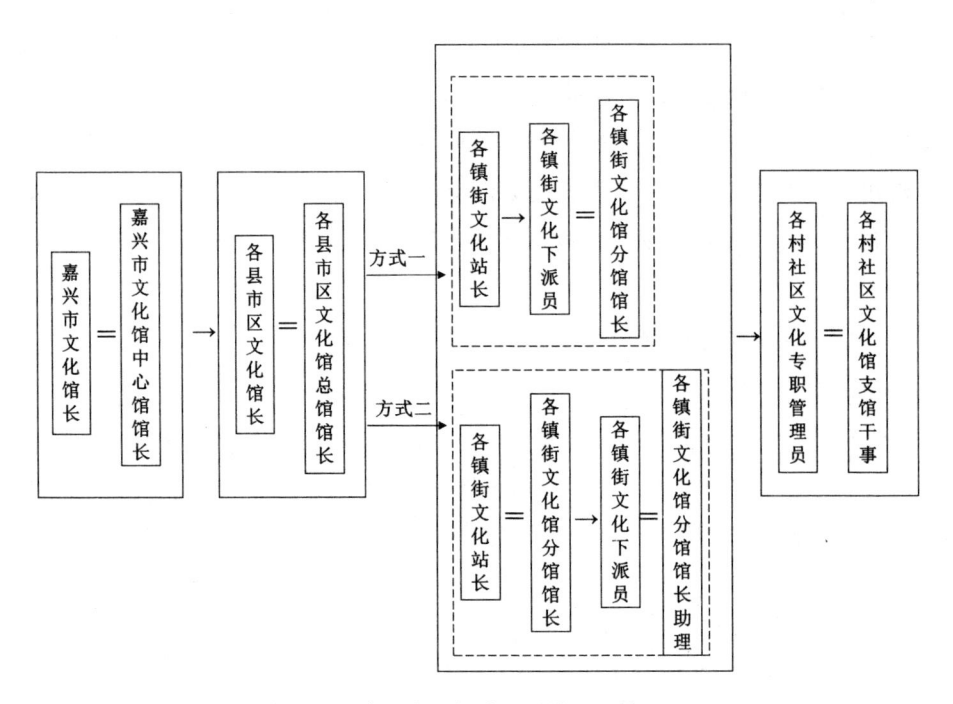

图 4-4 嘉兴市文化馆总分馆组织体系图

（街道）综合文化站和文化馆分馆的关系，明确乡镇（街道）综合文化站中属于公共文化的部分由文化馆分馆承担。

(四) 嘉兴市文化馆总分馆体系特点

嘉兴市文化馆总分馆以县(市、区)文化馆为单位,以嘉兴市文化馆为中心馆,在县域范围内构建"文化馆总分馆"服务体系,形成了"统一网点布局、统一服务标准、统一数字服务、统一效能评估、统一下派上挂"的特点。

1. 统一网点布局

在全市范围内,按照服务人口和服务半径制定统一的公共文化网点布局标准。各县市结合各地实际,在不低于全市标准的要求下,制定本地区的公共文化网点布局要求,实现公共文化网点布局标准化。

2. 统一服务标准

在全市范围内,由中心馆和总馆发布文化馆服务目录、制定文化馆服务标准和服务规范,实现文化馆公共文化服务的标准化。

3. 统一数字服务

以嘉兴市数字文化馆为平台,整合全市文化馆总分馆数字文化服务功能,提高公共文化服务的现代化能力,用先进的网络传输手段,将公共文化资源配送到基层,使基层群众便利地享受到公共文化服务。

4. 统一效能评估

加强对文化馆公共文化服务效能的评估与考核,制定统一的评价标准,对全市文化馆、分馆实施效能评估,提高公共文化的服务效能,更好地满足群众基本文化需求。

5. 统一下派上挂

以县为单位,统一实施推行文化下派员制度。县总馆拿出专门的编制,招聘文化员统一下派到分馆,为总分馆的实施提供人才保证。服务期满后,经过考核,在全县文化馆(站)系统内流动。根据工作需要和考核结果,可进入县文化馆工作,也可交流到其他乡镇继续从事下派员工作。根据工作需要,选派分馆工作人员到总馆挂职、交流或参与重点项目实施,增加总馆、分馆之间互动。

五、服务体系中不同层级文化馆（分馆）职能与内容

（一）中心馆的主要职能

市文化馆是服务体系的中心馆，除认真履行好文化馆的原有职能外，要协调好各联盟馆及各地总、分、支馆，"统一服务标识、统一发布平台、统一调配资源、统一辅导培训"。中心馆组建规划保障中心、业务指导中心、人才培训中心、创新研究中心和数字服务中心五个中心，全面推动文化馆总分馆服务体系的实施。各中心的主要职能为：

1. 规划保障中心

在市文化行政主管部门的指导下，制定《文化馆实施总分馆制行动计划》，推动文化馆总分馆全面实施。

设计制定全市文化馆（站、分馆）统一的形象标识。

受市文化行政主管部门委托，制定全市范围内各级文化馆、乡镇文化站、农村文化活动室（文化礼堂）网点布局与基本建设标准；筹划"十二五"末期及"十三五"期间的场馆建设规划；制定全市范围内各级文化馆、乡镇文化站、农村文化活动室（文化礼堂）的人员配备标准。

制定全市范围内各级文化馆、乡镇文化站、农村文化活动室（文化礼堂）的公共文化服务标准与流程。

策划开展全市性重大文化惠民项目，制定公共文化服务目录，协调调配系统人、财、物和产品资源，为服务体系提供资源保障。

2. 业务指导中心

组织专业力量，进行群众文艺创作，创作一批文化精品；不定期举办创作交流会，激发文艺创作人才的创作潜能；

吸纳系统内外各类专兼职人员，组织书法、美术、摄影、舞蹈、声乐、表演等门类的群众文化创作团队，开展经常性的文艺创作、评比和交流；

策划全市范围的重大文化活动和特色文化项目，制定全市年度公共文化活动整体安排，协助县市文化馆制定本区域内的文化活动计划。

3. 人才培训中心

组织开展服务体系文化人才培训，开展示范性培训，开展送培训到基层活动。开展对业余文艺团队的培育和管理，开展文化志愿服务，引导社会各界参与公共文化服务。

按照创建公共文化服务体系建设的要求，完成全市范围内文化人才的培训任务。加强对县文化馆、乡镇文化站专业人员的专业技能培训和公共文化活动组织策划能力培训。

在总分馆范围内，相应县（市、区）总馆的需求，送培训到基层，以提高农村文化专管员的业务水平。

制定志愿者招募、培训、管理、考核、激励办法，引导社会各界的文化人才志愿参与公共文化服务；

4. 创新研究中心

组织开展群众文化、公共文化服务、文化遗产保护等方面的理论研究和实践探索，开展各类理论研究、研讨活动；出版相关期刊，展示群众文化理论和实践成果，通过理论指导公共文化的服务创新。

针对文化馆总分馆运行开展专题研究，解决文化馆总分馆实施过程中出现的一些问题，提出对策与建议。

建立公共文化服务的第三方评价机制。

5. 数字服务中心

以市文化馆为载体，建设全市数字文化馆。将全市总、分、支馆场地、设备、活动、团队、人才、作品等资源按照一定的标准分类编目，集成在市数字文化馆，构建数字化公共文化资源库和公共文化服务平台，促进公共文化信息资源整合共享，利用现代信息技术提高公共文化服务机构的管理效率，创新服务模式，促进管理方法和服务技能的现代化。同时，作为全市文化馆系统的技术服务中心，提供有关设备、设施、网络等的技术支持服务。

（二）总馆的主要职能

总分馆制下的县级文化馆总馆除认真履行县文化馆原有的基本职能外，要在中心馆的指导下全面参与中心馆举办的各类活动，参与全市面上的资源调配，协调各分馆之间的资源配送，开展好文化骨干培训、文化产品策划、设备设施统筹、资金政策保障、数字文化服务等，并成立相应的内设职能机构。

1. 编制发展规划

按照市文化馆场馆设施布局的要求，结合本地区经济、人口和社会发展状况，制定公共文化场馆、设施建设标准，编制本地区文化综合站（分馆）、村

（社区）文化活动室、文化礼堂等文化设施发展规划。

2. 下派业务干部

按照"一馆一员"的标准全面落实文化下派员制度，为总分馆的运行提供人才支撑。文化下派员是县文化馆总馆聘用管理下派至各镇（街道）文化馆分馆工作的专职管理员。下派的文化员主要从事群众文化艺术创作、表演和辅导培训，整理、研究和开发地方民间文化艺术。

3. 制定服务标准

按照国家、省、市基本公共文化服务标准，结合本地区的实际情况，制定文化馆总馆和分馆公共文化服务标准和服务目录。

4. 培训分馆队伍

加强对分馆及本地区公共文化从业人员的培训辅导、继续教育。统一管理和培训本地文化志愿者、文艺骨干和业余文艺团队；为村（社区）文艺创作编排提供艺术指导。

5. 统筹活动开展

制定本地区公共文化年度活动计划，策划本地区文化品牌、特色文化活动；创作一批文艺精品。统筹本地区年度群众文化活动项目；实施群众文化流动服务；为优秀群众文化艺术品牌提供交流和推介服务。

6. 支撑分馆服务

统筹协调本地区的公共文化设施、演出、摄影、展览、培训等设施和设备，提高设备利用率和服务效能。

制定相关激励机制，为分馆资源调配提供资金和人才保障，开展对总分馆的绩效评价和考核。

利用市数字文化馆和本地资源库向基层提供数字文化服务，建设具有本地特色的数字文化服务项目，实现公共文化服务的供需对接。

（三）分馆的主要职能

乡镇（街道）分馆在总馆的指导下，按照总分馆制的要求，全面履行分馆的职能，自主开展具有地方特色的群众公共文化活动。分馆主要承担以下职能：

1. 文化艺术辅导

对所属村级文化专职管理员、文艺爱好者、文艺骨干、业余文化团队进行培训辅导；组建本地区文化志愿者团队，建立信息资源库，吸引社会各界的文化人才参与公共文化服务；调查了解并收集本地区群众文化需求。

2. 文化活动实施

在总馆的统一安排下，组织、策划实施本地区的演出、展览、放映等公共文化活动；实施公共文化流动服务；为优秀群众文化艺术品牌提供交流和推介服务。

3. 文化项目承办

参与承办总馆发布的活动项目，承办当地党委政府指定的文化活动，开展经常性文化惠民服务。

4. 文化品牌创建

创作具有地方特色的文化艺术精品；打造本地区文化品牌。

（四）支馆的主要职能

支馆在分馆的指导下开展延伸服务，加强对村级公共文化设施的管理，确保文化阵地长期正常开放、免费开放；创作编排具有本地特色的文艺节目；根据村民需求组建培育村（社区）各类文艺团队，组织开展有益健康的文体活动，丰富基层群众的业余文化生活；宣传党的各项方针政策，用先进文化引领人、凝聚人、激励人。

六、文化馆总分馆服务体系运行机制研究

（一）文化馆法人治理与内部结构重塑

按照十八届三中全会的精神，加快推动各级文化馆组建理事会。理事会由政府部门、党代表、人大代表、政协委员、专业人士、文化志愿者、业余文艺团队和非营利组织负责人、群众代表等组成，制定章程和办法，完善绩效考核机制，健全决策、执行和监督机制，提高运行效率，确保公益目标实现，推动公共文化服务社会化发展。

根据不同文化馆的主要职能，重塑文化馆内部机构设置，优化资源配置。积极推行以岗位管理和聘用制为核心的人事制度改革，形成能上能下、能进能出的流动机制，建议重塑后的文化馆治理结构如图4-5、图4-6。

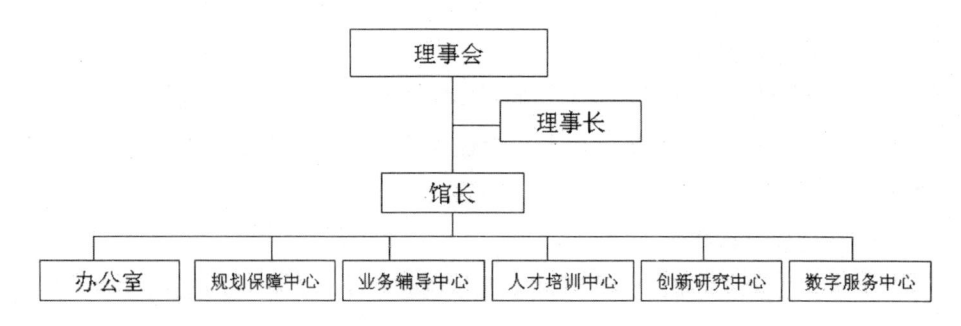

图 4-5 文化馆（中心馆）治理结构图

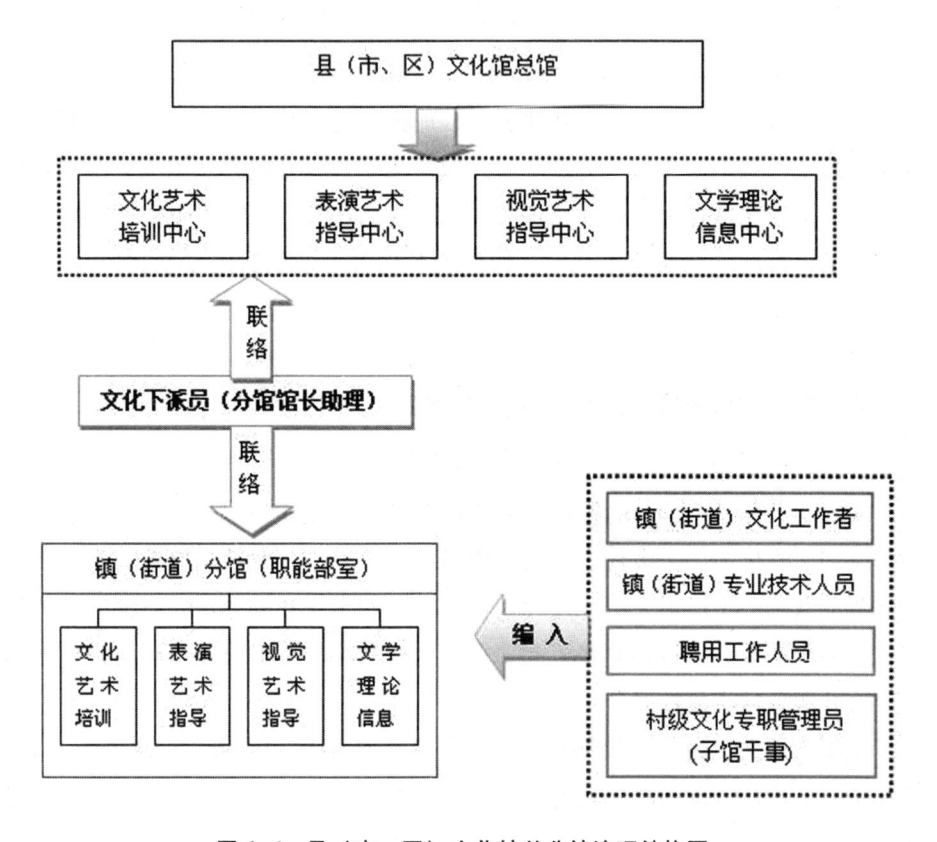

图 4-6 县（市、区）文化馆总分馆治理结构图

（二）建立两级例会制度

按照文化馆总分馆服务体系的运行要求，建立"中心馆—总馆""总馆—分

110

馆"两级例会制度（图4-7、图4-8）。"中心馆—总馆"例会每季度举行一次，每年可召开1~2次扩大会议，包括中心馆、总馆中层、分馆馆长及部分工作人员代表等。"总馆-分馆"例会每季度举行，每年可召开1~2次扩大会议，扩大到部分支馆干事及部分基层群众代表等。例会重点解决总分馆服务体系运行中存在的问题，协调总分馆服务体系的实施和推进。讨论研究服务体系公共文化服务目录的运行情况和基层群众评价反馈情况，研究通过项目竞标、政府采购、服务外包、志愿服务等多种形式，促进文化馆公共文化服务方式的多元化、社

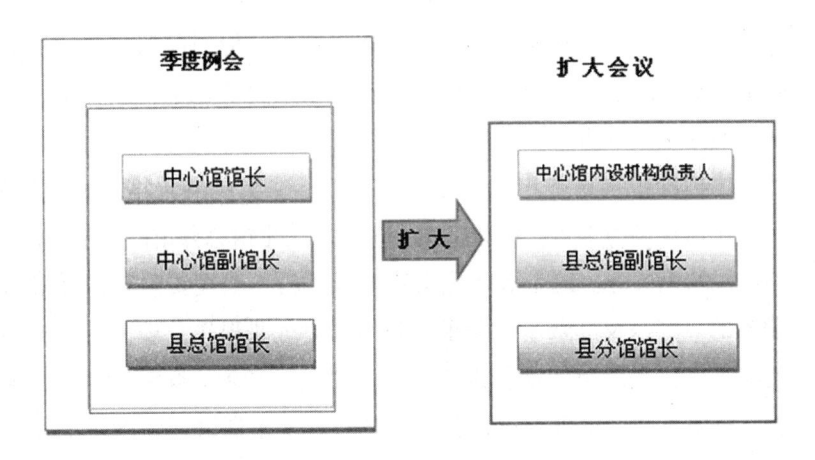

图4-7 "中心馆—总馆"例会制度图

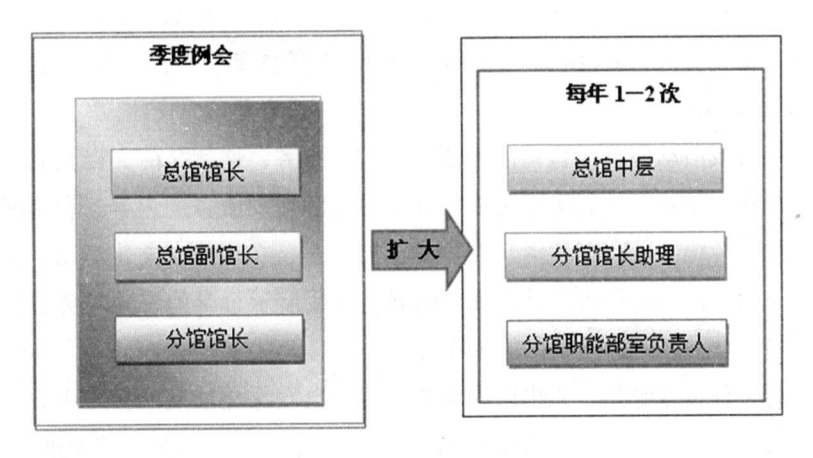

图4-8 "总馆—分馆"例会制度图

会化，研究建立以现代信息技术为手段，完善文化馆总分馆服务体系的有效措施等。

(三) 实施数字文化馆工程

数字化服务是当下文化服务的重要手段。十七届六中全会指出："深入实施文化信息资源共享等文化惠民工程、扩大覆盖、消除盲点、提高标准、完善服务、改进管理""发挥各类信息网络设施的传播作用，实现互联互通、有序进行"。《文化部关于加强公益性数字文化服务体系的指导意见》，也对当前和今后一段时期的公益性数字文化服务体系建设作出部署。但当前的数字化服务，主要是文化信息资源共享工程，提供的以服务网络平台、数字化服务室、电子阅览室等为主的简单上网服务，离数字文化馆的要求还有很大的差距。原文化部在示范区创建标准中明确提出建设数字文化馆。在实施文化馆总分馆体系中，要以数字文化馆建设为平台，将数字文化馆作为文化馆总分馆的重要载体。

一是在线培训服务。这是数字化文化馆服务的一项重要内容，可根据"基本性"服务的界定以及群众基本需求，分门别类对课程作合理设置，提供丰富多彩、覆盖各个艺术门类的课程选择。其主要包括音乐、舞蹈、美术、摄影的基本课程，按照不同程度班别设计各种音视频及文本课件，在网络上让广大群众共享，并通过授课老师开设的博客或QQ群在线进行辅导，增加有效互动。

二是在线展览服务。开设网上演播厅播报各类专题文化活动；开办网上展览厅，展示各种艺术门类的优秀作品以及文化馆的历史资料、成长步伐、阶段成果等，供社会公共进行欣赏和了解；设置文化馆内部资料出版物栏目，制作、展示本馆网络杂志，进一步扩大宣传和覆盖，促进文化信息交流。

三是在线活动服务。包括阵地服务、流动服务，这就是前文提到的全覆盖的意义所在，是数字化文化馆覆盖着阵地服务和流动服务的内容，利用网络平台，在结合传统的群众文化活动开展的同时，进行在线群众文化活动，强化文化活动主题，扩大文化服务受众面。同时，在线展示日常的阵地服务、流动服务、丰富群众对文化活动资讯的获取。

四是远程指导服务。文化馆应成为全区域群众文化活动的指导中心。数字化文化馆利用网络平台，根据各种专题文化活动、重大节庆艺术活动进行策划，给出不同活动的操作规范、活动内容、安排专家在线指导，提高基层群众文化活动理论及艺术水平。

五是区域联动服务。这是数字化文化馆公共文化服务功能的重要突破，也是嘉兴市实施文化馆总分馆的主要载体。它打破馆际壁垒，实现区域联动，加大资源整合，实行全城一馆制，统一服务标准，规范服务行为；建立资源共享机制和协调机制，降低服务成本，提高资源的利用效率，打造数字化文化馆的超级服务联盟，为群众文化提供丰富的、便利的、均等的公共文化服务。

七、推进县级文化馆总分馆服务体系建设的保障措施研究

（一）文化馆总分馆协调机制

大渡口区在实施文化馆总分馆中，创新管理体制，强化文化行政部门对总馆，尤其是镇（街道）综合文化站管理的问题，加强区总馆对乡镇分馆、乡镇分馆对村（社区）文化活动室的指导职能。这一点值得嘉兴市借鉴。《浙江省人民政府办公厅关于进一步加强乡镇综合文化站建设的意见》（浙政办发〔2008〕66号，下同）也明确要求"完善管理体制。乡镇政府要进一步强化对文化站设施、人员、经费的管理责任，县级文化行政部门要加强对乡镇综合文化站的业务指导"。

建立文化馆实施总分馆体制工作协调机制。在国家公共文化示范区国家公共文化服务体系示范区创建工作领导小组的框架下，统一实施文化馆总分馆制度。各县（市、区）也要成立相应的机构，由县（市、区）文化行政主管部门牵头，乡镇分管负责人牵头，制定实施方案与步骤，推动文化馆总分馆实施。

制定《文化馆分馆建设标准与设备配置方案》，按照"统一规划、统一标识、统一配置"的原则，全面建设总馆、分馆、村（社区）三级场馆设施；设备和资产按照"谁投资谁有产权"的原则，由县（市、区）文化馆对统一配置的设备资源统一标识、编号，并连接互联网，在全市文化馆范围内流通。设施设备相互流通借用的，属于免费开放范围（如场地），不收取费用；不属于免费开放的，或者借用中确需发生开支的，由使用者向产权拥有者按照成本支付费用。

（二）文化馆总分馆资金保障

制定《实施文化馆总分馆专项经费使用办法》。设立实施文化馆总分馆专项经费。总馆、分馆建设经费和日常运行经费来源不变，专项经费是对文化馆实施总分馆的运行专项经费。专项经费按照每个分馆5万元的标准设置。其中，4

万元的标准按照财政体制，由各县（市）负责，市本级由市、区两级合理分担解决；另外1万元的标准由市级统筹，主要用于奖励和补贴。

（三）实施文化馆总分馆人才保障工程

人员是实施文化馆总分馆的关键因素。当前乡镇综合文化站的人员编制与数量还不平衡。重庆市大渡口区在实施文化馆总分馆制过程中制定了乡镇分馆的人员标准要求，落实人员编制。建议乡镇文化站人员配置标准为：所辖人口在5万（含）以下的乡镇（街道）综合文化站，必须配备不少于3名的专职文化工作人员；所辖人口5万以上的乡镇（街道）综合文化站，必须配备不少于4名的专职文化工作人员；被赋予县级管理权限的经济强镇综合文化站，必须配备不少于5名的专职文化工作人员。

建立文化下派员和村级文化专管员制度。在全市统筹协调指导下，适当增加或调剂县文化馆的人员编制；文化下派员由县文化馆统一招聘、聘用，纳入县文化馆编制，统一安排在乡镇分馆工作，设定相应的服务期限，有效解决乡镇分馆人员"不专职、不专业、不专心"问题。实现每村（社区）1名文化专职管理员的基本目标，所需经费按照财政管理体制，由市、县、镇财政分担。上述人员的选聘可以与基层宣传文化队伍建设工作、大学生村官服务工作等相结合。

建立总分馆建设约束机制。根据人事管理和职称评定权限，将县文化行政主管部门主管的群众文化系列职称评定和推荐工作委托给县文化馆承担。县（市、区）文化馆专业技术人员在晋升职称时必须有一定时间到分馆工作的经历；分馆技术人员在晋升职称时必须有一定时间到总馆或其他分馆工作的经历。

建立总分馆建设激励机制。制定县（市、区）《总分馆专业技术人员带头人评比办法》《村级文化管理能手评比办法》，每两年考核一次。专业技术带头人全年补贴3000元，名额不超过全体人员的10%；专业技术带头人后备人选全年补贴2000元，名额不超过全体人员的10%。村级文化管理能手全年补助2000元，名额不超过全体人员的20%。将文化馆总分馆考评结果纳入职称评定体系，表现优秀者可增加工作量分值；对参加下派与上挂的业务干部予以奖励，年终评优考核时应优先考虑；县文化馆和镇（街道）文化站事业编制人员招聘时，同等条件下优先考虑村文化专管员或者给予其一定的加分；必要时，可在村文化专管员中开展定向招聘。

制定和实施各县文化馆分期分批选派干部到市中心馆学习、培训制度。根据县文化馆总馆工作需求和岗位空缺情况，从镇（街道）分馆中选派一定数量的人才到县总馆任职。建立人才交流制度，镇文化下派员在不同分馆之间定期流动。

八、推动文化馆总分馆企业分馆建设

（一）企业分馆建设的必要性

习近平总书记多次强调，要"提高基本公共文化服务的覆盖面和适用性。"提高公共文化服务的覆盖面，就是要找准现有公共文化设施难以辐射的地方，以人口和服务半径为标准，提高公共文化服务的精准性。在现有文化馆总分馆制建设基本实现覆盖的基础上，有必要持续推进文化馆总分馆制建设。

课题组针对海盐县的前期调查发现，现有公共文化服务设施还存在覆盖盲点，主要在经济开发区和各类工业园区。其一，从全省乡镇（街道）综合文化站评估定级的结果看，未上等级的乡镇（街道）综合文化站除位于丽水、衢州、舟山等山区、海岛地区外，其余多数位于各类经济开发区、风景名胜区等经济功能主体地区，这一点在浙北、浙东经济发达地区表现得尤为明显。类似的问题，在海盐也不同程度的存在。以海盐经济开发区为例，其综合文化站尽管评定为省特级文化站，但其服务面积达到97.11平方千米，服务人口达到6.5万；服务对象位居全县第一。从这个角度来讲，综合文化站还有很大的提升空间。其二，公共文化设施覆盖的不均等性更为突出。经济开发区在空间规划设置上以集中连片为主要形式，大部分开发区在规划时主要考虑其生产的需要，没有考虑文化设施的配置。以海盐经济开发区杭州湾大桥新区为例，其工业集中区主要集中在杭州湾大道一带，到开发区综合文化站的距离一般在5千米，这远远超出了其服务半径。例如，《公共图书馆建设标准》和《公共图书馆建设用地指标》明确小型图书馆的服务半径为小于2.5千米；《文化馆建设用地指标》明确小型文化馆的服务半径为1.5千米—2千米。而国际图联在《公共图书馆标准》提道：通常须在1.5千米左右设置（图书馆）分馆。对比国际图联和我国文化馆、图书馆建设标准，可见开发区综合文化站的服务半径已经远远超出了小型图书馆、小型文化馆的服务半径。加上工业区没有建设其他文化设施，因此在工业园区集中地段其实就是公共文化设施难以覆盖的盲点区。其三，工业园区的生产、生活作息时间的特殊性导致现有公共文化难以提供有效服务。由于工业生产的连续性，工业园区的生产企业大多数以三班倒的形式安排生产，工人的作息时间并非常规的 8 小时工作制，甚至也不是 10 小时或者 12 小时之类的白天工作制。有相当一部分工人是在晚上 10 点到次日早上 8 点之间工作，且需要在白天休息。在这种作息时间下，现有公共文化服务供给单位无论是继续新建设施还是采取延时开放、错时开放都无法满足农民工需要。因此，要提高公共文化服务的覆盖面，依靠企业力量自建文化设施是解决公共文化服务体系覆盖盲点的必然路径。

（二）制定企业分馆建设标准

结合企业的实际情况，在前期调研的基础上，建议确定文化馆企业分馆的主要建设标准如下：

1. 建筑面积

文化馆企业分馆室内建筑面积原则上不低于 150 平方米，一般应该集中建设。确实需要分散建设的，建议通过文化长廊等形式连接。

2. 功能布局与设备

（1）企业文化展示。展陈企业发展史、企业精神、优秀员工形象、企业产品等，可兼用为作品进行展示、展陈。

（2）图书阅览。由县图书馆按照基层流通点的要求建设，并配备 10 台电子阅读器。

（3）体育活动室。由企业因地制宜的配置乒乓球、桌球、棋牌、健身器材等必要的体育设施。

（4）心灵港湾工作坊（心理咨询）。配备必要的沙盘、音乐放松椅等。

（5）室外体育场地。根据企业实际因地制宜的设置室外体育设施。

（三）规范企业分馆运行机制

1. 文化教员

由县文旅体局制定标准，从企业分馆所在企业员工中选聘（可多个），轮流兼职负责场所开放、活动开展、团队建设和台账整理。

2. 活动策划员

由县文化馆选派业务干部结对企业分馆。每月定期到企业分馆指导活动，每年完成一次规模较大，有一定质量和影响力的文化活动。

3. 文化协调员

由镇（街道）综合文化站文化下派员兼任，协助解决企业分馆的活动开展和团队建设。

4. 文化指导员

由企业分馆所在的村（社区）专职管理员兼任，指导企业分馆的场所开放、活动开展、团队建设。

5. 文化志愿员（者）

由镇（街道）文化志愿者担任，协助场所开放、活动开展、团队建设、心理咨询等。

6. 最多跑一次代办员

按照最多跑一次的要求，协助有关部门在企业分馆设立代办点，开展涉及企业的项目审批、证照办理、纳税退税等手续以及企业职工的居住证办理、医保报销等事项。

（四）因地制宜开放运行

考虑到每家企业的不同生产特点，允许企业因地制宜、实事求是的自定开放时间，向乡镇（街道）综合文化站备案。但建议每周开放时间应不少于24小时。

（五）保障措施

1. 加强组织保障

将文化馆企业分馆建设纳入公共文化服务体系建设重点工作，组织专办制定实施方案和推进计划，将文化馆企业分馆建设纳入公共文化考核重要内容和考核指标，加快推进文化馆企业分馆建设进度。

2. 加强经费保障

为减少企业成本，县财政加大对文化馆企业分馆建设的投入力度。试点的11家企业分馆，方案设计、标牌标识由县文旅体局统一进行并承担费用。装修费用由企业自行承担，县文旅体局和乡镇（街道）分别给予200元/平方米的装修补助。企业文化展示部分展示屏（包括后台控制系统）、图书阅览室的图书设备和电子阅读器、心灵港湾工作坊里面的沙盘和音乐放松椅等由示范区创建小组协调统一采购配备。其他文体设施由企业自行配置。

3. 加强人员保障

县文化馆要将企业文化教员纳入全县公共文化服务培训体系，参照镇（街道）和村（社区）文化专兼职人员每年参加培训时间不少于5天的标准组织培训。县文化馆在制定文化干部"六个一"工作计划时，要优先安排与企业分馆结对计划。按照现文化馆总分馆服务体系的要求，评选优秀企业文化教员并给予一定奖励。

第五章

基层队伍的文化"三员"建设

加强公共文化服务体系建设,重点、难点在基层,在队伍建设。"做好新形势下的宣传思想文化工作,重心在基层、在基础,队伍是关键、是保障"①。现代公共文化服务体系建设中,要把基层文化队伍建设作为推动公共文化服务体系建设的一项重点工程,着力抓好选聘、培训、使用、管理、激励等重点环节,通过镇、村文化员队伍建设,推进公共文化服务体系标准化、均等化。

一、基层文化队伍建设存在的现实困境:嘉兴市的实地调研

(一)专职人员数量不足

尽管嘉兴市创新队伍建设举措,实现了镇(街道)文化站"站站有专业人员,村村有文化管理员"的目标,人才队伍建设走在了全省前列。但分析显示,文化专业人才的数量与群众日益增长的文化需求的要求还不匹配。一是人才总量不足。2013年全市69个镇(街道)文化站现有在编人员171人,外聘人员155人,在编借调人员17人,总计工作人员309人,平均每个文化站工作人员4.48人。平均每个文化工作人员服务人口是1.24万②,服务面积是13平方千米。全市村级文化管理员1146名,每名农村文化管理员平均服务人口为0.3万。如果加上外来常住人口,其服务对象至少增加50%;二是基层文化部门职能繁杂。镇(街道)文化站除承担群众文化工作外,还要承担非遗、文化市场、体育等工作,很难有精力和时间来策划、组织、开展文化活动;三是专职不专用的情况非常普遍。调查显示,几乎所有的文化站长都兼任镇(街道)其他工作,

---

① 刘云山. 把县级和城乡基层宣传文化队伍建设抓紧抓好[EB/OL]. 中国文明网,2010-07-13.

② 只计算户籍人口,不计算外来常住人口。下同。

40%以上的精力被其他工作所占用；2013年度有17名文化员被借调到其他部门工作，乡镇文化员中三分之一以上的人员兼职卫生、出纳、教育、科技、计生、招商、残联等工作。

（二）专业服务水平不高

据调查，目前嘉兴69个镇（街道）文化站中，大专及以上学历人员232人，占专职人员的约75%。看似比例较高，但调查显示大部分学历的取得，绝大多数为工作后学历，学历的提高与实际文化工作水平的提升难以同步发展。再以颇能反映专业素质的职称为例，具有中级职称人员所占比例为仅为22.3%，高级职称数量更少，接近80%的专职人员为初级和无技术职称。而区、县（市）级文化馆工作人员中拥有中级及以上职称者比例为45%，整体素质明显高于乡镇（街道）文化站人员。村级文化管理员中大专及以上学历人员为475人，所占比例为41.4%，但拥有中级及以上职称者为零（图5-1）。近年来，调进或分配的新增人员大多是非专业人员，从事文化工作力不从心，也难以评上专业技术职称。

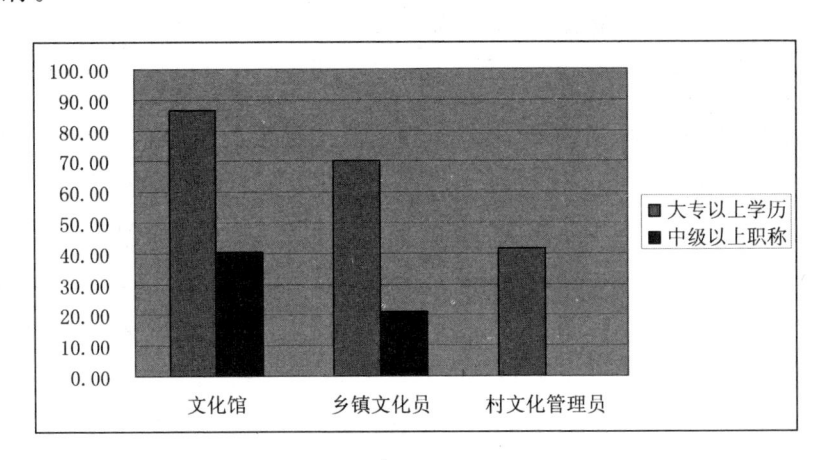

图5-1 嘉兴市文化馆（站）人员学历、职称结构图

上述数据表明，嘉兴市镇（街道）文化站队伍的文化素质和业务素质都尚不尽如人意。由于受到体制、编制、职称、待遇等诸方面的因素限制，文化站在人才的调动和引进方面相当困难，青黄不接、后继乏人的问题也非常突出。有的文化员是从20世纪80年代就从事文化工作，年龄上也相对较大，专业知识趋于老化，知识结构单一，业务技能逐年下降，艺术门类的辅导、文化活动的组织无法胜任的问题比较普遍。

（三）基础队伍建设不稳

近几年来，嘉兴市努力提高镇、村文化员福利待遇。以率先推行村文化管理员的海宁市为例，2012 年，出台《关于调整海宁市村级文化阵地专职管理员薪酬发放办法》，将专管员薪酬与全社会职工平均工资相挂钩，建立了较为合理的薪酬增长机制，每人每年工资达 33691 元。嘉兴市 2013 年出台《关于在全市实行村（社区）文化专职管理员制度的通知》，明确筹资标准为人均 3 万元。嘉兴市也明确镇（街道）文化站站长享受乡镇中层待遇，但因为经济发展程度和地区的差别，各地文化员的待遇不平衡。即使在收入标准较高的海宁地区，月均不到 3000 的收入水平仅与社会职工平均工资持平；由于政策体制等原因，很多文化员无法享受养老、医疗、生育、工伤等社会保险待遇。调查显示，自实施文化管理员制度以来，招聘的专职文化员已经流失约三分之一。

（四）业务管理能力不强

随着文化事业的深入改革，文化产业化领域不断扩大，对群众文化干部的综合素质有了更高的要求。群众文化需要复合型人才，既要专业过硬，有一定的审美情趣；又要能管理，有较强的职业操守和责任感；还要会组织，有比较强的策划能力，能与群众沟通交流，把群众的兴趣转化为活动。当前的镇、村文化员多为业务干部，有一定的专业强项，但文化阵地的管理能力、文化产品的策划能力、文化活动的组织、协调能力等方面还有很大的欠缺。正是由于上述原因的存在，导致公共文化产品和服务低端化现象比较严重。对嘉兴全市镇（街道）文化站的调查显示，当前提供仍然是简单的文艺演出、体育活动、图书阅览、文艺培训与辅导、电子阅览等文化产品。如果没有上级文化馆的支持，镇（街道）文化站在特色文化建设和传统文化挖掘培育上几乎是力不从心，在品牌文化的创建上基本是无从下手，组织一场具有一定的规模、水平和影响的文化活动基本是毫无可能。

（五）服务体系支撑不力

群众文化需求的增长对文化队伍建设提出了更高的要求。一方面，市、县、镇、村各级文化专职人员存在联系不紧、各自为政的状况；另一方面，文化员自身的专业特长难以适应基层群众面广量大、多样化的需求。

市、县文化馆对基层的指导、辅导不够，系统化培训不足，缺乏资源、服务、技术、资金等体系化的全面支撑；县文化馆对乡镇文化员、镇（街道）文化站对村文化专职管理员的扶持、支撑力度有限；乡镇文化员之间、村文化专职管理员之间也缺少沟通和交流。镇、村文化员从文化系统得到的支撑不足以满足基层公共文化服务的需要。

二、文化下派员、专职管理员的起源与职能

综合文化站文化工作人员下派制度（文化下派员）由嘉兴市海盐县首创。为解决镇（街道）文化站专职人员专业不对口、业务能力不强等问题，2010年，海盐县文化馆招聘选拔出3名文化工作员，经过培训后正式派往镇（街道）文化站任职，协助管理农村文化活动场地、设备、器材，从事文艺创作、表演和辅导培训等，组建文艺团队，配合开展文化工作，进一步密切文化馆与镇（街道）文化站的联系，以全面提高镇（街道）文化站的专业服务能力。2013年，嘉兴市文化、编办、人事、财政四部门联合发文，在全市范围内推广村级文化专职管理员制度和文化员下派制度，全面加强农村文化工作力量。下派的文化员主要在群众性社会文化活动中从事文化艺术创作、表演和辅导培训，整理、研究和开发地方民间文化艺术。文化员的主要职责：积极协助所在镇（街道）策划组织各类文化活动；协助管理农村文化活动场地、设备、器材等；协助抓好文化队伍建设，充分挖掘当地文化人才，组建业余文艺团队；积极开展舞蹈、音乐、书法、美术及其他各类艺术培训；注重收集素材，联系实际创作群众喜闻乐见的文艺作品，参与各类群众文化演出和比赛；参与对当地文化遗产资源的挖掘、整理、研究和保护；协助做好文化市场监管、体育工作和调查研究工作，积极撰写理论调研文章与宣传信息等。

村级文化中心（室）专职管理员制度由嘉兴海宁市首创。2008年，海宁市积极探索村级文化专职管理员制度，在每个村（社区）配备1名以上享受政府补贴的专职文化管理员，经费由海宁市、各镇（街道）、村（社区）三级财政共同承担，在全国率先实现村级文化阵地专职管理员全覆盖。目前，海宁市已配备了一支346名、平均年龄40岁左右的专职文化管理员队伍，建立了"阵地有人管、队伍有人建、活动有人搞"的长效机制。村文化管理员由乡镇（街道）公开招聘、择优录用，享受政府补贴，派驻在农村（社区）从事专职文化管理的工作人员。村文化专职管理员的基本职责：参与管理村（社区）公共文化活动设施，确保文化阵地长期正常开放、免费开放；参与管理村（社区）图书室，不断提高社会效益；组建培训村（社区）各类文艺团队，经常性开展健康有益的文体活动，丰富基层群众的业余文化生活；宣传党的各项方针政策，用先进文化引领人、凝聚人、激励人，参与村（社区）其他有关活动，热心为群众排忧解难。

三、嘉兴市镇、村文化员的统筹机制设计

为进一步完善发源于海盐和海宁的"两员"制度，建成一支具有政治意识、现代意识、创新意识的公共文化人才队伍，专职、专心、专业地守好文化阵地、搞好群众文化活动、做好公共文化服务，要以创新、协同、开放等新理念，对症下药、精准滴灌、靶向治疗，在选人、用人、育人等基层人才队伍建设做好统筹设计，实现基层文化人才队伍建设的突破发展。

（一）统筹员额配置

市编办、财政、人社、文化等部门有效协调、沟通，出台政策，统筹规划全市"两员"建设标准。目前建议的标准为按照行政区域，每镇（街道）至少配备1名文化下派员，每村（社区）至少配备1名专职文化管理员。

1. 增加编制

有条件的地方适当增加县文化馆的人员编制，专门用于镇（街道）文化下派员的招聘，实现每个镇（街道）至少有1名文化下派员的目标。镇文化下派员由县文化馆统一招聘、聘用或统筹，统一下派至各镇（街道）文化站工作，设定相应的服务期限（可每三年为一个周期）。

2. 内部调剂

在文化馆增加编制困难的情况下，根据实际工作需要，文化下派员可不局限于文化馆下派而从文化系统内部调剂相关人员，下派到镇（街道）文化站开展工作。服务期内，接受文化馆的统一领导、业务培训和管理考核。服务期满后，经过考核，可回原单位，也可在县级文化馆（站）系统内流动。

3. 购买岗位

暂时不具备增加县文化馆编制条件和无法系统内调剂的地方，可采用政府购买劳务的方式配备下派。按照每人不低于4万元的标准，筹集资金，安排给县文化馆，用于招聘文化下派员。资金筹集可按行政区域由县级财政承担，也可按照逐级分担的方式进行。

嘉兴市本级可按照"市财政出资1万元，区财政出资1万元，镇（街道）财政出资2万元"的比例分担，各县（市）按照"县（市）财政出资2万元、镇（街道）财政出资2万元"的比例分担。同时根据物价水平和经济发展状况，建立起筹资水平稳定增长的机制。根据镇（街道）文化站数量测算，如果完全采取劳务购买的方式，全市大概每年增加财政投入约300万元，其中市财政每年增加投入约20万元，各区财政每年增加投入约10万元，各县（市）财政每年增加投入约20万元，每个镇（街道）财政每年增加投入2万元。

对于村级专职文化管理员，统一采用劳务购买的方式，由各级财政共同保障、分级负担，实行"镇聘、村用、共管"的模式。具体实施中由镇（街道）文化站统一招聘、聘用，下派至各村（社区）工作，实现每村（社区）1名专职文化管理员的基本目标。村级专职文化管理员设定相应的服务期限（可每三年为一个周期）。服务期内，接受文化站、村民委员会的双重管理和考核。服务期满后，经过考核，可以在镇级文化站系统内流动。

劳务购买的筹资标准和具体实施途径可根据各地不同的实际情况自行确定。初期的劳务购买可以是人员聘用为主，随着文化企业和文化类社会组织的发展，可以采用项目制委托给文化企业和文化类社会组织承担。

（二）统筹人员经费

由市编办、财政、人社、文化等部门出台政策，统筹制定全市实施文化下派员和村级专职文化管理员的薪酬标准和经费分担制度。根据嘉兴2013年的经济发展状况和全社会职工平均工资水平，建议镇文化下派员的年度工资水平不低于4万元，村级专职文化管理员年度工资水平不低于3万元（具体标准可由各地根据当地的全社会职工平均工资水平制定），包括为"两员"按照规定缴纳的社会保险。

1. 市财政

为"两员"安排财政专项经费。招聘的文化下派员为事业编制的，按照现有财政体制增加经费；招聘的文化下派员采用劳务购买方式的，由县级财政承担或按照现有财政体制逐级分担。

逐级分担的，市财政按照实际招聘到岗的数量，为南湖区、秀洲区每名文化下派员补贴不少于1万元。

对于村级专职文化管理员，市财政按照实际招聘到岗的数量，为南湖区、秀洲区每名专职文化管理员补贴不少于1万元。同时安排资金，对实施"两员"制度较好的镇（街道）、村（社区）进行奖励，对经济薄弱的村（社区）适当补贴。

2. 县财政

为"两员"安排财政专项经费。招聘的文化下派员为事业编制的，按照现有财政体制增加经费；招聘的文化下派员采用劳务购买方式的，由县（市、区）财政承担或按照现有财政体制逐级分担。

逐级分担的，县（市）财政按照实际招聘到岗的数量，为每名文化下派员补贴不少于2万元；南湖区、秀洲区财政按照实际招聘到岗的数量，为每名文化下派员补贴不少于1万元（另1万元由市财政补贴）。

对于村级专职文化管理员，按现行财政体制，县（市）财政按照实际招聘到岗的数量，为每名专职文化管理员补贴不少于1.5万元（另1.5万元由镇财政承担）；南湖区、秀洲区财政按照实际招聘到岗的数量，为每名专职文化管理员补贴不少于1万元（另2万元分别由市财政、镇财政承担）。

3. 镇财政

为"两员"安排财政专项经费。县文化馆下派的文化员为事业编制的，镇财政适当增加群众文化活动资金；招聘的文化下派员采用劳务购买方式的，由县（市、区）财政承担或按照现有财政体制逐级分担。

逐级分担的，镇财政按照实际招聘到岗的数量，为每名文化下派员补贴不少于2万元。

对于村级专职文化管理员，按现行财政体制，县（市）的镇（街道）财政按照实际招聘到岗的数量，为每名专职文化管理员补贴不少于1.5万元；南湖区、秀洲区的镇（街道）财政按照实际招聘到岗的数量，为每名专职文化管理员补贴不少于1万元。

4. 村集体收入补贴

根据本村集体收入状况和"两员"工资保障标准，按照村集体经济组织议事规程，为村级专职文化管理员进行补贴，保证村级专职文化管理员收入水平不低于全社会职工平均工资水平。

（三）统筹培训平台

"两员"队伍的素质至关重要。尤其是村级专职文化管理员的选聘对象，要以有一定文艺专长的大学生或当地群众为主。如何提高"两员"的业务能力和综合素质，培养其成为具有管理才能、专业技能和服务动能的合格人才，是能否发挥镇、村文化员作用、有效对接群众文化需求、提高服务效能的关键。当前基层文化员培训的实施单位以镇（街道）文化站为主，但文化站事务繁多，且自身能力也有限，因此培训的数量不均衡，培训的效果也一般。基于此，在"两员"培训中，要充分发挥市、县两级文化馆，尤其是文化馆总分馆体系的人才优势、资源优势，统筹全市"两员"建设的培训平台。

制定《关于开展"一员三能"培训的实施办法》，作为基层文化队伍建设的一项重要制度性安排。镇（街道）、村（社区）基层文化专兼职人员每年参加集中培训时间不少于5天，并鼓励基层文化从业人员自主学习、自主提高。由嘉兴市文化馆牵头，会同各县（市、区）文化馆，举办示范性培训，搭建数字化平台，建立资源共享的"一员三能"[①] 培训师资库和课件资源库。市、县两级文化部门还要配套推出积分制度，对学有所成、干有绩效、群众满意的优秀人才，不仅给予一定的荣誉和物质奖励，还将其作为公共文化机构人才考核录用和职称晋升的重要参考。

（四）统筹上挂下派

在县（市、区）范围内，建立起上挂下派制度，即文化下派员可以根据工作需要，上挂到县文化馆任职；村专职文化管理员可以根据工作需要，上挂到镇（街道）文化站任职。文化下派员由县文化馆统一招聘、聘用，下派到镇（街道）文化站工作；村专职文化管理员由乡镇统一招聘、聘用，下派到村文化活动中心（文化礼堂）工作。

（五）统筹绩效考评

建立健全科学合理的"两员"队伍考核机制。制定文化下派员服务标准，实施"4+1"[②] 工作模式，加强培训、管理和考核，出台专业技术人员带头人评比办法。制定村级专职文化管理员管理考核办法、村级文化管理能手评比办法、工作职责和薪酬发放办法，要求村级文化活动中心（文化礼堂）做到制度上墙，

[①] 每位镇、村文化员均需按照制度规定培训上岗，成为具有政治素养、专业技术和服务能力的合格人才。

[②] 文化下派员每周二至周五4天在镇（街道）文化站工作，每周一到县文化馆汇报交流，上情下达、下情上传。

服务项目公示，台账资料完整规范，实现活动有记录，财产有登记，团队有名册，年初有计划，年底有总结。

四、基层"两员"管理体制研究

（一）建立组织体制

在嘉兴市统一领导下，建立县（市、区）、镇（街道）、村（社区）三级群众文化队伍建设领导小组。嘉兴市出台相关指导意见，由县（市、区）牵头负责，抓好"两员"队伍的组织实施工作。

由县（市、区）文化馆负责本辖区内文化下派员的招聘、管理、指导、培训、考核等工作；由镇（街道）文化站负责本辖区内村级文化专职管理员的招聘、教育、管理、培训、考核等工作；由村（社区）村（居）民委员会协助镇（街道）文化站抓好村级专职文化管理员的教育、管理、指导、检查、考核工作。

全市、各县（市、区）不定期召开各镇（街道）分管领导、文化站长、村分管文化的领导和"两员"为主要对象的座谈会，并听取基层对"两员"队伍长效管理的意见、建议，发现问题并及时整改。

（二）健全工作机制

实行双重管理。理清下派单位和工作单位的双重管理关系，文化下派员实施"县聘镇用、县镇共管"的双重管理模式，即文化下派员由县文化馆聘用，业务工作接受县文化馆的直接领导、指导和考核，平时接受所在镇（街道）文化站的日常管理；村级专职文化管理员实施"镇聘村用、镇村共管"的双重管理模式，即村级管理员的业务工作接受所在镇（街道）的直接领导、指导和考核，平时接受所在村（社区）的日常管理。在实际工作中，要注意理顺县与镇、镇与村之间的关系，避免出现文化下派员"镇管不了、县管不着"和村级专职文化管理员"村管镇不管"等问题。

规范管理制度。编印镇、村文化员工作规范与工作手册，要求"两员"做到活动有记录、财产有登记、团队有名册。实施"两员"聘用审查制度、年报制度、考核制度和文化阵地季度督导制度，重点督查文化阵地运行和管理状况，以县为单位，建立"两员"每周定期交流制度，实时掌握"两员"工作情况，使"两员"队伍持续健康发展。

创新工作方式。建立"两员"交流平台，利用现有网络技术，以 QQ、微博、微信等方式建立县（市、区）、镇（街道）、村（社区）三级交流网络，加强"两员"的工作交流和自我管理，鼓励组建以自我管理模式为主的各类文化沙龙。

（三）制定岗位标准

制定《嘉兴市"两员"岗位标准》。文化下派员主要从事文化艺术创作、表演和辅导培训，整理、研究和开发地方民间文化艺术，应具备扎实的专业知识和组织开展群众文化活动的能力。其主要职能是：协助所在镇（街道）策划组织各类文化活动；协助管理文化活动场地、设备、器材等；协助抓好文化队伍建设，组建业余文艺团队；积极开展舞蹈、音乐、书法、美术及其他各类艺术培训；注重收集素材，创作文艺作品，使各类群众参与文化演出和比赛；参与对当地文化遗产资源的挖掘、整理、研究和保护工作；积极撰写理论调研文章与宣传信息等。

村级专职文化管理员主要从事村级公共文化设施管理、培育业余文艺团队、开展群众文化活动等，应具有一定的文艺专长和活动组织管理能力。其主要职能是：管理村（社区）文化设施，确保文化阵地正常开放、免费开放；参与管理村（社区）图书室，不断提高社会效益；组建培训村（社区）各类文艺团队，经常性开展文体活动；宣传党的各项方针政策，热心为群众服务。

建立"两员"从业资格制度。由嘉兴市文化馆牵头，编制实施《嘉兴市"两员"从业资格标准》，作为地方标准在本区域内实施。已经聘用的"两员"，应该在二年内取得从业资格证；对新聘用的"两员"，应该先培训，在其取得从业资格证后方可上岗。

（四）完善考核机制

建立"两员"考核体系。以县（市、区）为主体，建立文化下派员年度考核体系；以镇（街道）为主体，建立村级专职文化管理员年度考核体系。考核体系要突出工作实绩、个人素质，体现可操作性和过程精细化。将"两员"自我总结、相互测评、群众评议等方法有机结合起来，综合季度督查和平时掌握的情况进行综合性考评，考核结果与工资报酬挂钩。

（五）落实激励措施

健全体制机制，建立科学的评价体系和"重能力、重业绩"的用人评价标准，加大收入与分配改革力度，建立公平、公正、以业绩为导向的分配制度。

建立合理的薪酬制度。市、县、镇、村建立起统一的资金筹集标准，确保"两员"保持合理的收入水平，同时建立起稳定的薪酬增长机制。加大收入与分配改革力度，使业绩与收入水平挂钩。

加大表彰激励的力度。树立典型，对于在推进实施"两员"建设中的先进单位和表现突出的"两员"进行表彰和奖励。每年面向全市"两员"开展两项业务大赛：业务技能大赛和群众文化活动策划大赛，使"两员"通过大赛，互学互促，提高业务水平。在全市范围内，每年进行"十佳"文化下派员、"十佳"村级文化专职管理员评选表彰，并给予一定的物质奖励。

拓宽事业发展空间。符合条件的文化下派员，将优先列入县文化馆专业技术带头人培养人选，也可列入所在镇（街道）的中层后备干部培养人选；村级专职文化管理员队伍中涌现出的优秀人才可列入村（社区）后备干部队伍。县文化馆和镇（街道）文化站在事业编制人员招聘时，给予一定程度的加分，或在同等条件下优先考虑文化下派员和村级专职文化管员；必要时，可在"两员"中开展定向招聘。

纳入专业技术资格评审。将"两员"纳入群众文化系列专业技术资格评审。对于符合条件、业绩突出、作用发挥明显的"两员"授予群文助理馆员及以上资格，将职称评定结果与个人工资奖金相挂钩，为优秀"两员"进入更高层次的工作岗位创造条件。

五、从"两员"到"三员"深化研究

（一）制约新居民公共文化服务的因素

针对各类企业的调查发现，"80后""90后"即所谓"新生代"已经成为企业员工的主体，"00后"员工也逐渐走向了工厂的生产车间并将成为成长最为迅速的一代新生代员工，渐成为农民工的主体。与六七十年代出生的农民工相比，他们具有较强的自我意识，更加重视精神文化生活和自我价值的实现。"新生代"对文化方面的需求就显得非常强烈和迫切，需求的类别也更加多样化，特别是带有时尚、新潮元素的文化类型占比较多。

但是，调查中发现，"新生代"新居民的文化满足程度偏低。主要原因有四点：工作点、居住点、时间成本和信息不畅。从工作点看，正如前所述，多数

"新生代"新居民在工业园区工作，企业组织的文化活动是有限的，而且园区企业普遍以追求经济效益为重，缺乏开展文化活动、建设企业文化以及为员工提供文化服务的理念。大多企业缺乏文化设施，有的企业文化设施形同虚设，开展文化活动少之又少。

就居住点而言，为了减少开支，"新生代"新居民大多选择居住在城郊和企业员工宿舍，处于城市文化的边缘地带。受场地的限制，他们难以正常开展文化活动，他们的文化生活贫乏单调。新华社就曾报道：八成农民工的业余生活是"睡觉"和"闲聊"。课题组调查中也发现，手机上网、微信聊天等"刷屏"行为成为"新生代"新居民主要的业余生活。

从时间成本来看，新居民享受文化生活的时间成本较高，成为影响新居民无法参与文化活动的首要原因。外来务工人员一般在工厂上班，大部分在流水线工作，加班比较常见。调查中，很多工人反映"有时候是生产旺季，一天24小时都要加班"。导致新居民在繁忙的工作中也无暇顾及自己其他方面的需求。城市中的博物馆、美术馆、图书馆、文化馆等文化设施虽然面向全社会免费开放，但由于居住地距离公共文化场所远，新居民想参与公共文化活动需要付出更多时间成本，在原本闲暇时间不够的基础上则更加困难。

获取活动信息的渠道不通畅。大多数新居民来自内地欠发达地区，当地的社会、经济发展水平，尤其是公共服务供给与浙江省有一定的差距，那种先入为主的认知致使其对公共服务的认识产生较大的偏差。例如，课题组研究中在网络上搜索资料时发现在当地论坛上有一个小帖子，大意是，其刚到嘉兴不久，朋友比较少，想找个安静的地方看看书，问嘉兴有没有免费开放的图书馆。作为嘉兴本地人，由于城乡一体化的公共图书馆服务体系深入人心，大概不会产生类似的问题。所以这种先入为主的认知偏差，加上宣传推广不足，导致新居民对公共文化服务设施、文化活动的知晓度偏低。

（二）新居民公共文化服务"供需错位"

第一，调查中发现，工业园区的生产、生活作息时间的特殊性导致现有公共文化难以提供有效服务。由于工业生产的连续性，工业园区的生产企业大多数以三班倒的形式安排生产，工人的作息时间并非常规的8小时工作制甚至也不是10小时或者12小时之类的白天工作制。有相当一部分工人是在晚上10点到次日早上8点之间工作，且需要在白天补休。在这种作息时间下，现有公共文化服务机构无论是继续新建设施还是采取延时开放、错时开放、流动服务都无法满足新居民的需要。

第二，适合新居民的文化服务内容比较缺乏。尽管嘉兴在构建现代公共文化服务体系过程中，注重均等化甚至还优先考虑新居民。但由于公共文化具有一定的属地化特征，各地公共文化服务内容、服务设施一般是依照本地户籍人口和常住人口进行规划布局的，新居民纳入供给体系的适应面还比较狭窄。因此公共文化供给不足和供需脱节的问题将在一定范围和时间内长期存在。例如，缺少专门为新居民创作反映新居民实际生活状况和精神状态的文艺作品；一些带有浓郁地方特色的文艺作品由于文化差异与新居民有距离感，不能很好地反映外来务工人员的心声，难以引起共鸣。

因此，要提高公共文化服务的覆盖面，依靠企业力量自建文化设施、开展文化活动是解决公共文化服务体系覆盖盲点的必然路径。公共文化服务关键在人，从"文化两员"跨越到"文化三员"，是回应企业文化建设需求的现实诉求。

（三）"文化三员"的现状调查

海盐县开发区（西塘桥街道）是海盐县经济发展的主阵地、主平台，区域内企业众多，规上企业有94家，经济总量占海盐县经济总量的43%；企业职工25400多人，占总人口近42%。西塘桥街道综合文化站深入辖区内24家大中型企业进行调研，制定企业文化教员机制推行总体方案，围绕繁荣企业文化、促进区（街道）文化事业协调健康发展这一主线，采取与企业主面对面沟通、与意向人选单独交谈、区（街道）文化站进行审核把关等程序，最终确定了14家企业的14名文艺骨干为企业文化教员。2014年3月，区（街道）制定出台《村级文化管理员、企业文化教员考核管理办法》，对文化教员进行"双重管理、双向考核、综合评判"；每年年初，区（街道）制定文化教员年度群文业务知识培训计划，加强队伍管理，加大企业文艺节目的创编力度，组织村、企文化结对，开展文化走亲。通过五年多的建设，企业文化教员建设成效显著。通过出台考核管理办法，加强对文化教员的业务培训和平时监督考评，文化教员队伍素质有了明显提升，不少文化教员已能独立进行节目编排，也能独自主持策划企业文化活动。经过文化教员的努力工作和无偿奉献，企业的文化活动都搞得有声有色，在为自己赢得了地位的同时，也影响了企业主对企业文化建设的认识。

一些企业从被动参加到主动要求参加,在这些企业中,企业主对文化建设的热情高涨,从人员、经费等诸多方面给文化教员开展工作予以充足保障,已形成了一支"招之即来、来之能演"的企业文艺骨干,形成了一批"随时拿得出、随时能登台"的企业文艺团队,初步构建了一个具有浓郁区域特色的文化品牌。

(四)制约企业"文化教员"发展壮大的因素

1. 企业经营者的重视程度不高

尽管企业文化是凝聚职员精神的重要前提,良好的企业文化可以推动企业的长远发展,为企业的进步提供源源不断的驱动力。通过开展多种多样的文体活动可以凝聚力量,激发员工工作的斗志,使企业内部更加团结。但从短期来看,企业文化建设是一个只有投入而没有产出的行为。作为企业经营者来讲,盈利是其首要任务。因此,大多数企业经营者不重视企业文化建设,甚至认为企业文化活动冲击了正常的生产,对企业文化教员建设不配合,个别甚至比较抵触。这极大影响了企业"文化教员"的扩面工作。

2. 员工流动性带来的人员不稳

当前各类企业,尤其是传统生产制造型企业员工的流动性较大、稳定性不足,导致已经培养的企业"文化教员"也存在不同程度的流失现象。这些流失,既有员工主动辞职带来的人员流失,也有企业内部调配员工离开导致的人员流失,还有原有员工因为晋升到更高岗位精力难以兼顾导致的流失。企业"文化教员"流失给综合文化站增加很大的工作量,文化站要重新评估、培训、考核新的文化教员,许多文化工作也不得不重新开始。因此,企业"文化教员"的水平总是处在一个"开始"阶段,这极大影响了企业"文化教员"的提质工作。

3. 企业连续生产导致的人手不足

在西塘桥街道,大部分企业以传统制造型企业为主,企业具有24小时连续生产的特点,员工也是按照"三班倒"的作息时间上下班。这给企业开展文化活动带来很大的困境。例如,节目排练时总是凑不齐人。一个文艺团队中的人员有的上白班、有的上晚班;有的上早班、有的上中班、有的上夜班。所以,人不齐是常态,致使企业只能选择开展一些人员需求较少的独唱、小品等节目。这些节目形式单调、创新性不足、可观性不强、吸引力不大,久而久之,容易形成恶性循环;例如,排练、演出的计划很容易受到生产安排的影响。当订单员工突然接到不得不加班的通知时,原定的排练、演出只能无限期的推迟。前期企业"文化教员"的精心付出往往得不到展现,时间长了、次数多了以后,企业"文化教员"的积极性也受到打击。

4. 兼职带来的专业性不强

非国有企业的岗位安排非常紧凑,按照"工会法"和其他法律法规要求设置的一些岗位都是以兼职为主,更不会设置专门的文化活动岗位。因此,所有企业的文化教员都是以兼职为主,兼职人员的工作也是五花八门。调查中,课题组发现,有的是企业综合办公室(副)主任兼任;有的是人事部门分管领导兼任;还有的是有兴趣、积极性高的员工自荐担任。企业"文化教员"是兼职,固然是现实情况下的一种理性选择,但也带来专业性不强的问题,一些企业"文化教员"自身也没有太大的文艺特长。尽管文化站会持续地培训,但由于先天的基础,经过临时培训后,少数企业"文化教员"的文艺特长和文化活动组织、策划能力并没有得到明显的提高。加上其自身本职工作也格外繁重,致使其对文化活动投入的时间和精力都非常有限。

(五)加快推进"文化三员"建设的建议

1. 进一步明确企业"文化教员"的职责

调查发现,当前企业"文化教员""教化"的职能被弱化,而且由于各方面的原因,也不可能要求企业在招聘人才时将文艺特长作为一个先决的条件。因此,在暂时保留企业"文化教员"这个名称时,明确文化教员的岗位职责为:主要起到承上启下的作用,传达并督促集团总公司或文化等有关部门对于基层文化建设的具体要求,及时将广大员工对于文化建设中的看法和诉求收集、汇总、反馈,起到回流促进作用。具有文艺特长的企业"文化教员"还可以起到基层文化工作者指导员的作用,把各基层文化工作者的优秀工作经验进行共享与传承,形成企业的优秀文化因子。

鼓励高度重视、条件具备的企业设立"文化专员"岗位。"文化专员"岗位自然平移到文化部门认定的企业"文化教员"。课题组在"前程无忧"网站以"文化专员""(岗位)+上海"(招聘地点)进行检索,最终发现,仅7月份,上海就发布了有关"文化专员"80余条的招聘信息,这些企业以网络科技、信息技术、现代金融、新媒体、现代服务业等现代企业为主。尽管不同公司"文化专员"的岗位职责不尽相同,但组织策划各类企业文化员工参与活动,建立各种文化传播渠道,收集整理企业文化活动档案、照片、视频等成为比较共性的职责。这为我们明确企业"文化教员"的职责提供了借鉴。

2. 设置有效的企业"文化教员"建设载体

当前的企业"文化教员"是文化部门主推的,建设主体是文化部门,企业积极参与。与"文化下派员""文化专职管理员"的建设机制不一样,企业"文化教员"的主导方毫无疑问应该是企业。因此,需要研究企业"文化教员"的建设载体。日本企业对公共文化事业的支持,起初主要以企业名义对某一公共文化活动进行冠名演出作为主要形式,随后通过"艺术文化振兴基金"进行捐款,最后逐步发展到企业直接建立自身的文化设施并将自己的场地、设备等无偿提供给艺术文化团体活动等外部方使用①。海盐县百步镇通过政企联动在企业设立文化活动空间,与日本企业支持文化建设的做法有点相似。建议文化部门按照文化馆总分馆制建设的要求,在企业设立文化馆企业分馆,作为企业"文化教员"建设的载体。

---

① 程永明. 日本企业对公共文化事业的支持措施[J]. 东北亚学刊, 2014 (04): 7-9.

第六章

业余文艺团队建设机制与管理创新

习近平总书记在文艺工作座谈会上的讲话，深刻阐述和科学回答了在新的历史条件下，如何繁荣发展社会主义文艺的一系列重大问题。坚持以人民为中心的文化导向，从本质上讲，就是办好人民的文艺，实现文艺服务人民。公共文化建设的使命和落脚点是要保障人民基本文化权益。为了凸显人民群众的主体地位，激发市民群众的参与热情，应该大力发展群众业余文化，通过民众自演等形式，丰富群众文化生活、丰富百姓文化。这样才能吸引更多市民参与文化活动，催生更多优秀群文作品和演出，使公共文化更有特色。

《关于全面深化改革若干重大问题的决定》指出，要"以激发全民族文化创造活力为中心环节"。基层群众业余文艺团队以其群众基础的广泛性、文化传承的自觉性、文化创造的原生性、文化传递的普遍性及文化享有的便利性，成为文化活动创造力的重要源泉，受到广大人民群众，特别是基层普通群众的青睐，成为广大人民群众丰富和满足日常精神文化生活的一个重要支点，也成为推进公共文化服务标准化、均等化的有效载体。《关于加快构建现代公共文化服务体系的意见》明确要求，"鼓励群众自办文化，支持成立各类群众文化团队"。群众业余文艺团体既是文化团体的重要环节，也是民间社会力量的重要组成部分，积极引导、扶持和壮大业余文艺团体，是落实文化体制改革的重要抓手。

一、群众业余文艺团队的价值与作用

群众业余文艺团队建设作为繁荣基层公共文化的重要抓手，使广大群众转变为文化的参与者和创造者，满足了广大人民群众的基本文化权益。

（一）加强和谐社会建设的重要力量

业余文艺团队成员来自社会各行各业，团队成员往往集组织者、策划者、

表演者，甚至欣赏者于一身，与群众有天然的亲切感、熟悉感，容易在观众中形成心灵的共鸣。团队的运行与管理，也是协调群体内部相互间的利益关系、表达成员群体意愿、维护成员群体权益的过程。由于一些团员骨干联系面较广，也为群众文化活动提供了许多社会化发展渠道。例如，公共文化部门与企业联办的活动，台上合作，台下交流，成为各单位、团体之间的友情黏合剂，为社会的整体和谐起到良好的推动作用。群众业余文艺团队宣传时事政治，弘扬民族文化道德和社会主义核心价值观，能够有效地感化、教育群众，影响群众思想观念的转变，倡导文明健康的生活方式，促进社会风尚的转变，增强干群关系和邻里感情。团队的凝聚力和向心力，从一个侧面增强了基层政权的影响力、凝聚力，促进社会的长治久安。

（二）群众享受文化权益的重要形式

群众业余文艺团队来自基层、扎根基层、服务基层，是应群众强烈的文化需要而生，是公共文化的基石，最能代表广大群众的文化需求、文化参与、文化创造和文化展示。搞好群众业余文艺团队建设是提高群众文化参与和创造热情的基础性工作，也是公共文化工作的重要环节。业余文艺团队吸纳了广大的干部、群众，不分其年龄大小、职务高低、品位雅俗，它的广泛性、自愿性、丰富性、灵活性等特点，很难有其他的群众性组织与之相匹配。一方面，群众是文化艺术的创造者和享受者，是公共文化的主体。群众中蕴藏着一大批有文艺特长的人才，除了欣赏、享受文化娱乐，更有参与文化、创造文化和施展个人才华的强烈愿望，群众业余文艺团队就为各种不同层次、不同爱好特长的群众提供展示自己的舞台，引导他们参加正当的、有益的娱乐益智活动，帮助其健康地消费闲暇时间；另一方面，群众业余文艺团队成为队员再学习的终身学校，让他们不断获取新知识、新技能、新信息，从而促进了市民素质、艺术素养提高和相关技能的掌握，使队员的素养和生活品质都得到相应的提升。

（三）基层群众文化生活的重要载体

群众业余文艺团队扎根基层，了解基层群众的需求层次，是城市社区群众文化活动的骨干力量，更是农村群众文化活动的生力军。团队成员来自广大群众之中，最了解基层群众的生活疾苦和文化需求，他们创作、表演的文艺节目更有生活底蕴，更能反映群众的心声。这些文艺节目既满足了自我参与文化的热情，又能满足群众的审美娱乐需求，同时通俗易懂又形象生动，在潜移默化和寓教于乐中获得更多的认可,引起群众的共鸣。群众业余文艺团队把群众喜闻乐见的文艺节目送到群众"家门口",巡回于乡村和社区之间,活跃在群众之中,让老百姓简易、便捷地享受快餐式、娱乐型的文化艺术,点燃了群众参与活动的热情,成为基层文化建设的重要载体,也是基层传播文化、繁荣文化和发展文化的重要力量。

(四)公共文化服务建设的重要组成

现代公共文化服务所面对的困难和挑战,一方面是政府的文化事业组织难以满足广大群众对美好生活向往的文化需求;另一方面来自群众性文化多元化发展所产生的文化需求不能满足于过去比较单一的文化生活。显然,单靠行政组织或文化事业部门的努力,是很难满足这些越来越复杂的公共文化需求。因此《中共中央关于全面深化改革若干重大问题的决定》提出:"鼓励社会力量、社会资本参与公共文化服务体系建设"。群众业余文艺团队参与公共文化建设,可以积极反映广大人民群众的文化愿望和要求,推动文化惠民项目与群众文化需求有效对接,使政府及时了解和掌握群众文化需求方向。同时,也可以充分利用群众业余文艺团队的自治性、权威性,根据广大群众的文化需求,运用民间力量聚集人才、筹措资金,兴办社会公益文化实体,满足人们日益增长的文化需求。

二、群众业余文艺团队建设现状调查:南湖区为例

(一)南湖区群众业余文艺团队建设的总体情况

南湖区作为嘉兴市的主城区,既是中国共产党的诞生地,又是距今七千多年历史的马家浜文化发祥地,素有"鱼米之乡、文化之邦"和革命圣地的美誉。全区面积426平方千米,总人口68万。近年来,南湖区以强化公共文化服务为重点,保障文化健康和谐发展,进一步活跃和丰富群众精神文化生活,积极探索群众业余文艺团队建设机制,以群众业余文艺团队建设为载体和手段,把文化"种"在基层,着力推进重点文化惠民工程,促进基本公共文化服务均等化,构建起覆盖城乡、全民共享的公共文化服务体系。

由于组织健全、协调得力、联络广泛、工作深入、服务到位,南湖区群众业余文艺团队活动连年不断,好戏连台,精品迭出。经过几年的探索和实践,南湖区群众业余文艺团队的管理模式和活动方式已初步实现了由松散式、封闭

型向集约型、创新型、开放型、服务型的转变。据统计，南湖区注册登记的群众业余文艺团队有623支，成员总数15521人，全年开展各类文艺活动44734次。团队覆盖美术、曲艺、摄影、书法、文学、舞蹈、戏剧、音乐等各类类别，实现了村、社区全覆盖。

（二）南湖区群众业余文艺团队建设的主要措施

1. 创新管理机制，保障群众业余文艺团队发展

南湖区高度重视群众业余文艺团队建设，从政策、资金等方面创新管理体制，积极支持群众业余文艺团队建设。

一是建立政策促进机制（表6-1）。南湖区委、区政府发布了《关于推动文化大发展大繁荣的实施意见》《关于加快推进文化强区建设的实施意见》等一系列重要文件，既明确了南湖区文化建设的指导思想、总体目标、主要任务，也明确了发展壮大群众业余文艺团队的建设任务。区文化主管部门先后制定《南湖区合唱团队星级考评管理办法》《南湖区群众文艺团队星级考评管理办法》等文件，直接规范管理群众业余文艺团队建设。《南湖区农村文化礼堂建设奖补办法（试行）》《关于加强全区宣传文化队伍建设的实施意见》等专项文件中也将群众业余文艺团队建设列为重要内容。

表6-1 南湖区近几年涉及群众业余文艺团队建设的政策文件

序号	文件名称	发文号	发文时间
1	关于印发《南湖区合唱团队星级考评管理办法》的通知	嘉南宣〔2014〕45号	2014年10月
2	关于印发《南湖区群众文艺团队星级考评管理办法》的通知	嘉南宣〔2014〕46号	2014年10月
3	关于印发《南湖区农村文化礼堂建设奖补办法（试行）》的通知	嘉南宣通〔2014〕9号	2014年10月
4	关于落实村（社区）文化专职管理员制度的实施意见	南教文体〔2013〕227号	2013年10月
5	关于推动文化大发展大繁荣的实施意见	南委〔2009〕28号	2009年5月
6	关于加强全区宣传文化队伍建设的实施意见	南委〔2011〕31号	2011年6月

续表

序号	文件名称	发文号	发文时间
7	关于加快推进文化强区建设的实施意见	南委〔2012〕36号	2012年5月
8	关于南湖区村级文化礼堂建设的实施意见	南委办发〔2013〕75号	2013年9月
9	关于加快推进创建国家公共文化服务体系示范区重点项目的通知	南文创办〔2014〕4号	2014年4月
10	关于下发《南湖区文化精品扶持与奖励实施细则》的通知	南文建〔2014〕3号	2014年10月
11	关于下发《嘉兴市南湖区文学艺术成果奖评选奖励办法》的通知	南文建〔2014〕4号	2014年10月
12	关于印发南湖区创建国家公共文化服务体系示范区工作方案的通知	南政办发〔2014〕46号	2014年4月

二是建立稳定的资金投入机制。南湖区财政在原有文化发展资金、农村文化建设专项资金以及文化产品创作扶持资金等保障基数的基础上，每年递增100万，并将文化产业收益中的5%-10%用于支持文化事业，重点用于基层文化设施和群众文艺团队建设、文化活动开展、文化设施内涵提升等领域，为区内文化"再上一层"提供了坚实的基础。除区财政直接投入外，南湖区支持、引导和规范非公有资本投资文化事业非营利性领域，对民营文化企业从事公益性文化活动给予资助；鼓励社会力量捐赠文化事业，制定落实企业公益性捐赠支出的税收优惠政策，引导社会资本进入公共文化服务和群众业余文艺团队建设。

2. 创新奖励举措，建立群众业余文艺团队建设的保障机制

在业余文艺团队的数量不断增加的同时，还要注意团队艺术质量水平也亟须提升。南湖区积极创新管理举措，进一步规范全区基层群众合唱团队和群众业余文艺团队的管理，鼓励和支持区基层文艺团队的健康发展，充分发挥群众文艺团队在公共文化服务体系中的积极作用，不断提高表演水平与服务能力，切实满足广大群众日益增长的精神文化需求。

一是出台团队建设实施办法，实现以奖代补，重点补助建设水平高、开展活动多的团队。南湖区委宣传部和南湖区文化行政主管部门先后出台了《南湖

区合唱团队星级考评管理办法（试行）》和《南湖区群众文艺团队星级考评管理办法（试行）》，规定每个达到规定人数的合唱团队和群众文艺团队，只要每年坚持活动达到一定数量、获奖情况达到一定级别，都可申报星级团队。对评上三星、四星、五星的合唱团队分别给予1万、2万、3万奖励；对于评上三星、四星、五星的群众文艺团队分别给予5000元、8000元、10000元的奖励。另外，还出台了对舞台搭建和演出场次的补助政策，给予每个镇街道3万-5万元不等的舞台搭建补助。文化部门还加大了对团队的日常经费补助，主要有新建补助、活动补助、设施补助、项目补助等方式。对群众文艺团队组织开展的活动和购买音响、乐器、道具等实行50%的补助，对一些传统优秀项目进行专项补助等。

二是转变政府职能，通过购买服务，支持群众业余文艺团队发展。南湖区印发《关于加快推进政府向社会力量购买服务的实施意见（试行）》，明确将政府举办的公益性文艺演出、政府组织的文化交流合作与推广、政府组织的群众性文化活动的组织与实施等列入购买服务指导性目录。2014年，南湖区在"送欢乐·下基层"等系列群众文化活动中，通过政府采购的方式，使一大批群众业余文艺团队走上了演出舞台，既增加了演出场次，又获得了一定的资金补助。

3. 建设文化小广场，构建群众业余文艺团队的活动阵地

缺乏活动阵地成为制约群众业余文艺团队发展的主要因素之一。2012年，南湖区在全面排摸和充分调研的基础上，在全区范围内首先建设完成50个文化小广场，免费为50支较大规模的业余文艺团队配备了广场小音箱和音乐光盘。此举深受百姓喜爱，被区政府纳入当年度政府实事工程并取得了意想不到的效果。2013年，应群众要求，南湖区又建设了130个文化小广场，两年共计建设文化小广场180个。这些小广场一般都位于人流量相对集中的区域，平时经常开展相应的文体活动，活动团队人员相对比较固定，有专门的文化志愿者担任负责人。

为规范文化小广场建设和日常管理，在广泛征求意见基础上，南湖区先后出台《南湖区文化小广场建设实施方案》和《南湖区文化小广场日常管理制度（试行）》，与群众业余文艺团队签订南湖区文化小广场及音响设备管理使用协议，下发南湖区文化小广场音响设备使用情况记载本，开展了音响操作使用培训，确保设施设备做到专人保管、专人负责。同时，南湖区积极开展排舞、戏

曲、舞蹈等培训，活跃群众文化生活。180个文化小广场充分点燃了南湖百姓的文化热情，成为提高全区基层群众文化生活的有效载体。

4. 注重普及提高，以比赛壮大特色团队和精品团队

南湖区在群众业余文艺团队建设中，注重培育特色团队和精品团队。近几年，南湖区以合唱作为南湖区歌城培育品牌，将合唱团队作为区内特色团队进行培育。在区委、区政府的高度重视和支持下，全区各部门通力合作，全力打造合唱团队，大力发展合唱事业。目前全区已发展合唱团队150余支，吸引了上万名歌唱爱好者参与。全区通过建百支歌队、办百场演出、结百个对子等形式大力普及合唱艺术，做到了年年有大赛、季季有比赛、月月有活动、周周有排练，营造"禾城无处不飞歌"的浓厚氛围。为加强合唱团队的管理，有序开展群众性合唱活动，2004年南湖区成立了合唱协会。在合唱协会，群众合唱氛围浓厚，合唱水平日益提高。近几年来，南湖区的合唱团队在国际、国内各类比赛中屡屡获奖，嘉兴秀城实验教育集团"水囡囡"合唱团获2006年香港国际青少年合唱节银奖；南湖区机关合唱团获2008第三届（中国东州杯）世界汉语合唱大会金奖；南湖合唱团获2010"永远的辉煌"第十二届中国老年合唱节金奖；南湖区"师韵"合唱团获2012第二届全国教师合唱节金奖等。

5. 搭建文化大舞台，构建群众业余文艺团队成果展示平台

为挖掘草根明星，培育特色文艺团队，给广大基层业余文艺团队和文化爱好者提供一个能够充分展示艺术才能的舞台，2013年，南湖区在全区范围内推出了"幸福南湖·365天天欢乐大舞台"群众文化演出活动，演出时间安排贯穿全年。南湖区要求各镇（街道）在室外广场搭建适合文化活动演出的大舞台。活动形式采用各镇（街道）自行安排的"自演场""展演场"和区文化馆安排的"文化有约"场相结合的方式，其中镇"自演场"不少于全年总任务数的60%，街道"自演场"不少于全年总任务数的70%。"自演场"主要指各镇（街道）自行组织的具有本镇（街道）特色的文艺演出；"展演场"为各镇（街道）具有特色的文艺节目和兄弟镇（街道）以"文化走亲"方式选送的文艺节目相结合进行的展演；"文化有约"场为区文化馆将各镇（街道）在自演和展演中涌现出来的优秀节目以"节目拼盘"的形式在镇（街道）进行巡演。各镇（街道）在开展群众演出活动的基础上，推荐优秀文艺节目参加区文化馆"文化有约"专场展演活动，包括参加嘉兴市乡村文化艺术周、嘉兴市"社区之声"文艺调演、区级巡演、区文化馆"送欢乐下基层"等各类活动及比赛，为优秀

节目提供展示平台。活动推出后，受到全区11个镇（街道）的热烈欢迎和积极响应。由于深受百姓欢迎，有的镇（街道）搭建了多个舞台。2013年，全区11个镇（街道）共搭建欢乐大舞台达到18个，累计演出385场，受益观众达60多万人次，成为全区群众喜爱的、全民参与的文化品牌。

（三）南湖区群众业余文艺团队建设的主要成效

1. 有效整合了基层文化活动资源

一是通过打造"小广场 大舞台"群众文化新平台，各镇（街道）有效地整合了各类文化资源。同时，大量的群众自创节目在"大舞台"上涌现，使"365欢乐大舞台"成为区域文化资源集聚的有效载体，为当地开展小型文化活动提供了有利条件，也为"365欢乐大舞台"可持续发展创造了有利条件。

二是通过开展"365天天欢乐大舞台"群众文化活动，区文化馆和镇（街道）综合文化站文化资源有效整合，冲破了原有文化资源的城乡分割、区域分割、专业分割的弊病。各镇（街道）及文化馆分别结合"双百双千双万"和"送欢乐下基层"活动，充分利用春节、元宵、端午等节假日和双休日等时机，以"365天天欢乐大舞台"的形式深入开展群众性文化活动，全年演出场次超出原先预计的365场，参与演员和观众达60余万人。通过系列文化活动实现了"月月有活动、周周有演出、天天有戏看"，形成了"城乡联动、区域互动和全区齐动"的文化工作新局面，走出了一条"小成本，唱大戏"的繁荣城乡文化新路子。

2. 切实提高了群众文艺团队水平

通过在"365欢乐大舞台"表演，文艺人才和文化队伍不断被发现，群众文艺团队在区、镇（街道）两级专业人员的指点和辅导下水平不断提高，成长为引领一方文化活动的中坚力量。全区600多支业余群众文艺团队以"小广场 大舞台"为平台，业务水平有效提升，一些群众喜闻乐见，丰富多彩的文化活动形式被充分挖掘和利用，优秀作品不断涌现。如七星镇罗庵女子舞龙队、新嘉街道栅堰社区合唱团被评为"嘉兴市优秀民间文艺队伍"。同时，通过"365欢乐大舞台"涌现出来的许多新创文艺作品在国家、省、市各类比赛中屡获佳绩。如新嘉街道北京路社区的锦雯舞蹈队的《新嘉爱·月河情》在全国健身舞大赛暨第十届全国健身交谊舞锦标赛中喜获一等奖；新丰镇男声组合《酒干倘卖无》和大桥镇的男女声二重唱《相亲相爱》喜获嘉兴市第七届乡村艺术周农民歌手组唱比赛金奖、银奖；南湖区东栅街道云东社区的《比格吉米，英雄，妈妈咪呀》喜获第十一届嘉兴市"社区之声"文艺调演排舞大赛金奖。

3. 切实唤醒了基层群众主体意识

"小广场 大舞台"的活动组织形式打破了原来既是"政府搭台"又是"政府唱戏"的局面，群众成为文化主角，切实尊重和维护人民群众在文化中的主体地位，进一步激发了群众参与文化建设的积极性、主动性和创造性，形成了"政府搭台、群众唱戏"的基层文化生活新格局。现在，在全区180个文化小广场和各镇（街道）搭建的18个固定舞台开展的文化活动有声有色，如火如荼，有效缓解基层文化供需矛盾，"小广场 大舞台"的活动主体是普通百姓，根据"自愿、自荐、自演、同乐"的原则聚集到一起，基层百姓通过"小广场 大舞台"文化活动平台，实现"天天跳，天天乐"。

4. 有效提供公共文化服务平台

"小广场 大舞台"群众文化服务平台的活动举办可大可小、可分可合，同时，又可以与其他文化阵地互动，有效地推进了基层文化的软件建设，真正实现了基层文化工作"城乡一起动、街镇都在动、社村有行动、常年有活动"，使活动平台变得更加多样与得到普及，对促进基层文化的发展与提高，展示基层文化的成果与风采，都起到了十分积极的推动作用。

三、南湖区群众业余文艺团队建设存在的主要困境

课题组对南湖区群众业余文艺团队建设情况进行了问卷调查和深度访谈。问卷调查发放问卷80份，收回57份问卷，代表了57个群众业余文艺团队的基本情况。深度访谈是定性研究常用的一种方法，通常由访问人员根据研究人员预先拟好的访问提纲进行，访问时间在45~90分钟，经过受访对象许可后录音，并最终整理成书面文字资料。本次研究深度访谈5人，均为群众业余文艺团队负责人。经过对问卷和深度访谈结果的分析，研究发现，南湖区群众业余文艺团队建设还存在以下困境：

（一）团队建设的整体水平与现代公共文化服务体系建设的需要还有差距

尽管南湖区群众业余文艺团队建设取得了一定的成绩，但立足于"构建现代公共文化服务体系"的高度，南湖区群众业余文艺团队建设的整体水平还有

待于进一步提高。

一是团队规模偏小。所调查的57个团队中，共有固定成员1562人，平均规模为27人（计算时四舍五入取整，下同）。非固定成员729人，平均规模为13人。按照这个规模，只能开展一些小规模的演出活动，开展规模较大的文艺活动则是力不从心。

二是团队成员年龄偏大，女性较多。调查显示，35周岁以下、36~45周岁、46~65周岁和65岁以上的成员分别为130、284、822和326人，所占比例依次为8%、18%、53%、21%（图6-1）；45岁以上的成员合计比例73.5%，由此可见，团队成员年龄整体偏大。团队成员中女性居多，调查的57个团队中，男性仅为289人，所占比例为19%（图6-2），男女比例超过1∶4。

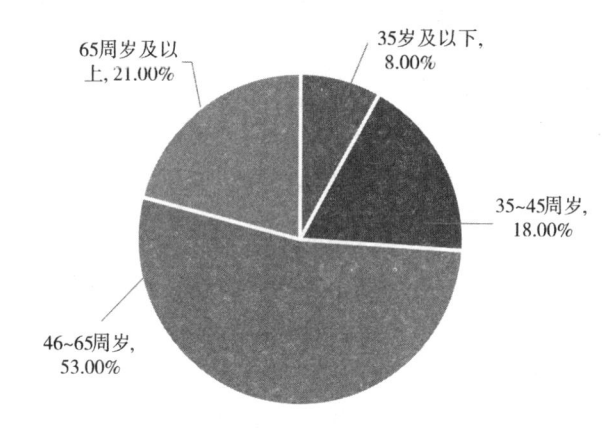

图6-1 团队成员年龄结构对照图

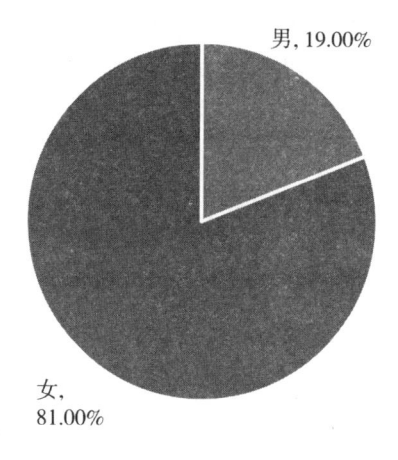

图6-2 团队成员性别比例对照图

三是团队整体素质有待提高。以文化程度为例，团队成员中拥有大学本科和大专以上学历的，分别为104和360人，累计比例仅为30%，也就意味着七成以上的人团队成员为高中及以下学历。进一步分析，其中初中学历所占比例最高，达到37%（图6-3）。专业证书和专业职称则体现了团队成员的专业程度。统计显示，有相关文艺专业证书和职称人员所占比例分别为1.22%、2.18%，合计比例仅为3.39%。团队成员学历不高、专业人员极少，意味着团队活动的创新力不强，文化活动的策划能力欠缺，只能开展一些传统形式上的文化活动，文化活动的思想性和观赏性都难以适应现代社会发展的需要。

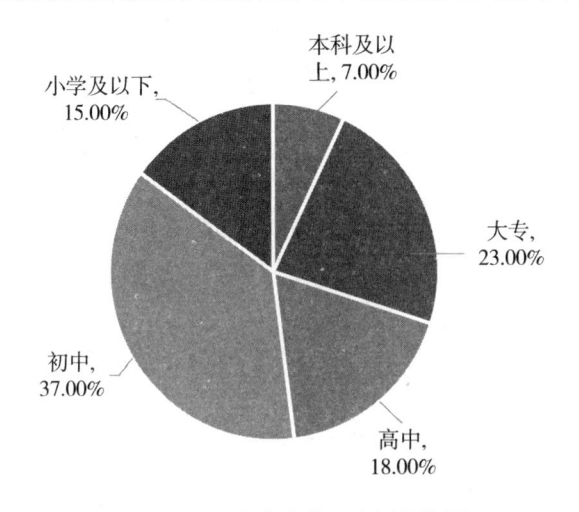

图6-3 团队成员学历比例结构图

（二）团队可持续发展的能力有待进一步提高

按照团队管理的理论，从团队领导者能力、团队生命力和团队组织化能力等三个维度考虑群众业余文艺团队的可持续发展能力。调查发现，南湖区群众业余文艺团队在这三个维度上都有很大的提高空间。

南湖区群众业余文艺团队领导者主要存在以下三个方面的问题：一是团队负责人年龄偏大。调查中，团队负责人平均年龄为56.84，大于60岁的为29人，占调查对象的50.87%，年龄最大者76岁，最小的也有30岁，而且年龄在35周岁以下的，都为村（社区）文化专职管理员，严格意义上讲，已经不属于"业余"。可见，真正的业余团队负责人年龄基本在50岁以上。随着年龄的增长，团队负责人年事已高，到时无论是管理团队还是参加团队活动，都会力不从心。如果没有合适的继任者，大部分团队都将面临"无人能管"的尴尬境地；二是团队负责人的学历不高。调查显示，团队负责人学历主体是高中及中专学历，大专及以上学历的所占比例为49%（图6-4）。团队负责人的学历难以适应现代公共文化服务体系建设的需要。三是团队负责人管理能力有待提高。调查显示，大部分团队负责人成为团队负责人的主要原因是对活动的热心（47.37%）和有一定的人缘（36.84%），这也使团队负责人积极性和热情度很高，但由于其管理能力和组织能力欠缺，团队管理比较松散。

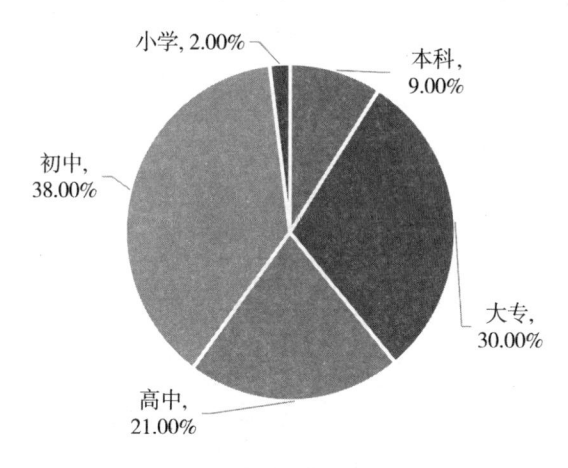

图6-4　团队负责人学历比例结构图

从团队年龄和经费保障两个方面分析团队的生命力。在所调查的57个团队中，团队平均生存年龄仅为7年。生存年龄最高的为31年，是成立于1984年的新丰书画社；年龄最短的仅为1年，是成立于2014年7月的东栅街道中港社区舞蹈队。进一步分析，生存年龄小于等于5年的团队为27支，占全部团队数量的比例为47.37%，也就意味着接近一半的团队是最近5年才成立。生存年龄越短的团队，意味着其成熟度不高，生存的概率较小，解散的可能性越高。

同时，团队自我"造血"能力严重不足。以团队活动经费来源为例，除了极少部分活动经费由政府补助外，所有团队的活动经费几乎都靠自我筹集，但自我筹集的资金极为有限，方式单一。统计显示，60%的团队年筹集的经费在3000元以下（图6-5），70.18%的团队经费筹集方式主要是团队成员内部"众筹"（图6-6），能通过商业演出和企业赞助获得一定收入的仅有8家，占比为14.15%。显然，光靠政府有限的经费补助和成员内部基于爱好的"捐赠"式筹款，难以支撑团队建设的长久发展。

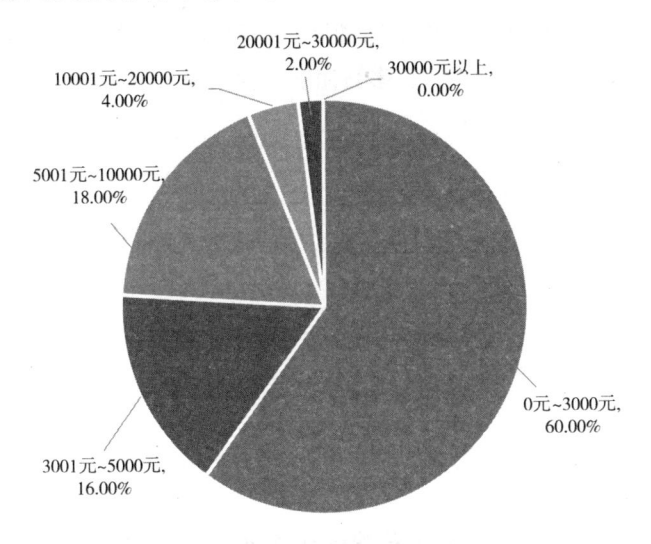

图 6-5　团队自我筹集经费比例结构图

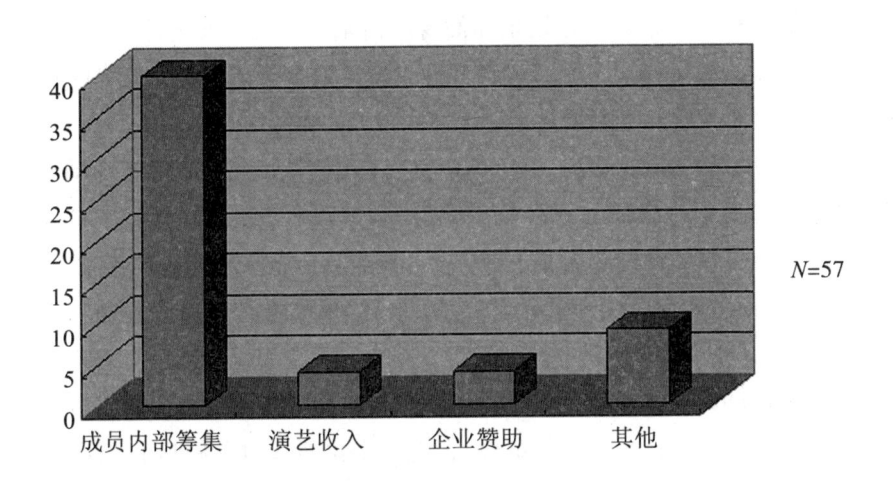

图 6-6　团队自我筹集经费来源方式图

团队组织化能力明显偏弱，难以适应团队规范化建设的需要。分析团队的组织管理体系，有固定组织结构和明确分工的比例为14%；有一定管理体系和分工的比例为12%；无组织体系和分工的为74%（图6-7）。可见，七成以上的文艺团队内部没有明确的职责分工，也没有清晰的组织机构。进一步分析有固定组织结构和明确分工的8个团队，其所谓分工，也仅仅是有固定的团长、副团长；极个别团队有财务和总教练。几乎没有团队设置团队正规化建设和开展文体活动所需要的外联、策划等部门和岗位。访谈中，没有一支团队提出建立或要建立团队章程。总体上看，大多数团队呈现出松散型的状态。

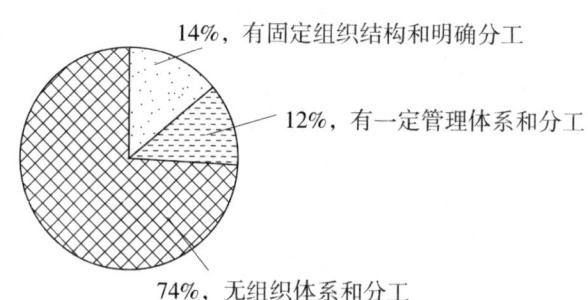

图 6-7 团队组织体系情况比例结构图

（14%，有固定组织结构和明确分工；12%，有一定管理体系和分工；74%，无组织体系和分工）

（三）团队文化活动的数量和质量还存在极大的提升空间

经过近几年的发展，南湖区基本实现了群众业余文艺团队全覆盖，在一定程度上满足了群众日常对文化娱乐和健身的需求。但大多文艺团队成"散兵"状，小打小闹，团队档次不高，活动开展单调，没有形成规模，艺术的总体质量还停留在较低水平，尤其缺乏富有个性和特色的团队。

一是活动的数量有待增加。接受调查的 57 个团队，年平均开展活动 25 次，折算为全年平均 2 周开展一次活动，活动的频率明显不高。在活动数量不足的同时，各团队开展活动次数还非常不均衡。调查显示，年开展活动超过 40 次的团队有 16 支，占比为 28%，但年活动次数不足 10 次的也有 14 支队伍，占比为 25%，两者比例几乎相当（图 6-8）。

二是团队的辐射力有限。调查显示，群众业余文艺团队开展文化活动的主要地域范围局限于本社区（村、单位），能够走出所在村（社区）到本镇（街道）其他地方开展活动的比例为 80.71%；能够走出本镇（街道）到其他镇（街道）开展活动的仅为 47.37%，能够到县城开展活动的比例为 33.33%；能够走出本县到其他县开展文化交流的仅为 14.04%；到嘉兴市区开展文化活动的仅为 7.02%。作为嘉兴主城区，南湖区的文艺团队也难以辐射到市区。不难发现，大多数文艺团队的活动还局限于本地，团队的知名度和影响力都十分有限。

三是文艺活动的质量有待提高。调查显示，由于团队负责人文化素质偏低，艺术活动组织能力不强，成员大多是基层群众，没接受过正规的艺术教育，导

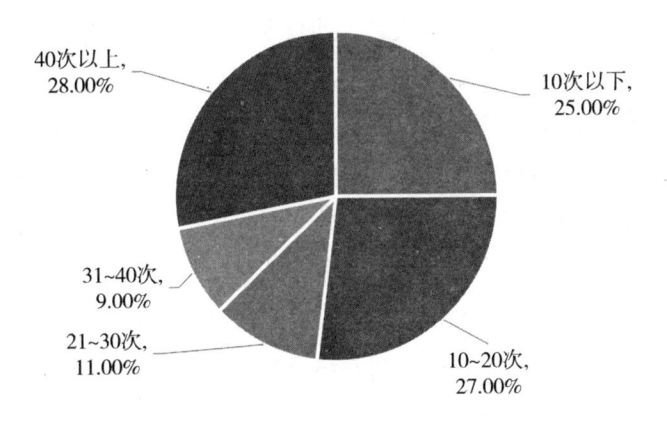

图 6-8　团队年均开展活动次数比例结构图

致节目只能生搬硬套"死模仿",演出的内容老套路多,再创新少;传统的剧目多,新创的剧目少,致使演出节目的思想性与观赏性都不够强。除了个别团队外,大多数团队都难以形成品牌团队。

(四)服务与管理关系处理有难度,管理力量缺乏

南湖区文化馆、镇(街道)综合文化站作为公共文化服务机构,承担着为群众业余文艺团队提供服务的重要职能。其一,群众文艺团队作为群众自发性的组织,随意性比较强,有些时候存在难以组织、管理的现象,降低了服务效率。其二,文化馆、文化站专业干部人员不足,文化站工作人员专干不专职,又同时从事镇(街道)政府其他的行政事务,难以全力开展文化业务工作。其三,群众业余文艺团队的活动时间主要集中在晚上和周末,这恰恰又是管理和服务的"真空"时间。上述因素导致对团队的日常管理、服务指导力量不强,难以满足日益壮大的群众业余文艺团队的发展需求,这已成为制约群众业余文艺团队发展的一大障碍。

四、创新群众业余文艺团队建设机制的原则

(一)基本原则

1. 以人为本、服务至上、科学发展的原则

在开展群众业余文艺团队建设中要贯彻以人为本的原则。要尊重人民群众的文化权益,一切以人民群众的需求为依归;要为一切人提供亲民、便民、利

民、悦民的文化服务，包括流动人口、外籍人士，尤其要关注弱势人群；要把提高人民的文化生活质量，提升人的全面发展素质，作为发展群众文化的根本任务；要以群众喜欢不喜欢、参与不参与、满意不满意作为评价群众业余文艺团队建设机制探索与实践成效的第一标准。

2. 政府主导、社会参与、创新机制的原则

群众业余文艺团队建设是公共文化事业的重要部分。面向社会为公众提供公益性文化产品和服务，保护和实现人民群众的基本文化权益，是社会主义制度优越性的重要体现。各级政府要满腔热情扶持，强有力的推动，加大公共财政的投入，把握先进文化的发展方向。同时，应当充分调动并依靠全社会各群体和广大民众的积极性。要重视群众文化活动的自主性，培育和提高群众自主运行的能力，体现"群众文化群众办"，形成政府、集体、个人共同承办群众文化的社会化运作机制。

3. 建大文化、立大格局、共建共享的原则

群众文化的内涵和外延十分深刻，十分广泛。在实践中，群众业余文艺团队建设要从唱唱跳跳的"小文化"概念，向融科教文卫体于一炉的"大文化"转变，群众从"观赏者"向"参与者"转变，运作方式从"条块分割"向"共建共享"转变。形成建设主体多元化、参与群众普及化、文化形式多样化、活动内容知识化、信息传输网络化、运作方式社会化的群众业余文艺团队建设机制，推动公共文化形成全方位、多层次、立体式的大文化、新格局。

4. 继承借鉴、兼收并蓄、改革创新的原则

在推进群众业余文艺团队建设的进程中，既要充分挖掘和弘扬优秀的传统文化，继承和利用其长期的文化积淀；也要消化和吸收外来文化，借鉴国内外文化发展的先进技术和经验，兼收并蓄，去腐存精；更要不断创新，发展符合历史潮流、反映时代精神、代表先进方向、体现人民群众根本利益的现代群众文艺团队，使公共文化体现历史和现代交融，展现海纳百川的景象，让人民群众享受到最优秀、最精美的群众文化成果。

（二）建设理念

1. 以人为本

习近平总书记在各种场合多次强调文艺创作和文化活动要以人为本。和谐文化是以人为本的文化，以人为本是我们党的执政理念和要求。业余文艺团队

通过开展各种文化活动，吸引各方面的人员参与其中，并通过活动交流，达成互相协作与配合的默契，有利于互相了解、互相沟通，互帮互助，和睦邻里关系，提高群众的归属感和认同感，大大增强群众的凝聚力。

2. 和谐共鸣

群众业余文艺团队的发展反对单一的声音、单一的性格、单一的样式，要求多样化的统一，要求文化的不断创新与发展、完善，寻求"八音齐鸣"的效果，寻求百花齐放、万紫千红的文化景观。所以，在发展业余文艺团队的过程中，应该鼓励各种风格、各种流派、各种样式的活动项目，艺术类别、参与群体的出现和参与，并要根据其自身的特点加以健康引导。

3. 团队合作

一个群体也好，一个团队也好，要想事业成功或持续稳定地发展，都必须要有团队合作精神与以人为本的和谐理念来支撑。群众业余文艺团队的人才队伍是由参与业余文艺团队的专业干部、公营和民营文化团体，以及群众业余文艺团队的普通参与者、管理者和辅助人员组成的业余文艺团队的人才体系。一个完整的业余文艺团队的人才体系，不仅包括参与其中的各种文化人才，更重要的是要建设一套吸引人才、帮助人才创出成果，实现权益的良好的人才制度与理念，为人才的发展创造良好的环境，这样才能使和谐的理念真正地为业余文艺团队的发展起到支撑作用。

4. 公众参与

当前人们的生产、生活、思想、行为方式多姿多彩，生活方式的多样化带来了文化需求的多样化。业余文艺团队在建设过程中，会有不同的文艺爱好者参与其中，且每个人的生活理念、价值观念都各不相同。所以，群众业余文艺团队的发展既要体现"公共"的和谐理念，更要给参与者灌输和睦相处的思想意识，特别要继承和弘扬农村传统民间文化"和为贵""和为美"的理念和具有强烈的民族特色、民间特色、地域特色以及亲和力、凝聚力的特征，增强业余文艺团队的渗透力、感染力和吸引力。

五、群众业余文艺团队建设与管理的"六化"模式研究

在全面分析南湖区群众业余文艺团队的发展现状后，立足于"构建现代公共文化服务体系"的高度，为圆满达成嘉兴市"全面建成现代公共文化服务体系"的目标，建议南湖区实施"团队管理两网化、团队发展标准化、活动阵地平台化、扶持保障多元化、人员培训体系化、文化活动品牌化"的业余团队建设机制与管理模式。

（一）团队管理"两网"化

所谓团队管理"两网"化，即网络化和网格化。网络化是指充分利用互联网技术，开发南湖区群众业余文艺团队管理信息平台（或者利用相关管理信息系统中的管理模块）和手机 App，提升群众业余文艺团队管理的信息化水平。网格化就是把全区所有村（社区）按照一定标准划分为若干个"文化网格"，每个"文化网格"下辖若干个群众业余文艺团队，每个"文化网格"设置"两员"：文化辅导员（由区文化馆、镇（街道）文化站担任）和"团队联络员"（由文化志愿者担任）。

团队管理网络化首先要建立群众业余文艺团队管理信息平台，该平台要对全区群众性自发文艺团队进行分类整理、登记造册、建档，将成员构成、组织形式、经费来源、活动方式、活动内容、活动区域等情况全面纳入数据平台，依靠该系统，各级文化行政主管部门和文化馆（分馆、站、支馆）等可以随时随地地掌握全区群众自发文艺团队的"家底"。业余文艺团队的负责人可以依靠该系统，将团队的成员变动、活动开展、活动记录、演出照片等情况随时上报，避免了传统模式下依靠年度层层报送信息、做台账的弊端。

团队管理网格化是指巩固和完善区、镇（街道）、村（社区）三级管理网络，将全区所有村（社区）按照一定标准划分为若干个"文化网格"，将全区所有群众业余文艺团队化进入相应的"文化网格"。"文化网格"将成为群众业余文艺团队管理的基层单元。每个"文化网格"设置"文化辅导员"和"文化联络员"各1名，文化辅导员由区文化馆、镇（街道）文化站（分馆）文化干部（文化下派员）担任，按照文化干部的专业、专长与文艺团队类型的匹配度等相关因素，合理选派人员。文化辅导员要定期深入团队活动场所了解情况、分类指导、协同管理、解决问题，特别是要加强对团队的专业培训和表演技能辅导，增强文艺团队的专业素质、活动组织能力和演出能力。文化联络员由政治素质强、群众基础好、艺术造诣高、热心公益事业的文化志愿者（或者网格中有代表性的文艺团队负责人）担任，负责网格中文艺团队与文化辅导员的联系沟通。通过"两员"，建立起文化管理部门和群众业余文艺团队制度化沟通的桥梁。

（二）团队发展标准化

全面落实《关于加快构建现代公共文化服务体系的意见》精神，制定南湖区群众业余文艺团队建设标准。

一是明确团队组建要求。按照《嘉兴市基本公共文化服务实施标准》（2015—2020年），明确要求各镇（街道）拥有相对稳定并经常开展活动的各类文体团队不少于6支；每个行政村（社区）建立经常性活动的群众文体团队不少于3支。对团队成员的数量、设备配置等制定标准。

二是实施团队分类管理。将全区文化团队分三类，即以品牌业余文化团队为代表的区级团队和协会，以镇（街道）或村（社区）自行组建成立的镇（街道）及村（社区）级团队，以在区级机关单位、学校、企业及商务楼宇中组建成立的其他团队，形成区、镇（街道）、村（社区）三级团队网络。

三是完善星级评估标准。星级评估建议分为四大评估指标：人员和设施配置、活动开展、群众满意度和附加项，将每个大项设置若干子项，并设置一些否决项和必备项，每个子项给予一定的分数。没有出现否决项且有相应必备项目的，达到一定标准分数的可评为相应的星级标准。评估中依托群众业余文艺团队管理信息平台，要求业余文艺团队做到"工作有计划、成员有登记、活动有记录、成效有展示"，检查评估时要"看档案资料、看活动场所、看争先成果、看创新品牌"。对于群众满意度项目要组织开展第三方满意度测评，听取群众和党员意见、听村（社区）组织评价。在星级评定的基础上，进一步开展优秀辅导员、优秀文化活动、优秀群众团队队员等单项奖励评选活动，调动群众业余文艺团队积极性。

四是鼓励群众业余文艺团队积极向社会组织发展。社会组织作为与政府公共组织和市场企业组织鼎足而立的第三部门，具有通过"以志愿求公益"来弥补政府缺陷和市场不足的一般功能。鼓励群众业余文艺团队积极向文化类社会组织发展，有利于群众业余文艺团队建设管理的规范化、正规化，也有利于群众业余文艺团队承接更多的公共文化服务职能；在国家大力发展社会组织的背景下，也有利于群众业余文艺团队获得更多的辅导和一定的场地、资金等扶持。因此，文化主管部门要和民政等部门积极沟通协调，取消、下放或者减低审批准入条件，为群众业余文艺团队转化为文化类社会组织提供便利。结合社会组织管理的要求，开展文化类社会组织星级评定。

(三) 活动阵地平台化

设立四大平台：团队活动平台、团队孵化平台、团队展示平台和团队交流平台。

团队活动平台要在继续深化推进"文化小广场"的基础上，积极优化广场用地和文化、体育活动设施布局，在旧城区改造和新城区建设时，按人口规模或服务半径以及有关要求配套建设选址适中、与地域条件协调、适合开展群众性文体活动的场地。做好室外广场适用电源、夜间照明等基础设施配套，合理配置文化活动设备器材；有条件的地方可为群众业余文艺团队免费提供移动音箱等设备。充分鼓励、整合有关部门、机关事业单位、企业、会所的场地、活动载体等资源，实现文化资源共享，共同为群众文艺团队的发展壮大创造条件。城乡商业广场、企事业单位等利用场地、边角空地为群众文化活动提供场地的，涉及水电等必要开支的，由区文化主管部门可给予一定的补助。积极探索多样化的设施建设项目管理方式。可以考虑由政府提供公共文化场地，引入社会资源参与管理，通过企业的渠道和平台带资源进来，开展免费或低收费文化服务。

团队孵化平台由南湖区文化馆和镇（街道）综合文化站（分馆）共同设立。其中，以区文化馆为孵化基地，文化站为孵化点，构成覆盖全区的孵化网络。孵化基地实行"从无到有、从有到强、以强带弱"的孵化原则对文艺团队进行培育和扶持。建议孵化基地主要提供以下服务：（1）提供办公场所，免收场地租赁费和水电费；免费提供公共会议室和培训、排练场地以及必要的后勤综合服务；提供一套办公台、办公椅、储物柜；（2）提供相关政策咨询、有关文艺演出、展览等文化资讯以及符合文艺团队培训、展示范围的服务信息；（3）推荐并协助申请政府及企事业单位购买团队服务项目；（4）为团队提供展示平台，推荐、协助团队人员参加有关展示及比赛活动；（5）协助策划、组织各项活动，为团队提供业务指导及培训，帮助邀请指导教师等个性化服务。按孵化团队不同阶段的发展需要进行分级管理和个性化服务。对文艺团队的孵化一般可设置3个阶段：孵化期、成熟期、品牌期。不同阶段对团队的扶持和培育方式又不一样：在孵化期，着重对团队的活动项目、活动组织、规范化管理进行培训；在成熟期着重于活动展示、交流、培训；在品牌期，着重于品牌锻造与推广。

团队展示平台在继续推广"文化大舞台"的基础上，举办年度星级群众文艺团队会演，搭建团队展示平台。同时努力挖掘、整合各种具有地方特色的农村文化资源，真正激发农村文化的内在驱动力，利用节日、节庆及农闲，组织村民开展以"农家乐"等为主题的文化娱乐活动，把业余文艺团队与乡村旅游、科技致富、特色展示、非物质文化遗产保护和传承、孵化新型文化业态有机结合起来，让文艺团队直接参与其中，以城乡节庆活动载体带动各种形式的群众性文化活动，使公共文化服务项目丰富多彩。

构建团队交流平台。积极开展"社区文化农家乐""农村文化社区行"等城乡文化双向交流活动，实施城乡共享和城乡文化大联动，让城里的文艺团体送节目下乡进村，把乡村文体团队请进城区演出，有效整合城乡文化资源，实现城乡互动、优势互补。在区级文化活动中，可以邀请各街道文艺团队参与；在街道级文化活动中，不仅可邀请本街道团队，还可以邀请其他街道的团队参与，拓宽群众欣赏视野。鼓励更多的业余文化团队参加区及市以上的文艺演展和比赛活动，对于参加区外高水平文化交流活动的群众业余文艺团队，给予一定的经费资助。通过多层面的文艺团队交流格局，使基层文化团队通过参加经常性的文化交流活动，不断提升团队自身的整体实力。

（四）扶持保障多元化

确保对群众业余文艺团队建设的财政投入。设立扶持群众业余文艺团队建设专项资金，建立专项资金透明公示管理体制，统筹安排资金的使用，确保资金使用效果。各级财政要对其日常工作经费及事业发展的经费给予必要保障，团队相应所在的村（社区）、镇（街道）和区各级政府部门每年应给予必要的资金投入。

建立对群众业余文艺团队建设的多元投入机制。鼓励社会对公益文化事业的捐赠和其他形式的投入，由过去的政府单一行为转变为社会多方面参与的社会行为，建立起政府主导的多元化文化建设投入稳步增长机制。文化主管部门携手民政、体育部门和福彩、体彩机构积极拓展文化"扶老"项目，结合福利彩票"星光计划"，通过福彩公益金收益支持星级群众文艺团队完成养老院慰问等公益文化演出；通过体彩公益金对体育类群众文艺团队建设给予一定补助。

创新对群众业余文艺团队建设的扶持机制。从过去的直接补贴为主转变为绩效奖励为主。绩效奖励为主的方式主要通过四个方面进行：一是成效奖励资金。对于获得星级或者上级表彰的文艺团队按照相应的标准给予资金奖励；二是设备补贴资金。对于群众文艺团队购买大件演出乐器、活动设备等按照一定标准给予购置补贴，鼓励群众业余文艺团队夯实基础；三是服务购买资金。通过社会购买的方式，购买群众业余文艺团队的演出活动，增加公共文化产品供给，也为群众业余文艺团队提供资金补助；四是引导资金。通过一定的引导资金，鼓励群众业余文艺团队进行市场开发，利用现代融资手段，吸引更多资金参与投入公共文化活动。

（五）人员培训体系化

群众文艺团队骨干素质的提升是一个团队形成自我造血能力、保持健康发展的关键。因此，要坚持以人为本，确立"人才支撑团队"的理念，构建业余文艺团队的指导体系，不断加强群众文艺团队管理人才、培训文艺人才，形成人才发展支撑体系。

充分发挥好业务部门的职能职责。文化馆（站）是公共文化服务的骨干力量，群众业余艺术团队是群众从事文化活动的有效载体，加强团队的业务辅导，是发挥文化馆业务辅导职能的重要环节。制定《南湖区基层群众业余文艺团队文化辅导员管理制度》，定期深入团队活动场所了解情况、分类指导、协同管理、解决问题，特别是要加强对团队的专业培训和表演技能辅导，在征求不同受众、不同层次需求的基础上，加强与群众团队的联系，增强文艺团队的专业素质、活动组织能力和演出水平，为提供群众文化咨询、策划、辅导、扶持和引导等服务。

组建群众业余文艺团队人才库，构建业余文艺团队的服务网络。依托群众业余文艺团队管理信息平台，在星级团队评估定级的基础上，梳理辖区文化院团、企业、教育、体育、卫生等各系统、各单位的人力资源，吸纳各类文艺人才，建立南湖区群众文艺人才库，形成文艺辅导员、文化志愿者派送平台。人才库主要分两类：一是团队管理型人才，一是文艺专家型人才。团队管理人才是组织成员中从事核心管理业务，决定着团队发展目标和发展策略。应积极引进懂文化、善管理、会经营的团队管理人才，优化人才队伍结构。加快现有文化专业管理人员的培养，有计划地选派团队管理人才进修培训，储备一支高素质的文化管理人才队伍。要有计划地选派文艺骨干到国家和省市文化部门、艺术院校进行专门学习培训，进一步提升文艺鉴赏能力、节目创作能力、活动策划能力，带动更多团队活跃基层文化，打响活动品牌。

实施文化志愿者派送机制。以南湖区群众文艺团队人才库的建立为基础，以文化工作者、文艺专家为主干，组建区、镇（街道）、村（社区）文化顾问团，以基层业余文艺团队成员及基层文化能人为骨干，组建文化服务志愿者或文化义工队伍，形成文化志愿者派送平台。鼓励有影响的艺术家、老师和具备文艺专长的居民加入文艺辅导员、文化志愿者队伍，鼓励热心从事文化事业的志愿者到各群众文艺团队指导。针对团队缺少日常管理经验、缺少文艺骨干、缺少活动策划能力、缺少具体节目编排、缺少灯光舞美设计等不同需求，安排针对性的辅导培训和志愿服务。

构建业余文艺队伍的培训平台。实施"业余文艺团队培育工程"，充分发挥高校等各类社会化培训机构的作用，运用政府购买服务方式，培养一批懂业务的复合型文化专业人才，为本地人才提供发展保障；在当地建立起一支庞大的群文辅导员队伍，因地制宜地指导和协助学校、企业、村落、社区、部队建立文艺团队，并广泛开展业余文艺团队人才培训活动；要通过技能比武大赛、"名师带徒"等活动，扩大基层文化人才的规模，提高本地区群众文化组织、管理、开展和保护水平；要构建公共文化人才队伍激励机制，开发文化人才业绩档案，组织好"文化人才"和基层文艺团队、文艺骨干的评选表彰活动。

（六）文化活动品牌化

团队整体水平的提高既要加强团队间的交流和学习，更要重视精品团队、精品项目的培育和扶持，充分发挥品牌团队的示范作用和引领作用。

整合资源，建立多形式、多层次、广覆盖的群众文艺团队。深入农村、社区，挖掘、发展具有浓厚地方色彩的传统艺术、民俗活动和艺术形式，广泛组建各种类型的文艺团队。要鼓励开发层次低、管理不规范，但群众基础好的文艺团体进行组合，抽调部分水平较高的人员组成跨村、跨社区，甚至跨镇（街道）的高层次团队，要从单一、分散的活动形式走向组建较高水平的大型业余文艺团队，形成强大的攻坚合力。

发挥示范引领作用，培育品牌和特色团队。要继续重点培育一批有影响、有特色的品牌团队，尤其是合唱团队。对于重点培育的特色团队和品牌团队，要努力提高这些团队的组织化程度，增强其自我发展、自我服务的能力。要在团队组织化水平低或空白的地区，推广成熟的经验和做法，鼓励组建更多的群众文艺团队。

引入市场机制，发展经营实体性群众文艺团队。充分发挥市场在文化资源配置中的重要作用，借助市场手段，提高资源配置的效率。要依托政府层面的活动品牌优势和平台，把群众业余文艺团队品牌和活动品牌大力向社会推介、招商，以冠名、联合主办等各种方式吸引社会力量支持活动，在承办主体上实现文化事业单位、文化企业、民间文艺社团按合理比例参与活动。培养起多种所有制、多个领域、多种形式，有活力、有竞争力、有创造力的文化市场主体，调动起社会各界参与建设群众文化的积极性。

第七章

社会力量参与基层公共文化设施管理

以乡镇（街道）和村（社区）综合文化中心为代表的基层公共文化设施是公共文化服务体系中至关重要的一环，是立足基层、承上启下、面向城乡基层群众开展综合性文化服务最重要的基层文化设施。在我国城乡一体化加快发展的形势下，进一步加强基层文化设施建设，对保障广大基层群众基本文化权益、丰富基层群众文化生活、促进社会和谐发展，具有极其重要的意义。但是长期以来，许多基层文化设施形同虚设，被戏称为"聋人的耳朵"，有的地方甚至连"摆设"都没有，成为打通公共文化服务"最后一公里"的阻梗[1]。即使在一些经济较为发达地区，建立起了设施较为完善的乡镇综合文化站，但也普遍存在服务效能偏低的问题。自2016年原文化部启动乡镇综合文化站服务效能抽查工作以来，"服务效能偏低"成为抽查通报的主频词[2][3][4][5]，共性问题主要表现在：基础设施建设不达标，设备老化、日常管理不规范，服务水平不达标、人员配备不专业，经费划拨不到位[6]。造成上述问题的原因很多，乡镇机构改革后，文化站没有独立建制，未配备专职工作人员或专职工作人员被挪用、现有工作人员缺乏相关业务技能应该是主要原因之一。在新的形势下，不管如何重

---

[1] 桑胜高."唤醒"乡镇文化站[N].农民日报，2016-04-13（03）.
[2] 文华.宁夏中卫市中宁县：乡镇综合文化站服务效能有待提升[N].中国文化报，2017-08-14（01）.
[3] 文华.甘肃省高台县乡镇综合文化站服务效能偏低[N].中国文化报，2017-07-13（01）.
[4] 文华.福建省德化县乡镇综合文化站服务效能偏低[N].中国文化报，2017-06-02（01）.
[5] 文华.江苏省灌云县乡镇综合文化站服务效能偏低[N].中国文化报，2017-04-25（01）.
[6] 葛胜涛.从文化部第一次抽查看乡镇文化站下一步整改方向[J].人文天下，2016（19）：52-54.

视基层文化工作，也难以走回原先"设机构、增编制"的老路。因此，引入社会力量参与基层文化设施管理是大势所趋，也是提升服务效能的必然之路。由社会力量提供公共文化服务是一些西方发达国家的通行模式[①]。在这种模式中，政府扮演"提供便利者"角色，作用主要是通过政府拨款、文化立法、税收引导、中介机构和民间文化管理机构或各种基金会等来间接管理，支持和培育民间非营利艺术机构，以此来引导文化事业的发展。

一、社会力量参与公共文化服务研究概述

（一）公共文化服务社会化的概念

在社会科学中，社会有广义和狭义之分，前者包括政治、经济、文化和社会各子系统，是大社会概念，后者则单指社会子系统，是小社会概念。同样的，社会化也是个内涵丰富但易引起歧义的概念。从个人与社会的关系看，社会化是指个体对社会的认识与适应过程；而从国家与社会的关系看，由于现代意义的社会专指独立于国家之外所有的经济生活和公民生活领域，因此"社会化"与"国家化"相对。就本研究而言，公共文化服务的社会化，是指公共文化服务从单一依托国家力量转向由全社会力量共同提供的过程，从提供主体上看，它是以政府为主向社会、市场组织及个人等多元主体的逐渐扩展。

西方发达国家与地区，在社会与政府共同参与公共事务管理上积累了丰富的经验，在公共服务社会化、市场化运作上也形成了较为成熟的模式。在我国，由于传统文化管理体制的长期影响等原因，公共文化服务的社会化还是个全新的事物。

在计划经济时期，文化建设是我国社会主义事业的一部分，这一事业性质决定了非但不可能形成充满活力的文化市场，而且其纯公益特征也决定了政府是文化建设的唯一主体。由于文化建设所需的资源都依赖政府的有限投入，而各级政府财政的普遍困难和物质资源的极度稀缺，加上投入渠道的单一，使得文化建设长期处于缓慢发展乃至停滞的局面。在传统行政体制下，中国政府长期扮演着"全能政府"的角色，突出表现为政府对整个社会的大包大揽。具体到公共文化服务领域，最显著的表现是政府成立公共文化设施、公共文化机构

---

① 吴理财，贾晓芬，刘磊. 以文化治理理念引导社会力量参与公共文化服务[J]. 江西师范大学学报（哲学社会科学版），2015，48（06）：85-91.

运营管理文化设施。政府的一元主体投入、一元主体举办、一元主体运营，导致公共文化服务领域也存在效率低下、资源浪费和寻租现象突出的"政府失灵"。

(二) 公共文化服务社会化的意义

对我国来说，要解决"政府失灵"，必须确立治理结构，推动从一元主体到多元主体的扩展及多元主体合作网络的形成①。尤其是我国还处于转型期，地区发展不平衡，公共文化服务还主要依托政府投入，一旦政府财政收入不足而面临预算硬约束，公共文化投入便得不到有效保障。在此意义上，社会资本等非政府力量参与公共文化治理，不仅呈现出历史的必然性和现实的紧迫性，而且具有多重的积极意义。

1. 有利于推动政府职能转变

对于构建服务型政府而言，市场和社会组织参与公共文化服务的提供，不仅有助于政府缩减规模、提高效率、减轻财政压力和社会责任，而且以其独特的组织优势，实现与政府政策、资金优势的互补，形成多元共建格局，有效弥补我国公共文化服务体系建设主体过于单一的制度性缺陷。

2. 有利于促进服务体制机制的创新

"政府失灵"是政府组织本身的特质所决定的，如政府竞争和激励的缺乏、信息的不完善等。因此，要有效纠正"政府失灵"，提高政府回应性，必须积极引导社会力量参与公共文化服务发展。由于市场和社会组织对文化市场信息较为敏感，对公共文化需求较为了解，在运作机制上具有灵活性，它们的参与将极大促进公共文化服务的体制机制创新。

3. 有利于保障公民文化权益

公共文化服务社会化发展，就现实而言是补充政府的不足。但从根本上说，是在为更大程度地满足公民文化需求、实现公民文化权利、提高公民福利水平创造条件，有利于公民的公益、志愿、参与意识的培育与提高，有利于社会、社区以自组织方式形成更强的自我管理、自我服务和自我发展能力。

4. 有利于促进公共文化服务地区均衡化和城乡一体化

我国公共文化服务发展存在着较严重的区域失衡。要解决这种失衡，单依

---

① 马斌.政府间关系：权力配置与地方治理[M].杭州：浙江大学出版社，2009.

靠政府力量显然不够，一方面必须引导社会资本、市场组织进入公共文化投融资领域，另一方面则要通过大力发展各种区域性、全国性的社会组织来加以解决。可以预见，社会资本的引入及社会组织的大量涌现，将极大地促进公共文化服务的地区均衡化和城乡一体化[1]。

(三) 社会力量参与公共文化的参与主体研究

随着西方公共选择、新公共管理等理论的引进和发展，人们对除政府以外的第二部门、第三部门参与公共文化服务产生了新的认识。因此，参与主体的研究主要围绕非政府组织、公民个人展开。

1. 非政府组织参与研究

2003 年，沈中元认为在强调政府与社会互动治理的观点下，政府已不再是独立于社会之外的控制者，而是与社会力量互动形成更大架构过程中的参与者，是社会共同演化的推手之一；私人部门也不只是技术发展上被动的接受者，而是积极主动的创造者，成为政府在促进公共服务工作上的伙伴[2]。王会会对杭州市非政府组织参与公共文化服务的实证研究表明，非营利组织提供公共服务呈现出的新特点，对非营利组织的支持与合作是共同发展公共文化服务的保证和出路[3]。徐玲提出鉴于政府失灵和市场失灵，人们认识到政府做不了、干不好的事和市场不愿做、做不了的事，交由第三部门去做是一个可行的理性选择。

2. 公民参与研究

随着公民文化公平和文化权利意识的苏醒，公民参与公共文化服务的实践在各地蓬勃发展，相关研究也成为重点。姜亦凤从参与主体、内容、行为方式 3 个方面阐述了公共文化服务中公民参与的概况，并分析了公民参与公共文化服务构建存在的问题，提出应从加强公民教育，鼓励其参与实践，增强公民的参与信心，提高公民个人参与意识与能力等方面提高公民参与公共文化服务的实效，从而在我国建立另一种由下而上的渠道，让公民以各种组织形式参与到公共文化服务体系构建中[4]。2009 年，孙晓莉总结了公共服务中公民参与的政府

---

[1] 杨立青. 社会文化组织与公共文化服务 [J]. 江汉大学学报 (人文科学版)，2012, 31 (02)：22-29.
[2] 沈中元. 全球化下非政府组织之研究 [D]. 上海：复旦大学，2003.
[3] 王会会. 非营利组织参与公共服务 [D]. 杭州：浙江大学，2010.
[4] 姜亦凤. 我国公共文化服务体系构建中的公民参与研究 [D]. 青岛：中国海洋大学，2008.

推动型、精英主导型和公众自治型3种类型①。2010年,刘文俭分析了公民参与公共文化服务体系建设的制约因素与改进措施②。2013年,黄明涛分析了当前的文化体制仍局限于某种"权力导向型"的模式中,公民相对于国家而言仍处于从属和依附的地位,这种模式背离了以公民为中心的文化生活之理想形态,提出从宪法层面上对文化权进行理论建构与法律规范建构③。

(四)社会化管理研究

1. 社会化管理的概念

公共文化机构社会化管理运营的做法是将政府投资兴建的各类公共文化服务机构设施委托于公共文化服务的托管机构,由其代为经营和管理,实现公共文化机构运营管理的专业化。这种方式也表现为多种形态,其中包括服务外包、委托管理等。

公共文化服务外包是参照企业外包的模式通过签订合约将公共文化机构全部(或大部分)管理和服务委托给企业或团体的一种做法,以实现增加效率、降低成本、提升质量的管理目标,是一种新型的管理方式。20世纪80年代中后期,国外许多图书馆已普遍将大量机械性劳务,诸如清扫、保卫、拆包、贴书标、装订、上下架等事务性工作,甚至专业性工作如分编、数据库建设、计算机系统管理和设备管理维护等交给专业公司来完成。委托管理则是指政府将某些公共文化服务设施或者公共文化活动以公开招标的形式委托给某些社会力量运营,履行公共文化服务供给的义务后,政府则给予免租金、免税或者补贴等方面的补偿。

2. 促成社会化管理运营的因素分析

(1)建立现代公共文化服务体系的必然要求

建立现代公共文化服务体系,要破解"政府失灵"难题,实现提高公共服务的生产和传播效率,满足公民公共文化需求等目标,就需要转变传统的行政管理方式,建立服务型政府,由"办文化"向"管文化"转变,需要借鉴企业管理方式,引入竞争机制,特别是通过不同契约之间的竞争,提高资源的配置

---

① 孙晓莉. 公共服务中的公民参与[J]. 中国人民大学学报, 2009, 23 (04): 114-119.
② 刘文俭. 公民参与公共文化服务体系建设对策研究[J]. 行政论坛, 2010, 17 (03): 80-83.
③ 黄明涛, 秦前红. 公民文化权研究[J]. 中国宪法年刊, 2014, 9: 274-275.

效率，需要创新服务方式，采取如业务外包、项目委托、与非营利组织合作、吸引利益代表参与决策过程等方式，促进社会力量的整合，形成多主体共同参与机制，一定程度上突破自上而下的层级壁垒，促进资源的流通，推动公共文化生产供给体系的整体结构优化，重构当代国家公共文化发展模式，促进社会整体文化水平提高。

（2）缓解运营压力的现实路径

就基层公共文化机构开展社会化运营这一社会力量参与的方式而言，基层公共文化服务机构本身的运营与管理需要社会力量的参与是十分重要的一个原因。随着我国新型工业化、信息化、城镇化和农业现代化进程加快，城市流动人口大幅增加，基层群众的精神文化需求呈现出多层次、多元化特点，现有的基层文化设施和服务已难以满足广大人民群众的实际需要。一是基层公共文化设施总量不足、布局不合理；二是面向基层的优秀公共文化产品供给不足，缺乏内容健康向上、形式丰富多彩、群众喜闻乐见的文化产品，服务质量参差不齐；三是缺少统筹协调和统一规划，公共文化资源难以有效整合，条块分割、重复建设、多头管理等问题普遍存在，总量不足与资源浪费问题并存。

十八届三中全会以来，基层公共文化服务设施建设力度加大。许多地方按照"全覆盖"和"均等覆盖"的标准，建立健全覆盖到村级的公共文化设施体系。在此带动下，新建的公共文化服务设施不但在面积上有所增加，还对服务供给、资金、人才等方面更加注重。为了更好地满足基层公共文化服务机构新建之后的运营要求，改善基层公共文化机构功能不健全、管理不规范，服务效能低等问题，引入社会力量进行管理运营是在借鉴国际发展经验基础之上的有益尝试。

（3）提高服务效能的新动能

进入公共文化服务环境中的文化产品和服务，也可以由市场主体承担，社会化管理运营就是市场化的手段之一，能增强公共文化服务的发展动力。在市场经济条件下，公共文化领域应用市场机制，或以市场化方式提供公共文化产品是必然选择，也就必然致使公共文化生产、产品和服务提供对市场主体、市场经营行为、市场消费行为的促进和带动。因此，公共文化机构的社会化管理运营客观上也存在带动相关产业、促进文化消费的内在属性和现实可能。政府在保障基本服务的情况下，允许有些公共文化机构以部分免费和部分公益性收费相结合的方式向社会提供公共文化服务，这不但能促进文化艺术普及，还能够满足用户不同层次的文化需求、提高设施的利用率，促进文化消费。

(4) 提升服务专业水平的新动力

综观现有公共文化设施委托管理的地方实践，其承接主体都具有较强的专业性。如悠贝亲子图书馆、艾迪讯电子科技（无锡）有限公司、上海华爱社区服务管理中心等能够承接政府购买图书馆管理与服务的机构，企业或社会组织都特色显著，服务专业和人力资源丰富，具有其专业性优势。

悠贝亲子图书馆是国内第一家推广亲子阅读的专业机构，在全国已经发展至50多家，仅北京就有35家。其专注于专业化的亲子阅读指导、推广经验，网络化的小型网点服务，非常适合为小型社区图书馆开展亲子阅读指导和开展亲子活动。艾迪讯电子科技（无锡）有限公司的母公司是我国台湾的艾迪讯科技股份有限公司，是一家在图书信息领域有着35年经营管理经验的"亚洲最大的图书馆系统公司"。上海华爱社区服务管理中心属于"民办非企业"，是2002年12月在浦东注册成立的社会组织，主要专注社区服务设施及其他事务管理。

二、引入社会力量参与基层文化设施管理的可行性

（一）社会力量参与基层文化设施管理政策梳理

近年来，我国公共文化服务呈现出了社会力量参与的多元化趋势，路径逐步清晰。其中，包括社会组织参与政府购买服务、社会组织参与基层社区农村公共文化服务项目、社会力量兴办文化实体、社会力量捐赠赞助公益文化活动、社会力量设立基金会参与公共文化服务等[1]。

十八届三中全会以来，公共文化发展进入了一个全新的阶段，国家在公共文化服务领域实施了一系列重大改革，做出了新的部署。这些为基层公共文化设施实施社会化管理运营提供了有力支撑。十八届三中全会通过的《中共中央关于全面深化改革若干重大问题的决定》（本研究称《决定》）《中华人民共和国公共文化服务保障法》《中华人民共和国公共图书馆法》《关于加快构建现代公共文化服务体系的意见》等公共文化领域综合性法律、政策文件都鼓励社会力量、社会资本参与公共文化服务体系建设，鼓励公民、法人和其他组织依法参与公共文化设施的运营和管理。《关于做好政府向社会力量购买公共文化服务

---

[1] 刘新成，张永新，张旭. 文化蓝皮书：中国公共文化服务发展报告（2014—2015）[M]. 北京：社会科学文献出版社，2015：149.

工作的意见》《关于推进基层综合性文化服务中心建设的指导意见》《关于推进县级文化馆图书馆总分馆制建设的指导意见》等文件也从不同的角度对公共文化设施的委托运营管理做出了具体部署（表7-1）。

表7-1 鼓励基层公共文化设施社会化管理运营的主要文件

序号	文件（法律）名	文号（日期）	条目序号	主要内容
1	中共中央关于全面深化改革若干重大问题的决定	2013年11月12日	（十一）推进文化体制机制创新	引入竞争机制，推动公共文化服务社会化发展。鼓励社会力量、社会资本参与公共文化服务体系建设，培育文化非营利组织。
2	中华人民共和国公共文化服务保障法	2017年3月1日施行	第二十五条	国家鼓励和支持公民、法人和其他组织兴建、捐建或者与政府部门合作建设公共文化设施，鼓励公民、法人和其他组织依法参与公共文化设施的运营和管理。
3	中华人民共和国公共图书馆法	2018年1月1日施行	第六条第二款	境外自然人、法人和其他组织可以依照有关法律、行政法规的规定，通过捐赠方式参与境内公共图书馆建设。
4	关于加快构建现代公共文化服务体系的意见	中办发〔2015〕2号	（十）鼓励和引导社会力量参与	创新公共文化设施管理模式，有条件的地方可探索开展公共文化设施社会化运营试点，通过委托或招投标等方式吸引有实力的社会组织和企业参与公共文化设施的运营。
5	文化部"十三五"时期文化发展改革规划	2017年02月23日	（五）推动公共文化服务社会化发展。	支持企业、社会组织和个人提供公共文化设施、产品和服务，推动有条件的公共文化设施社会化运营。

续表

序号	文件（法律）名	文号（日期）	条目序号	主要内容
6	关于做好政府向社会力量购买公共文化服务工作的意见	国办发〔2015〕37号	《指导性目录》四	公共文化体育设施的运营和管理。
7	关于推进基层综合性文化服务中心建设的指导意见	国办发〔2015〕74号	（十七）探索社会化建设管理模式	率先在城市探索开展社会化运营试点，通过委托或招投标等方式吸引有实力的社会组织和企业参与基层文化设施的运营。
8	关于公共文化设施开展学雷锋志愿服务的实施意见	文明办〔2016〕22号	（十）积极拓展服务范围	鼓励符合规定条件的公共文化设施志愿服务组织，积极承接政府购买公共文化服务项目。
9	关于推进县级文化馆图书馆总分馆制建设的指导意见	文公共发〔2016〕38号	（五）引导社会力量参与总分馆制建设	有条件的地方可探索引入社会专业机构，采取委托管理或连锁运营的方式，通过专业化服务、科学化管理，做好总分馆日常管理运行。
10	"十三五"时期全国公共图书馆事业发展规划	文公共发〔2017〕19号	（三）支持社会力量参与公共图书馆建设	有条件的公共图书馆可探索引入社会专业机构，进行委托经营，或将公共图书馆的信息采集、书刊编目等业务外包，推动公共图书馆专业化、社会化发展。

（二）引入社会力量参与基层公共文化设施管理的地方实践

1. 珠海市香洲区香湾街道综合文化中心

香湾街道综合文化中心在物业到位装修配备基本设施后，一度面临着闲置半年多无法正常开展服务的困境。香湾街道党工委、办事处从改革中寻找到了走出困境的答案，那就是通过委托方式与有实力的社会组织合作开展文化设施的服务运营。

从2014年开始，经过双方协商订定服务内容、考核标准、服务要求、责权关系，制定委托协议，香湾街道综合文化中心的管理与服务委托珠海香山书画院负责。珠海香山书画院是社会组织中的知名机构，2006年依法注册，业务主管（指导）单位为香洲区文体旅游局，在组织管理和人才上具有显著优势，主要从事书画文化教育培训、展示交流和创作研究，参与社区文化服务，在提供社区文化服务和参与社会工作等方面有所创新并已形成了品牌，在社会上有良好的声誉，是2012—2013年度珠海市"十佳社会组织"、3A级社会组织。承办项目有区级创新项目、众多社区"四点半课堂"和多届次的狮山街道社区书画比赛等青少年服务、社区文化服务项目。

根据双方协议，香湾街道提供香湾综合文化中心的设施设备，产权属香湾街道，移交后交书画院管理使用并负责维护维修。委托期新增的设施设备按出资人、出资比例确定权属。委托方免费提供场地和设施、设备；场所和设施向居民开放并发挥辐射带动功能；文化站负责对中心的工作实施检查、监督、考评，提出指导意见；根据街道文化事业发展需要对主题式文艺项目采取购买服务方式对服务项目给予帮助，让居民受惠；购买服务、委托承办的项目、内容、资金等逐项协商确定；协调政府有关部门、文化站以及社区居委会与文化中心的关系，支持受托方依法、依章、依约开展正常独立管理。受托方按基层文化站规范化建设运作的标准和要求开展工作，每年拟订中心年度计划和年终总结报甲方审核备案；确保综合文化中心的免费开放项目及其对应的每周开放时间，向群众公开；利用综合文化中心的场地、设施、设备举办低偿书画文化培训教育服务；负责综合文化中心驻场人员的聘用管理、工资福利、办公管理费用、水电通信费等日常支出，自负盈亏；派专兼职人员驻场办公，负责中心的管理及服务，确保每周不少于六天开放，每天开放时间不少于七小时；面向居民组织开展书画文化培训教育服务，对低保贫困家庭、军烈属、复退军人、单亲家庭等特定对象免费；对中心实行规范化、制度化管理，制订、执行管理制度，形成具特色、富成效的运作机制。同时，明确受托方不得以任何形式将综合文化中心场地及设备、设施提供给第三方使用，不得从事非法经营等违法活动，不得利用工作之便营私舞弊、索贿受贿、违反廉正条款。

从2014年9月珠海香山书画院入场到年底短短一个季度的时间，香湾街道综合文化中心就充分显现了新体制的效率和活力。香湾街道建立、健全内部管理制度、服务规范，在醒目位置标明服务内容、开放时间和注意事项，丰富多彩、文明健康的文体活动开展得"有声有色"。

2. 宁夏海原县乡镇综合文化站"公建民营公助"模式

宁夏海原县是西部贫困县，全县有17个乡镇文化站，为每个文化站配套的基本设备有10余万元。工资虽有保障，但还是存在经费上"吃不饱、饿不死"，人员上"在其位、不履职"，事业上"放不开、搞不活"，资产上"不利用、还闲置"的尴尬局面。

为有效缓解乡镇综合文化站建设的困境，海原县按照"政府主导、社会参与、协会运作、增强活力"的思路，海原县在当地选择了文化基础较好的西安、树台等乡镇综合文化站开展"公建民营公助"创新改革试点工作，即由政府投入建设，管理乡镇文化站、运行民间文化协会、吸引社会各方面力量参与和支持乡镇综合文化站建设管理运行的一种改革模式。具体做法是：县委宣传部、文化行政主管部门和乡镇政府共同参与组织成立民间文化协会，隶属乡镇政府，业务上受县主管部门指导，同时建立健全协会运行各项规章制度。县文化行政主管部门和各乡镇按照申请报名、志愿服务、资格审查、民主推选、择优聘用等程序产生出1名文艺骨干任协会会长，并将该辖区民间组织的优秀文艺队、社火队、村级文化活动室、文化示范户纳入协会中管理，各队负责人任理事，并把懂文化、善经营、会管理的民间优秀人才吸收到协会中来。乡镇政府以合同形式将文化站及设备使用权无偿委托给民间文化协会运行，并由文化站工作人员监管协会及文化站资产，也可委派大学生青年志愿者担任文化站副站长，共同指导文化协会开展工作。由文化协会运行后的文化站全面实行无障碍、零门槛进入，文化阵地公共空间及设施全部免费开放，所提供的基本服务项目全部免费，真正为群众提供一道道丰盛的"免费文化大餐"。

为有效提升运营效率、强化资金使用保障，海原县一是制定了乡镇综合文化站（民间文化协会）"公建民营公助"工作量化标准，组织开展丰富多彩、群众喜闻乐见、健康向上的文体活动和电影放映活动；指导村文化室和农民自办文化团队（文化大院、业余剧团、文化户等）的工作，并经常性开展群众文艺骨干的辅导和培训工作。二是出台民间自办文艺团队"星级评定，创优争先"管理办法，鼓励民间自办文艺团队承担起当地文艺演出和文化下乡的责任，使文化下乡常态化、固定化，真正变送文化为种文化。三是绩效挂钩，经费保障。根据乡镇综合文化站职能，明确乡镇政府要在年度财政预算中给予文化站适当比例的运行经费，在确保基本运行经费的前提下，县文化主管部门设立乡镇综合文化站文化专项资金，按照4万元/年的标准，根据各协会（文化站）年终考核结果，采取"以奖代补"方式浮动拨付经费，鼓励民间文化协会添置器材，开展高品质文化活动，确保上级文化部门和县委、县政府确定的公益性文化活动正常开展。四是尊重广大群众的意愿，使政府决策跟民主反映需求有机结合起来，鼓励广大群众参与监督文化站和文化协会开展活动及设备使用管理情况。

项目实施三年来，海原县每年开展农村文化活动场次1100场以上，农村文艺团体走上协会管理、自我参与、自我发展、自我创新的良性轨道。目前，中卫市在全市推广了海原县乡镇综合文化站"公建民营公助"的管理模式。

3. 嘉善县魏塘街道文化中心社会化运营

嘉善县魏塘街道文化中心于2014年5月23日向社会开放，该中心总投资600万元，占地面积838.6平方米，使用面积2723.2平方米，广场面积2300平方米，内设图书馆、健身室、棋室、春泥活动室、排练室、影剧院（文化礼堂）、道德讲堂、创作室和文化长廊。文化中心建设初期，街道就面临"谁来管？怎么管？"的问题，因为根据文化中心的体量，至少需要8位以上的工作人员，每年的人员经费就需要25万多，那么如何克服文化中心运作供给不足、成本过高、效率低下的问题？在分析了种种利弊之后，街道最终决定采用政府购买社会服务的方式。经过多方比较，决定与魏塘众悦文化服务中心（民非组织）签订试运行合约，并将文化中心的规范化运行写入合约。

在运作模式上，政府承担文化活动中心年度人员、大型项目等的支出。其中，人员工资部分，政府按照10个额定人工时，每年拨付30万元的人员经费（其中24万元为基本报酬，按季度拨付，6万元为考核报酬，根据年度考核情况年终一次性拨付）。社会机构全面负责魏塘文化活动中心的日常运作管理，包括人员管理、环境秩序管理、安全管理和资产管理，确保每年完成中大型公益活动项目48个、活动150场次（不包括电影放映）服务18万人次。为激励社会机构，双方约定，完成《服务合约》规定标准的，年终由政府财政奖励中心负责人1万元；超过或者不足的，按照2000元/万人次的标准同比例追加或者扣除。为保证社会机构的积极性，允许社会机构在确保完成免费开放的前提下，允许以部分公益性收费的方式向社会提供公共文化服务，但所收取的费用只能用于维持街道文化中心正常运作的必要开支。

为监督文化站的有效运营，魏塘街道建立了包括社会机构在内的管理委员会，管理委员会包括理事会和监事会两大机构。其中，理事会由街道文化站、魏中村党委书记、社会机构代表、文化中心员工、魏中村村民代表、党代表和人大代表等组成；监事会由街道纪委、财政所、村党代表3方组成。这种政府购买公共文化服务和市场化运作相结合的全新管理模式，充分满足了街道群众、新居民旺盛的多元化文化需求，带动了基层文化消费热情，实现了基层群众、机会机构和镇级文化中心三方的互利共赢，实现城乡均等化，推动公共文化活动中心公共文化事业的进一步发展。项目实施以来，极大激发群众的文化创造热情，引导群众通过自我创造、自我表现形成的公共文化服务、活动和产品。例如，每年都会举办的"魏塘好声音"和"魏塘全民排舞赛"以及"你寻我放"读者趣味活动。另外，服务时间也大大增加。服务时间是每天9：00—20：30，每周周一休整，全年无其他节假日，每天开放时间长达11小时，每周为66小时。文化中心逐步成为魏塘群众生活的乐园、学习的校园、文明的家园。

4. 玉环市楚门镇综合文化站社会化运营

楚门镇位于玉环市港北区域中心，既是全国著名的"文旦之乡"，也是浙江省小城市培育试点镇。全镇行政区域面积37.5平方千米，总人口12万，其中户籍人口5万，外来人口7万，连续五年被评为全省小城市考核优秀单位。多年来，楚门不断加强综合文化站建设，构筑大众文化活动新空间，成为楚门文化的重要窗口。为有效提升乡镇综合文化站运行效能，玉环市积极创新乡镇综合文化站管理运营模式，以楚门镇综合文化站市场化管理运营为试点，吸纳社会力量参与公共文化服务，采取"政府+服务机构+志愿者"的公共文化服务途径，实施公共文化服务社会购买计划，由政府宏观引导并出资，向社会组织购买服务，社会组织提供专业化服务，带动志愿者、文艺骨干、企业家等"多方加盟"，实现服务主体多元化、产品供应多样化、服务水准专业化，促使了文化站从"管办文化"到"管文化"的转变，构建起政府、社会、市场三维架构下的公共文化服务多主体合作、多方协同的供给模式，不断促进基本公共文化服务均等化。

具体实施上，一是公共文化服务购买。由政府投资3000多万元建成楚洲文化城、文玲书院等一批重要的文化基础设施，并将这些场地无偿提供给社会组织，且每年安排专项资金向社会组织购买公共文化服务和产品。如以楚洲文化城为阵地，政府出资与天宜社会工作服务社合作，由服务社为楚门范围内的居民提供公共文化服务。二是公共文化项目购买。改变政府包办的形式，以政府出资或奖励形式，将"小城大爱"文化惠民工程、"书香楚门"全民阅读等重大文化活动或品牌文化项目改由委托生产或购买服务，吸引文艺团队、民间资本、社会力量进入文化服务领域。又如楚门镇公益杂志《楚门·里》《曲桥》等，政府对杂志内容进行宏观把控，由楚洲人才梦工厂的专业团队对项目具体负责，高质量、高效率完成了既定目标。三是公共文化岗位购买。针对文化站人员不足，文化场所管理运营困难等问题，与物业公司、文化专业团队等第三方签订劳务合同，将文玲书院、农村文化礼堂等文化基础设施交由第三方管理并提供相关服务。同时，以劳务派遣形式向社会购买5个公共文化岗位，实现公共文化设施正常运营，减轻了管理压力和财政负担，开创了镇级公共文化设施委托第三方管理和运营服务的先河。

（三）引入社会力量参与基层公共文化设施管理是必然之路

面对任重道远的建设任务和工作人手紧张的客观现实，寻求一条既符合政策、确保基层公共文化设施的公益性质，又能保证基层公共文化设施"功能齐全、机制灵活、保障有力、服务优良"的出路和途径是当务之急。引入社会力量参与基层公共文化设施管理是一条必然之路。

其一，"设机构、增编制"的传统模式已经走不通。"设机构、增编制"往往是解决某个问题的传统做法，但这种做法不仅存在容易导致"政府失灵"的弊端，而且已经失去了可行性。2013年，新一届政府成立之初，李克强总理就提出"财政供养人员只减不增"[1]，各地也纷纷提出了严格控制机构编制的具体措施。在此大背景下，新增财政供养人员极其困难。

其二，加大购买公共服务力度为社会力量参与街镇综合文化中心管理指明了路径。《中共中央关于全面深化改革若干重大问题的决定》明确提出"加快事业单位分类改革，加大政府购买公共服务力度"[2]；国务院办公厅《关于政府向社会力量购买服务的指导意见》（国办发〔2013〕96号）提出：凡适合社会力

---

[1] 李克强：本届政府财政供养的人员只减不增 [EB/OL]. 新华社，2013-07-25.
[2] 中共中央关于全面深化改革若干重大问题的决定 [EB/OL]. 中国政府网，2013-11-15.

量承担的,都可以通过委托、承包、采购等方式交给社会力量承担①。《关于做好政府向社会力量购买公共文化服务工作的意见》(国办发〔2015〕37号)将公共文化体育设施的运营和管理列入《指导性目录》。

其三,引入社会力量参与基层公共文化设施管理是基层文化体制改革的有益探索。《决定》做出了"推进文化体制机制创新"的重大战略部署。如何推进基层文化事业单位文化体制机制创新是一个值得探索的重要课题。早在1996年中央编委就已提出事业单位改革要遵循"政事分开、推进事业单位社会化"的方向②。事业单位社会化,主要通过政府项目采购、养事不养人等举措加快改革步伐;积极推动文化事业单位向社会组织转化。引入社会力量参与基层公共文化设施正是适应这种转化的有力举措。

三、社会力量参与基层公共文化设施管理的利益相关者研究

(一)利益相关者概述

1. 利益相关者的概念

利益相关者理论源自西方学者对市场经济体制下传统企业管理理论的反思,传统理论中,股东对企业经营事项进行表决时往往倾向于维护自身利益,导致企业以营利为最大目标,忽视除了股东之外的企业利益相关方的利益。1959年,战略资源学派经济学家彭罗斯在其出版的《企业成长理论》中提出了"企业是人力资产和人际关系的集合"的定义,是利益相关者理论的基础性理念③。利益相关者理论出现之后,很多学者试图对利益相关者进行定义。弗里曼(Freeman)的广义概念应用最为广泛,他认为利益相关者是可以影响一个组织目标的实现,或者受到一个组织实现其目标过程影响的所有个体和群体④。贾生华和陈宏辉是国内学者的代表,他们认为利益相关者是在企业活动中投入一定的专用性资金,存在相互影响的关系并能承担一定风险和责任的个人或群体⑤。借

---

① 国务院办公厅《关于政府向社会力量购买服务的指导意见》[EB/OL].中国政府网,2013-09-30.
② 许铭桂.我国事业单位改革历程回顾与分析[J].人事天地,2013(02):11-15.
③ 〔英〕彭罗斯.企业成长理论[M].赵晓,译.上海人民出版社,2007:17.
④ 〔美〕弗里曼.战略管理—利益相关者方法[M].王彦华,梁豪,译.上海译文出版社,2006:32.
⑤ 王唤明,江若尘.利益相关者理论综述研究[J].经济问题探索,2007(04):11-14.

鉴其概念,将基层公共文化设施的利益相关者定义为受到基层公共文化设施建设影响的各方组织、团体和个人,即由于基层公共文化服务设施建设而享受到收益或受到损失的,其活动能够对服务中心建设施加影响的组织、群体和个人。

2. 利益相关者的分类

利益相关者的分类有多种方式,区别在于利益相关者与组织或项目相互影响的程度,不同种类的利益相关者对于组织或项目的影响程度是不一样的。当前,学术界比较通用的是采取多维细分法和米切尔评分法对利益相关者进行分类[1]。多维细分法通过所有权、利益联系、风险承担、社会影响等多个维度对利益主体分类,划分出直接或首要利益相关者、间接或次要的利益相关者等。弗里曼从企业所有权、经济依附性、社会利益3个角度分类[2]。弗雷德里克从利益相关者与企业之间的市场交易行为入手,与企业发生直接市场交易行为的股东、管理层、员工、债权人、供货商、批发零售商、消费者等群体划为直接利益相关者。与企业有非市场交易的群体,如各级政府、社会团体、媒体等划为间接利益相关者[3]。米切尔评分法由美国学者米切尔和伍德提出,其重点在于按照合法性、权力性和紧急性3个属性评分,将利益相关者分为确定型、预期型和潜在的利益相关者[4]。确定型利益相关者同时具备3种属性,预期型利益相关者同时具备两种属性,潜在的利益相关者只具备其中之一。在诸多分类方法里面,米切尔评分法实用性最强,提高了利益相关者理论在各类组织团体中的应用的现实可能性,也是利益相关者分类最常用的方法[5]。

3. 利益相关者的参与和管理

"利益相关者"理论发展到今天,"利益相关者共同治理"已经是学界的共识。在企业管理领域,许多学者提出了利益相关者共同参与企业管理的"合作治理模式",通过制度安排和设计将一部分企业控制权分配到不同类型的利益相

---

[1] 付俊文,赵红. 利益相关者理论综述[J]. 首都经济贸易大学学报,2006(02):10-21.

[2] 〔美〕弗里曼. 战略管理—利益相关者方法[M]. 王彦华,梁豪,译. 上海译文出版社,2006:64.

[3] 陈宏辉. 公司的利益相关者理论与实证研究[D]. 杭州:浙江大学,2003.

[4] 贾生华,陈宏辉. 利益相关者的界定方法述评[J]. 外国经济与管理,2002(05):13-18.

[5] 〔美〕卡罗尔,巴克霍尔茨. 企业与社会:伦理与利益相关者管理(第5版)[M]. 黄煜平,译. 北京:机械工业出版社,2004:45.

关者手中，推动不同类型的利益向者之间平等合作并互相制衡，使其共同承担责任和风险并共同参与企业治理，实现企业的长期协调可持续发展。

（二）基层公共文化设施管理利益相关者范围界定

我们通过和文化部门负责人、乡镇干部、村社区干部等多人进行访谈讨论，实地对基层公共文化设施建设及发挥作用情况进行考察，最终确定了基层公共文化设施建设的7个方面的利益相关者：享受公共文化服务的群众、县级文化行政主管部门、基层政府（镇街道政府）、社区（村委会）、文化类社会组织（各级各类文化协会、群众性业余文化团队、民办非企等）、无直接影响群众（包括没有文化爱好的群众等）、项目周边群体（包括商铺市场、住宅小区等）。

采取多维细分法，通过利益关联、风险承担、社会影响等维度来进行分类，这7个方面的利益相关者可分为直接利益相关者、间接利益相关者2类，其中直接享受到公共文化服务的居民群众、社区（村委会）、文化类社会组织划分为直接利益相关者，县级文化行政主管部门、基层政府（镇街道政府）、无直接影响群众、项目周边群体划分为间接利益相关者。

采取米切尔评分法，根据合法性、权力性和紧急性3个属性，可以将其分为确定型、预期型和潜在的利益相关者3类，其中直接享受公共文化服务的群众、基层政府（镇街道政府）、社区（村委会）、文化类社会组织划分为确定型利益相关者，同时拥有对基层文化设施建设问题的合法性、权力性和紧急性，县级文化行政主管部门、无直接影响群众划分为预期型利益相关者，拥有基层文化设施建设问题的合法性和影响力两种属性，项目周边群体（包括商铺市场、住宅小区）划分为潜在利益相关者，只拥有享受文化服务的合法性。

（三）基层公共文化设施管理利益相关者利益诉求

1. 县级文化行政主管部门的利益诉求

我国公共文化设施多由政府投资兴建，具备公益性的特点。随着《公共文化服务保障法》的施行，公共文化设施免费开放（低收费）成为法律的硬性要求。第一，文化行政主管部门代表县级人民政府公共文化建设的主导责任，强调的是公共文化设施的公益性，而公益性的最大表现之一是免费开放，或者以免费开放为主。第二，提高服务效能作为构建现代公共文化服务体系的重要目标被写进《公共文化服务保障法》，原文化部也启动了对乡镇综合文化站的效能督查。因此，提高基层文化设施的服务效能也成为文化行政主管部门的利益诉求。综上所述，县级文化行政主管部门的利益诉求主要归纳为两点：一是免费开放，二是效能提升。

2. 基层政府（镇街道政府）、社区（村委会）的利益诉求

按照我国基层文化设施建设分级负责的管理，乡镇文化设施由乡镇（街道）政府负责建设、运营和管理；村级（社区）文化设施由村（社区）负责建设、运营和管理。由于构建现代公共文化服务体系的要求和履行《公共文化服务保障法》的要求，加上上级通过转移支付、以奖代补等方式对基层文化设施建设有一定的资金扶持，因此基层政府（镇街道政府）、社区（村委会）在建设基层文化设施中的利益诉求相对简单，主要诉求集中在运营阶段。一方面，运营需要持续投入大量的人力和经费，因此其利益诉求是降低成本，减少人员开支；另一方面，与县级文化行政主管部门一样，他们也期望提高服务效能。最后，如果采取了社会化管理运营，出于降低成本的需要，而管理方必然需要得到一定的利益回报，基层政府（镇街道政府）、社区（村委会）就会放弃一定的公益性甚至会默许商业行为的发生。

3. 文化类社会组织的利益诉求

文化类社会组织可以分为两类，一类其承接了公共文化设施运行管理的社会主体（当然也会有企业作为承接主体，但实践中往往社会组织居多），他们是公共文化设施运营和管理的主体。一方面，政府监督文化设施管理部门履行服务群众和提供公共文化服务的场所等义务，体现公益属性；另一方面，可以开展一定的低收费经营活动，提高资源的利用率，盘活场馆资源，提高场馆的收入，实现经济效益。另外一类文化社会组织，主要作为文化参与者，其利益诉求和普通群众基本一致。

4. 群众的利益诉求

群众和业余文化团队是推进基层公共文化设施社会化管理的主要诱因之一，作为场馆改革的主要服务对象，满足群众（消费者）愈发旺盛的文化需求是场馆改革的核心目标。一方面，由于公共文化设施的公益性定位，群众期望获得更多优质免费的公共文化服务；另一方面，群众也期望通过相应的需求表达机制来反映自己对于文化设施的服务需求，并为文化设施的改革提供建议。

四、制约社会力量参与基层公共文化设施管理的障碍分析

社会力量参与基层公共文化设施管理在我国是新生事物，虽然我们在实行

过程中能够借鉴国外经验，但由于我国的政治制度、经济体制以及文化底蕴等与国外存在明显差异。所以，在社会力量参与基层公共文化设施管理中我们要考虑本国国情。根据实际情况积极拓展社会力量参与基层公共文化设施管理，存在以下障碍。

（一）尚未建立完善的社会力量参与基层公共文化设施管理政策法规体系

社会力量参与基层公共文化设施管理，目前可以依托的是政府购买公共文化服务的政策法规。但目前政府购买公共服务的政策法规相对较少①，且专门针对购买公共文化服务的政策法规更加缺乏。尽管我国在《公共文化服务保障法》《中共中央关于全面深化改革若干重大问题的决定》、中共中央办公厅、国务院办公厅《关于加快构建现代公共文化服务体系的意见》等法律和文件中都明确了社会力量参与基层公共文化设施管理的合法地位，但缺乏可操作的政策和可落地的实施细则。《中华人民共和国采购法》的出台弥补了政府采购方面政策法规的不足，但该项法律未能针对公共文化服务的购买对购买主体、承接主体、受益主体以及资金来源、支付方式、购买方式等作出进一步细致规范，与单行的规章之间也缺乏一致性和协调性等，地方出台的地方性法规或规章并非立法机关的法律规定，往往缺少指导性，法律效力低下，不能有效调整购买行为，目前政府购买公共文化服务方面的政策法规仍需进一步明确制定。由于鼓励社会力量参与公共文化服务建设的政策力度不够、实施细则不完善、税收减免的程序和手续过分繁杂等原因，导致社会力量参与公共文化服务体系建设的积极性不高，参与的程度非常有限②。

（二）管理内容还主要以政府主管部门内部决策为主，缺乏调研，尚未能满足民众的实际需求

在社会力量参与基层公共文化设施管理过程中，政府会针对不同人群的文化需求制定不同的购买计划，但这些购买计划的制定多是自上而下的，由政府自身单方面决定，并没有采取自下而上地在听取民众意见的基础上购买，会出现政府与民众体育意愿需求相违背的情况。同时，这种情况的出现也会造成一

---

① 张大超，杨娟. 我国政府购买公共体育服务的现实困境和发展对策［J］. 体育科学，2017，37（09）：3-15.

② 杨永恒. 当前中国文化建设的挑战和思考［J］. 社科纵横，2017，32（03）：42-49.

定的资源浪费。

(三)承接主体区域发展还十分不均衡,承接主体建设不够规范,甚至上级部门直接委托下辖下级单位或所属公司作为承接主体

引入竞争机制,必然要求打破提供主体单一垄断的局面,必然要求形成提供主体多元化的格局。从这个意义上说,没有一大批专业化的文化类社会组织的发育成型和规范运作,就不会有政府向社会力量购买公共文化服务的持续健康发展[1]。当前社会力量参与基层公共文化设施管理的承接主体之间的发展却不均衡。社会组织的发展显得尤为缓慢,无论是在数量上,还是在质量上均存在显著的差距,导致缺少有效的竞争性供给市场主体[2]。因为没有规范的流程,在经济发达与欠发达地区,承接主体的发展由当地政府实施购买公共文化服务的情况决定,经济发达地区政府购买活动较多,则承接主体发展较快、数量较多。例如,上海在2015年公开向全社会征集社区文化中心专业化管理主体,60多家企业和社会组织报名,最终遴选认定了31家合格主体,说明在上海这样的大城市,承接政府购买公共文化服务的专业化社会组织呈迅速发展态势。而经济欠发达地区和乡镇、村(社区)则相反,真正符合依法在登记管理部门登记、具有比较健全的内部治理结构和管理制度、具有独立承担民事责任能力要求的社会组织,为数还很少[3]。

(四)购买程序还没有建立完善体系

社会力量参与基层公共文化设施管理,主要参考的是政府向社会力量购买公共服务。但由于购买公共文化服务相对政府购买其他服务出现较晚,相应的购买程序也只是借鉴其他领域的购买模式来实施,并没有形成属于公共文化体育服务自身的购买模式。另外,由于政府购买公共文化服务的特殊性,其购买内容、购买种类、购买方式、支付方式等的复杂性要求其应有属于自己的模式化购买程序。购买程序形成科学的模式化,有助于在实施购买中能够有所依据,

---

[1] 李国新. 文化类社会组织是政府购买公共文化服务的主要力量 [J]. 中国社会组织, 2015 (11): 14-15.

[2] 陈银桥, 沈克印. 我国政府购买体育公共服务的现实困境与对策研究 [J]. 当代体育科技, 2015, 5 (23): 3-4.

[3] 李国新. 文化类社会组织是政府购买公共文化服务的主要力量 [J]. 中国社会组织, 2015 (11): 14-15.

避免购买活动实施的不规范等现象。

（五）购买类别还不够明晰

关于政府购买公共文化服务的政策法规、研究成果等相关文献中都未对政府购买公共文化服务的内容类别做出明确分类。在社会力量参与基层公共文化设施管理过程中，哪些服务项目可以由社会力量承担，哪些不能由社会力量承担，难以明确。在购买过程中哪些该由政府购买，哪些该由社会承担，而哪些又应是民众自身解决的问题等，均未将其按照统一标准进行制度化划分，这会造成政府购买目的不明确、绩效评估不便捷等问题，也容易造成政府各部门对购买职责的划分不清楚，不利于政府公共服务职能的实现。

（六）监督评估机制尚未建立

有监督才有进步，有评价才有优劣。政府购买公共文化服务过程中关于对承接主体提供的服务进行监督、评估，目前在我国还未形成完善的监督管理机制，致使政府购买公共文化服务的多数购买案例，没有进行监督评估，或在作监督评估时多是依靠政府人员、专家或民众的主观感受，而缺乏客观评估标准，最终导致实践效果减弱，承接主体所提供的公共服务质量下降等。

五、社会力量参与基层公共文化设施管理的主要形式

（一）参与式管理

参与式管理的主要形式有理事会和议事会。公共文化服务机构建立法人治理结构，组建理事会，吸纳有关方面代表、专业人士、各界群众参与管理，是党的十八届三中全会部署的构建现代公共文化服务体系、深化文化体制改革的重点任务之一，是转变政府职能、创新事业单位体制机制的重要内容；是实现政事分开、管办分离的重要途径；是扩大决策和监督参与范围、确保公益目标实现的有效方式；是激发事业单位内部活力、提高运行效率的实现机制。浙江省被列为公益性文化事业单位建立法人治理结构试点区域以来，浙江省图书馆、温州市图书馆、嘉兴市文化馆等一批单位积极开展理事会改革试点，取得了一定的成绩。理事会试点的核心是制定理事会章程。

基层公共文化设施管理由于单位小、职工人数少、服务功能相对简单，一般采用议事会制度。《关于加快构建现代公共文化服务体系的意见》要求"创新基层公共文化管理机制"①，特别强调"发挥城乡基层群众性自治组织的作用，推动开展公共文化服务参与式管理，推广居民、村民评议等行之有效的做法，健全民意表达和监督机制，引导城市社区居民和村民参与公共文化服务项目规划、建设、管理和监督，维护群众的文化选择权、参与权和自主权。积极探索基层公共文化服务建设居民参与机制，巩固推进公共文化服务的居民自我管理、自我教育、自我服务，有效提升基层公共文化服务科学化、民主化水平，最大限度反映群众对于公共文化建设的意见建议，"集中民智，体现民意，解决民困"，促进区域内公共文化事业健康发展，引入公共文化服务居民议事会制度，是一个有益的探索。嘉兴海宁市在2014年启动实施农村文化礼堂议事会制度，农村文化礼堂议事会由全村村民公推直选产生，设理事长和常务副理事长各一名、副理事长和理事若干名，任期一年，规章制度明确了理事会及其成员所须履行的职责，也为群众提供了监督管理的依据和内容。台州黄岩区在63家文化礼堂成立理事会，通过引进社会理事参与礼堂管理，招募"乡村大使"长期驻守在文化礼堂，最大限度地调动村里的文艺骨干、热心参与者、带头人和其他社会资源进入文化礼堂，有效地提升了服务效能。

（二）整体委托管理

所谓整体委托管理，是指通过政府购买服务的方式，将基层公共文化设施的公共文化服务整体打包委托给社会组织或文创企业，由社会力量全权承担基层公共文化产品生产和服务，把基层公共文化设施管理单位的主要职能转移到确定目标、编制计划、实施指导、强化监督等方面，实现从"办文化"到"管文化"的转变。例如，嘉善魏塘街道将文化中心委托给众悦文化服务中心运营管理，玉环市楚门镇将镇属文化站整体委托给天宜社会工作服务社运营管理。在这种模式下，街道主要承担出资和监督的责任，社会力量负责文化中心的日常运行、提供公共文化产品。

这种模式的优点是基层公共文化设施管理单位彻底从"办文化"转向"管文化"，从文化产品的直接生产者转为监督者，也能将基层公共文化设施管理单位从繁杂的日常工作中解放出来，更好地承担起计划、指导、监督的职能。这

---

① 中共中央办公厅国务院办公厅印发《关于加快构建现代公共文化服务体系的意见》的通知［EB/OL］.新华社，2015-01-15.

种模式的难点在于基层公共文化设施管理单位原有工作人员的身份处理问题，尤其是一些基层公共文化设施管理单位原有工作人员较多的情况下。这对于政府和承接的社会力量都是一个不小的考验。鉴于这个问题依靠文化部门难以解决的现实困境，建议这种模式在新建基层公共文化设施管理单位推广。

（三）部分委托管理

所谓部分委托管理，是指通过政府购买服务的方式，将基层文化设施的部分公共文化服务委托给社会力量，由社会力量承担相应公共文化产品生产和服务，吸引民间资本、公益团队、文化志愿者等社会力量进入文化服务领域。部分委托管理又可以分为两种形式，其中一种形式是委托管理部分基层公共文化设施。例如，上海徐家汇文化中心委托中福会儿童艺术剧院管理文化中心剧场，联合打造的"徐家汇亲子广场剧场"，深受小朋友及家长的欢迎和喜爱，成为徐家汇社区文化精品项目和展示上海市青少年才艺的特色品牌；上海嘉定安亭街道文化中心方泰分中心委托上海创图科技有限公司管理。还有一种是委托部分开放时段，即将部分开放时段委托给社会力量，这种模式主要是弥补错时开放、延时开放后人手不足的困境。杭州市拱墅区米市巷街道以作息安排为要素，将城区内公共文化服务人群分为上班族、上学族和退休族三大类，根据其作息特点为依据，设计出"按需、分项、错时、志愿"的全天候开放服务制度。清晨时段主要为老年人和周边上班族群体提供健身服务，这个时段的管理主要以文体骨干志愿者为主，利用自身特长协助社区文体干部组织开展活动。

（四）活动（项目）委托管理

所谓活动（项目）委托管理，是将公共文化活动（项目）进行专业化委托。例如，上海三林镇文化服务中心采用活动委托的形式，对活动、展览、赛事等进行专业化委托，与上海市文联、三林非遗保护协会等签订了长期合作合同；嘉定江桥镇文化活动中心选择部分精品文艺项目与上海书画院、马晓晖艺术中心等社会机构开展合作。

表 7-2　社会力量参与街镇综合文化中心管理的主要形式

参与形式	承接（参与）主体	适合对象
参与式管理（理事会、议事会）	"两代表一委员"、文化乡贤、居民代表	已经建成、持续运营、效果较好的镇街综合文化中心
整体委托管理	文化企业、社会组织	新建镇街综合文化中心
部分委托管理 — 部分场馆委托管理	文化企业、社会组织	新建镇街综合文化中心、分中心或文化中心专业性较强的设施
部分委托管理 — 部分时段委托管理	业余文体团队、文化志愿者、业余文体团队	错时、延时开放时段
活动（项目）委托	文化企业、社会组织、业余文体团队	部分要求较高、专业性较强的文化活动（项目）

六、基层公共文化设施社会化管理主体选择——嘉善的两个样本

（一）基本情况

嘉善县魏塘街道文化中心于 2014 年 5 月 23 日向社会开放。该中心总投资 600 万元，占地面积 838.6 平方米，使用面积 2723.2 平方米，广场面积 2300 平方米，内设图书馆、健身室、棋室、春泥活动室、排练室、影剧院（文化礼堂）、道德讲堂、创作室和文化长廊。街道采用政府购买社会服务的方式，与魏塘众悦文化服务中心（民非组织）签订试运行合约，委托众悦文化服务中心管理街道文化中心。

嘉善县罗星街道文化中心于 2016 年 10 月新装修后向社会开放。该中心使用面积 2916 平方米，室外广场面积约 1800 平方米，设县图书馆街道分馆、培训室、健身房、排练室、道德讲堂、创作室和文化长廊等文化活动设施。2017 年，街道采用政府购买社会服务的方式，与嘉善恩祈艺术培训中心（企业）签订试运行合约，委托恩祈艺术培训中心管理街道文化中心。

作为嘉善委托社会力量管理基层文化设施的试点单位，魏塘街道选择一家民办非企（社会组织）作为承接主体；罗星街道选择一家企业作为承接主体，孰优孰劣是一个值得研究的话题。随着"行动主义"在世界各国的兴起，"社会

要求成为行动者，直接地参与或独立地开展治理行动"①。政府从单纯行政管制转向协商合作治理。社会组织作为所谓第三部门，在推动经济发展，提供公共服务与公共产品，促进社会和谐等方面发挥着越来越重要的作用，社会组织在社会治理领域中的参与越来越多。国际经验表明，文化类社会组织在文化治理体系中可以发挥"第三部门"的作用，它与政府、市场所承担的公共文化服务职能相辅相成，在资源动员、服务提供、活动实施、运营管理等方面具有专业化的能力和独特的作用，是政府以社会化机制和方式提供公共文化服务的主要依靠力量之一②。但同时，越来越多的企业开始在力所能及的范围内，不存在显性经济利益的前提下，参与社区治理。郁建兴等人对企业在社会管理创新中作用的探讨③，田志龙等人对企业社区参与过程中合法性获得与演化的研究④，均肯定了企业社区参与的重要性，企业社会责任的社会治理效应。因此，无论是作为社会组织的众悦文化服务中心，还是作为企业的恩祈艺术培训中心均是合格的承接主体。

（二）优劣势分析

尽管社会组织和企业均是合格的承接主体，但是由于性质的不同，其在社会价值的追求、服务内容供给和服务绩效还存在较多的差异。

1. 社会价值的追求差异

企业对参与的价值认同依赖其价值创造预期。奥斯丁和斯坦尼迪把企业参与社会治理产生的价值分为内部和外部两种价值轨迹，外部价值主要指促进社会改善的价值，由合作产生的社会福利及其发展；内部价值是合作者获得的收益。但是企业是最具有力量的组织，拥有资金、技术和人力资源，更重要的是拥有降低成本、高效生产的思维逻辑，追求经济利益最大化是企业的本质。在参与公共项目的过程中，企业有可能因为考虑项目的经济回报而偏离公共目标。在恩祈艺术培训中心委托管理街道文化中心的过程中，按照合同约定，允许其

---

① 张乾友. 行动主义视野中的社会治理转型［J］. 江汉论坛，2016（06）：34-41.
② 李国新. 文化类社会组织是政府购买公共文化服务的主要力量［J］. 中国社会组织，2015（11）：14-15.
③ 郁建兴，瞿志远. 企业在加强和创新社会管理中的作用——杭州"援通"参与居家养老服务提供的实践和经验［J］. 中共宁波市委党校学报，2011，33（04）：26-30.
④ 田志龙，程鹏璠，杨文，等. 企业社区参与过程中的合法性形成与演化：百步亭与万科案例［J］. 管理世界，2014（12）：134-151.

设置一定比例的低收费项目。在其上报的服务项目中,最初的收费项目占比接近六成,尽管街道综合文化站多次协调,最后落实的收费项目依然达到了合同约定的最大值。反之,作为社会组织的众悦文化服务中心,其也存在获取利益的冲动,但是由于相关法律规定发起人不得分配利润。因此,寻求利益回报的动机较弱。在合作的过程中,无论是收费项目数量、占比还是价格均处于较为合理的水平。

2. 服务项目提供的差异

针对两个案例的研究发现,众悦文化服务中心和恩祈艺术培训中心均依托自身擅长的领域开展公共文化服务。恩祈艺术培训中心以音乐、美术、舞蹈培训作为其主要的经营范围,拥有较为完善的配套设备和良好的师资力量。恩祈艺术培训中心在管理罗星街道文化中心的过程中,所开设服务项目与其作为公司向社会经营的项目基本相同。我们统计了2017年8月-10月其开设的2017年度第三期公益性培训项目,音乐、美术、舞蹈类别占到85%以上。这种模式的优点在于其专业性和培训质量都较高;但是缺点在于,其实施的是一种自上而下的供给模式,与当今提供的"菜单式""订单式"供给的理念有较大的差距。而作为社会组织的众悦文化服务中心与之正好相反。作为社会组织,众悦文化服务中心并没有确定的艺术门类,其开设的公共文化培训项目都需要依托志愿者和其他专业人才,其培训师资的教学水平、队伍稳定性等有存在一定程度的欠缺。但是为了完成合同规定的要求,其会努力去调查发现群众的文化需求,从而实现基本公共文化服务的供需对接。

(三)结论

在理想状态下,私营企业作为承接主体进入公共服务领域,能够降低生产成本,优化供给结构,提升公民满意度。然而,这一理想的预期在私营企业的"逐利本性"下大打折扣:基于自利天性,私营企业理所当然地将"趋利避害"的商业之道和"嫌贫爱富"的市场原则引入公共服务过程,产生抬高价格、降低质量、规避盈利少的项目、漠视弱势群体利益等违背社会公平正义的行为。亨利·汉斯曼将这些现象称为"因服务的购买者和消费者分离而引发的'公私合约失灵'",更多学者则将之形象地冠名为"撇脂"或"捞奶油"(cream-skimming)[1]。基于

---

[1] 张雅勤,高倩. 论私营企业承接公共服务的"撇脂"行为及其治理[J]. 理论与改革,2018(01):142-151.

>>> 第七章 社会力量参与基层公共文化设施管理

"理性经济人"的惯性和传统企业理论的支持,私营企业进入公共服务领域后,"经济人"惯性无疑会促使私营企业秉持利润最大化原则来进行生产,沿用"撇脂策略"进行公共产品和服务的供给。并且,由于公共服务种类繁多,不少中小企业成为公共服务外包项目的中标者,此类企业在公共服务领域显现出更强的逐利性:一方面由于资金少、成本小、资本增值边际效用更大,因而获取利润的动机更强;另一方面由于具有更强的扩大再生产的欲望,对资金和效益的渴望更为急切。

然而,社会组织就一定比私营企业"高尚"吗?尽管社会组织具有非营利性,但是正如非佛和萨兰基克所指出的,"没有任何一个组织可以完全自给自足,组织的生存建立在控制与其他组织关系能力的基础之上"[①]。社会组织也必须通过与外界进行互动,获取必要的资源来维持生存。社会组织在观察、模仿企业的服务盈利模式的同时,也会将盈利宗旨的自利性及其行为照搬,产生"自利性效仿"。最终,社会组织在也会在承担公共服务的过程中倾向于挑选利润高、易执行的项目,对获利少的项目进行取巧规避或消极处理,从而损害公共利益。

因此,改变"政府处于中心、社会处于边缘"的公共服务协作体系是解决"撇脂"问题的关键。作为公共服务的权利主体,公民是治理结构中的重要参与者,而公民权利被忽视,在一定程度上就是企业"撇脂"问题难以遏制的重要原因。"公共服务过程不同于在私人及市场领域中简单的经济交换过程,而是公共与非公共组织、不同治理主体、个体之间的价值对话、价值交换与传递过程",作为服务的直接受益者,公民有权利对自身公共服务需求进行表达,并且自主参与或者推选代表参与公共服务决策的制定;作为公共权力的委托者,公民有责任对作为一级代理者的政府和作为二级代理者的社会力量进行监督并对其绩效进行评价。

当前,尽管在我国公共服务过程中,听证、信息公开、信访、专家咨询等制度设计都已取得了很多成效,但是这些推动公民参与决策的机制所发挥的作用都相当有限,"有限吸纳型参与和告知型参与居多,而真正具有决策意义的决

---

① 〔法〕皮埃尔·卡蓝默. 破碎的民主—试论治理的革命 [M]. 高凌瀚,译. 上海:三联书店,2005:20.

策型参与并不多见"①，不仅公众的服务需求得不到真实反映，公众致力申诉的关键问题往往也被忽略。因此，对于我国而言，要杜绝公共文化社会化参与中出现的诸如"撇脂"等种种问题，需要切实地在公共文化服务决策机制和监控机制之中引入相关参与机制与技术，完善公民参与的渠道，提升公民参与能力，促使公民由管理客体转变为治理主体，通过对自身偏好的探寻、表达、商谈，构建一种"民本位"的公共文化服务合作机制。

七、社会力量参与基层公共文化设施管理的对策建议

（一）制定管理与服务标准

标准是对重复性事物和概念所做的统一规定，标准化则是以获得最佳秩序和社会效益为目标，对重复性事物和概念通过制定、发布和实施标准的活动过程。1972年英国管理学家桑德斯在《标准化的目的与原理》中对标准化作了如下的定义：标准化是为了所有有关方面的利益，特别是为了促进最佳的经济并适当考虑到产品使用条件与安全要求，在所有有关方面的协作下，进行有秩序的特定活动所制订并实施各项规则的过程。这一定义也成为国际上流行最广、影响最大的定义之一。《关于全面深化改革若干重大问题的决定》明确提出"构建现代公共文化服务体系，实现基本公共文化服务的标准化均等化"，明确以标准化促进均等化的发展思路。按照标准化对象，通常把标准分为技术标准、管理标准和工作标准三大类。

在引入社会力量参与基层公共文化设施管理实践中，由于缺乏管理机制和管理团队组建的统一模式和标准，往往由基层领导的重视程度和掌握的资源情况来决定，加上基层公共文化设施设备、服务功能、管理目标等差异加大，容易导致管理水平呈现良莠不齐的情况。制定社会力量参与基层公共文化设施管理标准，是利用标准化的手段，促进公共文化服务程序规范、管理规范。要组织专家力量，联合市场监督管理部门，加快制定《社会力量参与基层公共文化设施管理管理规范》等地方标准，从基本原则、项目管理、承接主体管理、绩效评价等要素制定服务标准与规范，让社会力量参与街镇综合文化服务中心管理有据可依，进一步推进公共文化服务标准化、均等化、社会化发展。

---

① 汪锦军. 公共服务中的公民参与模式分析 [J]. 政治学研究，2011（04）：51-58.

《社会力量参与基层公共文化设施管理规范》属于管理标准。根据现有的实践情况，制定社会力量参与基层公共文化设施管理标准的重要内容之一是制定管理主体资质标准。建议明确社会主体资质标准如下：委托管理的社会主体应为具有独立法人资格，独立资产管理制度，独立经济核算、自负盈亏，具有完整的内部管理和风险管理制度的社会组织、企事业单位。管理主体应具参与社会公共文化服务与管理经历，年检或年度考核合格，有合法运行、依法纳税的良好记录，遵纪守法、社会信誉良好。管理主体的负责人一般应具有相当于本科及以上学历，或具有相当于中级及以上专业职称，具有公共文化管理服务、场地设施管理、文化活动管理等承担相应管理经验，热爱公共文化事业。文化活动（项目）管理团队或负责人应具有相应的专业知识技能，有文化活动项目三年以上的管理运作经验，具备履行合同所必需的专业队伍、专业设备和文化资源。

（二）积极培育市场主体

政府吸引社会力量参与基层公共文化设施管理，前提是有对象、有市场。"有对象"是指有多种可供选择、可实施购买行为的对象，"有市场"是指有较为成熟的、可竞争性参与公共文化产品和服务提供的市场主体，如果仅仅是唯一对象、唯一主体，则不能称之为运用市场机制"购买"。当前相关社会力量起步较晚、发育迟缓、承接能力弱的情况还普遍存在。因此，政府首先要面向全社会一视同仁地发现、扶持购买对象或多元主体，既包括依法在市场监督管理或行业主管部门登记的企业、机构等，也包括依法在民政部门管理登记或经国务院批准免予登记的社会组织。

各类市场主体中最重要的是文化类社会组织。文化类社会组织具有非营利性、专业性等特点，是公共文化的治理主体之一，也是公共文化服务的重要提供主体。文化类社会组织的发展，既是转变政府职能的内在要求，也是公共文化服务社会化的重要方面[1]。引入社会力量参与街镇综合文化中心管理，需要有一批形态多样、结构合理、能力专业、治理规范的承接主体。没有一大批具有专业服务理念和专业服务能力、管理运行规范的社会组织，基层文化设施的社会化管理运营就没有承接主体，公共文化服务的提供主体就实现不了多样化，

---

[1] 杨立青. 论公共文化服务的社会化 [J]. 云南社会科学, 2014 (06): 9-13.

就形不成竞争机制，资源配置方式、服务提供方式也就无法通过市场机制、市场手段实现①。

首先，大力培育文化类社会组织，要简化登记程序，促进一批业余文化团队转型发展为社会组织。由于传统体制的长期压抑，社会组织"先天不足、后天缺失"，不仅独立性、自治性缺乏，而且丧失了向市场和社会索资源、求生存的能力②。早在2006年深圳市民政局在社会组织由"双重管理"向"直接登记管理"制度改革上取得突破性进展，为社会组织的发展壮大创造了广阔空间。《决定》指出：重点培育和优先发展行业协会商会类、科技类、公益慈善类、城乡社区服务类社会组织，成立时直接依法申请登记③。要明确《国务院机构改革和职能转变方案》中所说的"公益慈善类""城乡社区服务类"社会组织包括文化类社会组织，文化类社会组织适用直接向民政部门申请登记的政策，扫除在成立登记方面烦琐的程序障碍。

其次，加快转变政府职能，把社会可自我调节和管理的职能交给社会组织，发挥其服务、管理、自律功能，扩展其发展空间。要进一步降低招标门槛、规范招投标等有关制度，让文化类社会组织公平地参与各种社会服务事业的竞争。在"小政府、大社会"战略转变的导引下，以及在降低成本、提高效率的需求支配下，把更多的社会服务项目以委托的方式转让出去。

再次，完善政府购买服务机制，加大政策扶持力度，拓宽政府购买文化服务资金来源渠道，明确购买文化服务的范围、标准和方式，加大政策扶持力度。必要时，政府购买公共文化服务的项目、资金向文化类社会组织倾斜，开辟文化类社会组织的资金来源渠道，培育其造血机制，夯实文化类社会组织提升服务能力、持续发展的基础④。

最后，加强文化类社会组织以章程为核心的制度建设，引导和指导文化类社会组织建立健全内部治理结构，完善财务、资产、人员、绩效的管理和评估制度，准确把握社会需要和市场发展动向，扩大社会合作范围，提高获取社会

---

① 李国新. 对我国现代公共文化服务体系建设的思考［DB-OL］. 中国人大网，2016-04-06.
② 杨立青. 论公共文化服务的社会化［J］. 云南社会科学，2014（06）：9-13.
③ 中共中央关于全面深化改革若干重大问题的决定［EB/OL］. 中国政府网，2013-11-15.
④ 本报特约评论员. 培育和规范文化类社会组织迎来良好契机［N］. 中国文化报，2015-05-15（01）.

资源的能力和自我发展水平,依法依规承接、提供公共文化服务。

（三）建立监督机制

引入社会力量参与基层公共文化设施管理管理,能够将政府从繁重的日常事务中解放出来,但不等于政府就是甩手掌柜,绝不能一包了之[①]、一买了之[②]、一送了之[③]。要加强对文化设施运营管理的监督,确保文化设施的性质不被改变。要向全社会公布文化设施名单,明确设施性质,明确监管主体,规定文化设施的用途限制,规定设施的开放时间和开放方式,限定服务收费价格等,禁止擅自变更公共文化设施的性质、功能和用途,防止一买了之[④]。

上海静安区石门二路成立了由街道、承接方、居民代表三方组成文化中心管理委员会,下设管委会办公室。管委会主要负责统筹规划、协作协调、绩效评估。管委会办公室主要负责制定业务管理目标,对文化活动中心进行具体业务指导工作,并引入ISO9001：2008质量管理体系,编制《质量手册》《程序文件》和各服务单元的指导文件,明确了规范化的服务要求,策划了94种服务过程的记录表单,使服务过程能得到有效控制,并具有可追溯性[⑤]。上海市打浦桥街道文化中心中心明确了"重大事务民主协商"的决策机制建立了由群众代表、运营单位和街道三方代表组成的管委会和联席会议制度[⑥]。运营单位每月提交一次分报告,每半年提交一次总报告。街道办事处和运营单位每两周就会召开一次协调会,每个月由社区居民代表、运营单位和街道办事处三方代表组成的联席会议制度,三方构建了良好的信息互动沟通平台[⑦],共同协商决定一些重大事情,确保中心开发运营过程及时调整功能、管理方式和活动内容,尊重居民的意见,满足居民的需要,确保了居民问题的有效解决,实现"居民所需、中心提供、随时筛选、确保满意、有所创新、引领时尚"[⑧]。

[①] 孙先凯. 公共文化服务不能一买了之 [N]. 大众日报, 2016-11-11 (10).
[②] 孙晓莉. 公共服务不能"一买了之"[N]. 人民日报, 2015-06-03 (07).
[③] 赵志疆. 公共文化服务不能一"送"了之 [N]. 深圳特区报, 2014-07-24 (02).
[④] 杨永恒. 防止一"买"了之 [N]. 北京日报, 2014-01-27 (18).
[⑤] 邓金霞. 政府购买公共服务的"委托管理"模式——基于上海两个典范社区文化活动中心的经验 [J]. 中国政府采购, 2015, (09): 44-46.
[⑥] 袁文慧. 委托非政府组织管理社区文化设施的模式研究 [D]. 上海：上海交通大学, 2012.
[⑦] 丁秀伟. 携手专业社会组织 共谋社区文化发展 [EB/OL]. 上海民政, 2012-05-18.
[⑧] 颜维琦, 柳霞. 社区文化中心可以这样办 [N]. 光明日报, 2012-10-11.

在公共服务合作体系中，由于祛除了"中心—边缘"结构，政府成为多元合作主体中的一员，但是作为"同辈中的长者"，政府仍然发挥着"元治理"的重要职能。从制度上讲，元治理提供了集体学习机制，促进了不同主体及其行动之间的紧密联系；战略上，元治理促进了共同愿景的发展，鼓励新的体制安排，以完善现有的治理模式①。因此，面对公共文化服务合作中"撇脂"等种种破坏合作的行为，政府需要充分发挥"元治理"职能，扮演好"核心责任人"的角色，进行规则制定与行为引导。一方面，政府通过为公共服务合作建立基本规则，保障私营企业的逐利行为不对公共文化服务的"公共性"造成侵害；另一方面，政府运用其组织智慧与信息资源，在公共文化服务合作中为企业、社会组织和公民等不同利益主体进行目标整合、联络沟通、矛盾调停、谈判协商，以保证整个公共服务体系的制度完整性和凝聚力增强。基于此，我国政府在公共文化服务社会化参与中就不能仅仅满足于做一个"精明的买家"，而应打破传统"政治—社会"二元对立关系，成为网络关系中的对话者、协调者、谈判者和冲突化解者，从行为上引导私营企业自觉约束自身"撇脂"冲动，从而促进社会资本的整合、提升社会信任度，为满足人民美好生活向往的文化需要提供更加优质公平的公共文化服务。

建立监督机制，要提高合同管理能力。虽然公共文化服务的市场竞争机制让购买公共文化服务更加有效率，但是政府购买公共文化服务的关键不仅在于要成为公共文化服务的"精明买主"，更在于是否具备卓越的合同管理能力。"为公众做个好交易不只是取决要签个合同、合同给谁，而是取决于合同从头到尾整个过程的管理"②。经过竞争性的政府招标采购程序后，便进入到合同管理过程，合同管理能力就成为市场交易成功的关键。在政府购买公共文化服务实践中，亟须提高政府购买公共文化服务的合同管理能力。提升政府购买公共文化服务的合同管理能力，要着重加强政府合同管理的人才队伍建设，开展合同管理相关方面的业务知识培训与经验交流，增强公共管理者管理合同的业务素质，奠定政府合同管理能力持续增长的人才基础；要建立合同签订的对话机制，在合同双方平等法律地位基础上实现意志的充分表达，形成意思表示一致的合

---

① 张雅勤, 高倩. 论私营企业承接公共服务的"撇脂"行为及其治理 [J]. 理论与改革, 2018（01）: 142-151.
② 姬庆, 陈元欣. 公共体育场馆委托管理服务合同研究 [J]. 成都体育学院学报, 2019, 45（04）: 29-35.

同文本，保障合同条款合法、完整、清晰与有效，奠定合同有效履行的基础；要建立合同争议的调解机制，依法协调在合同履行过程中出现的纠纷，保障公共文化服务购买合同的顺利实施，防止因合同中止或终止造成政府购买合同的失败，影响公共文化服务供给；要建立合同执行的监控机制，强化政府直接监督与第三方间接监督，依合同规定之条款跟踪购买服务合同的执行情况，严格规范合同的执行程序，防止机会主义行为发生，严禁合同转包行为，强化合同的期中审计，确保合同有条不紊地依法推进。

（四）建立绩效评估体系

引入社会力量参与基层公共文化设施管理除了对日常工作开展科学的决策管理外，还建立了多层次的绩效评估方式，将政府评估与第三方评估相结合，注重服务质量考核和用户满意度，将评估结果与奖惩和合同签订挂钩。

上海市打浦桥街道文化中心的社会化管理运营评估由政府评估和居民评估组成。其中，政府评估由打浦桥街道办事处的部门代表、群众文化团队联合会和人大、政协多方组成。居民代表评估每年开展2次，由12位居民组成的群众评议工作组每年通过访谈、问卷的形式对中心的管理、活动、财务等情况进行评估。评估小组通过走访街道17个居委会实地了解情况，还通过召开群众座谈会和查看工作资料等方式，对管理效能、活动参与率以及安全机制等评估、打分，街道和管理方收到某些活动项目不受欢迎的评估意见后，会马上撤销该项目，重新设置新项目。整体评估结果还直接与被委托方的项目管理费、奖励费和能否续签挂钩。这一做法既强化了政府的监管职能，也确保了群众的知情权、参与权[1]。浙江嘉兴市嘉善县的魏塘街道文化中心，完成《服务合约》规定标准，年终由政府财政奖励中心负责人1万元；超过或者不足的，按照2000元/万人次的标准同比例追加或者扣除。无锡新区图书馆开展服务质量考核和第三方抽查暗访。新区成立了由财政、审计、纪委、市文化行政部门组成的考核小组，对得分在80分以下的服务外包公司将提出整改要求，如整改不力将终止服务合同。同时，政府聘请了第三方对该馆的服务人群、服务单位进行抽样调查和暗访，从而避免"一包了之"。

引入社会力量参与基层公共文化设施管理的绩效评估，首先，要回答政府

---

[1] 陆文军. 上海黄浦区打浦桥创新社区公共文化服务管理方式 [EB/OL]. 新华网，2012-09-20.

购买公共服务的有效性问题，即政府公共资金在公共服务领域的投入产出状况是否令人满意。对政府购买公共文化服务的时效性要求、性价比要求、标准规范性要求以及权利义务性要求做出客观的评价。其次，在绩效评价体系中，要侧重服务对象对公共文化服务的满意度评价。现在很多政府购买公共文化服务也在开展满意度评价，但方法过于简单，往往是拍几张照片、填几张问卷了事。但事实上，公共文化服务满意度绝不是如此简单。政府要探索引入第三方评价的机制，通过专业的第三方进行效果评价。同时，公共文化效果的评价，不只是要看到单场服务项目的成果，更要反馈公共文化服务在提升群众文化素养、引导社会风气等方面的作用。最后，要将满意度评价与政府购买公共文化服务挂钩。政府向社会力量购买公共文化服务的绩效评价结果要向社会公布，并作为以后年度编制，政府向社会力量购买公共文化服务预算和选择政府向社会力量购买公共文化服务承接主体的重要参考依据。

总体而言，政府首先要以维护公共利益为价值准则，按照公益性、基本性、均等性、便利性的要求，明确公共文化服务的内涵、范围和标准，指导公共文化服务的社会化运作。其次，制订社会化运作的激励和处罚措施，成立社会化运作监管委员会，通过中期考核、问卷调查等形式对政府委托、采购和补贴项目的服务效果进行定期或不定期检查，对达到预设目标的机构或项目给予奖励，或做出相应的纠正、整改和处罚。最后，探索形成一整套科学合理的社会化运作的信息发布、项目跟踪、绩效评估、结算支付机制，建立社会主体资质认证制度，开展定期评估定级，将结果作为确定相关组织资质和信誉的重要依据，以此提高社会化运作的规范监管水平，促进公共文化服务社会化的健康发展。只有建立起市场化、社会化的绩效考核体系网络，形成政府、社会、公民共同参与的绩效考核结构，才能有效推进政府购买公共文化服务实践。

（五）促进文化消费

社会力量作为市场主体，必然随时涌动着盈利的冲动，这似乎与公共文化服务的公益性产生冲突。但是，公共文化服务的公益性并不排斥社会主体的微利。《中华人民共和国公共文化服务保障法》第三十一条："公共文化设施应当根据其功能、特点，按照国家有关规定，向公众免费或者优惠开放"。在上海打浦桥社区文化活动中心，华爱社区服务管理中心可以依据居民的需求引进10%左右的低收费项目，但必须按一定比例发放照顾困难群体的免费券。嘉善县魏塘街道发放"文化惠民卡""半价消费卡"等，使群众仅需花 2.5 元就能打半天乒乓球和桌球，仅需花 1.5 元就能看一场电影；同时，还推出面向大众消费积分制和面向困难群众的免费消费券，凭积分和免费消费券可以兑换电影券或其他文化服务项目。

现代公共文化服务体系和现代文化市场体系是现代文化建设的主体。公共文化和文化产业的生产方式、表现形态和功能虽然有所区别，但其指向都是通过文化产品和服务，保障和满足人民群众的文化权利及文化诉求。传承优秀传统文化，丰富民众文化生活，提升国民思想道德和文化素养是公共文化和文化产业的共同目标。在国家推动公共文化建设，促进文化产业发展的进程中，文化管理与文化产业发展的体制机制改革，全球化时代公共文化与文化消费空间拓展，现代信息技术对文化生产、贮存和传播将为公共文化与文化产业的融合拓展带来新的路径提供更大的空间①。面对文化消费需求的多元化、多层次发展，传统的由上而下直接提供的公共文化服务不仅无法满足群众多样化的文化需求，而且造成了大量的资源浪费。社会力量参与公共文化服务，构建促进文化产业和公共文化融合发展的平台，将文化产业的运营模式引入公共文化的运作中，既提高公共文化服务的有效性、精准性，同时也更加强调了文化产业的社会效益，以此促进文化产业和公共文化服务体系的整体提升。陕西省渭南市"一元剧场"典型案例，表明公共文化服务与文化产业之间存在"共荣"关系，以品牌化战略推动公共文化服务建设，有利于拓宽地方性文化资源的产业化道路②。针对北京的研究，通过构建公共文化服务力（PC）与文化产业力（CY）"二力"模型分析匹配关系，可以发现公共文化服务与文化产业发展能进行有效匹配③。可见，公共文化与文化产业是相互依存、相互转化的，并没有清晰的界限。健全的公共文化服务体系在文化人才培养、文化消费拉动、文化市场完善等方面具有支撑作用，为文化产业的发展提供了良好的基础、条件、空间，为文化产业发展营造氛围、环境。企业则是公共文化产品生产和供给的主体，

---

① 李炎. 公共文化与文化产业互动的区隔与融合［J］. 学术论坛, 2018, 41（01）: 135-140.
② 刘辉. 公共文化服务的文化产业效应——以渭南市"一元剧场"为个案［J］. 理论探索, 2012（01）: 103-106.
③ 许立勇, 王瑞雪. 公共文化服务与文化产业匹配分析——基于北京城市功能拓展区的研究［J］. 国际文化管理, 2014: 132-140.

文化产业的发展为公共文化提供高质量的文化内容和贮存、分配。

具体实施上，为保证市场主体的积极性，可以鼓励运营方在完成约定合同任务的前提下，开展一些低收费项目刺激文化消费。在具体操作方式上，其一，通过不同收费标准来引导不同人群的文化体育消费活动。如健身房分段式收费，白天健身房免费或低收费，吸引老人白天参加健身活动；而晚上则适当提高收费，为下班归来的上班族提供服务，以有效将人群分流；其二，对特殊人群实行免费政策。如一些培训类课程对社区残疾人免费开放、为社区低保对象发放免费文艺演出活动参加券。其三，可以推出会员制或积分制，享受折扣，凭积分抵扣消费；或推出团购等优惠，以增加顾客消费黏性。

尤其值得关注的是，随着文化体制改革的深入推进，现代公共文化服务体系和现代文化市场体系的构建要求以文化领域的融合创新作为实现文化转型升级的重要途径和根本动力。现代信息技术以其科学性、技术性、智能性和共享性为融合创新提供了强大的技术支持。文化与现代信息技术的融合将增强文化产品和服务的创新性与吸引力、文化传播的影响力与表现力、文化共享的便捷性与实时性、文化业态的创新性与多元化、文化传承的数字化与有效性，现代信息技术已成为促进文化发展的新引擎。利用现代信息手段创新文化资源的表现形式，将会放大文化资源的价值效应，增强趣味性和互动性。图书出版的 IP 方式就是通过信息服务平台进行文化资源多维度开发的一个典型例子[1]，现代信息技术使图书出版从单向度的生产和高成本转向以新的商业模式生产多元化、个性化和低成本产品。同时，信息技术平台促进了知识的传播，使文化产业和公共文化的融合系统化，统一地存在于同一对象中，共生同构。基于陕西省十大地级市数据的分析也表明，公共文化服务投入对文化产业发展具有正向影响作用[2]。以大数据和云计算平台为支撑可以全方位、多角度地精准把握社会文化需求，为公共文化与文化产业的决策提供极具价值的参考信息，为文化产业与公共文化服务体系融合发展提供数据和技术支持。物质消费的脱物化趋向使人们在文化消费时的观念价值压倒使用价值，而现代信息技术与文化的融合增加了文化产品的精神价值，满足了人们在物质生活水平提高之后追求文明生活、

---

① 胡守勇. 公共文化与文化产业融合发展：内在逻辑、现实困境与推进路径 [J]. 图书馆，2017（10）：35-41.
② 占绍文，陈小彤. 公共文化服务供给对文化产业发展影响的实证分析——基于陕西省十大地级市数据的分析 [J]. 四川戏剧，2018（03）：150-156.

实现自由发展的想象与愿景。在现代信息技术的助推下，基于文化与科技融合创新产生的新业态使文化产业与公共文化服务体系的界限日渐模糊，公共文化和文化产业呈现互动一体化趋势。公共文化不断向文化产业领域交叉拓展，坚持市场导向并且积极借鉴文化产业的发展理念；文化产业中公共元素日益突出，在注重营利性的同时越来越强调社会效益。全国文化信息资源共享工程、数字图书馆推广工程、公共电子阅览室建设计划、广播电视"村村通"工程等一系列重大公共数字文化建设项目中经济要素不断凸显。全国范围内两批次45个国家文化消费试点城市出台各项政策，对电影、动漫、图书、演艺等传统市场化领域进行支持，公共性日益突出，文化事业与文化产业基于现代信息技术平台相互作用最终实现了文化产业与公共文化服务体系的互动融合。

第八章

数字公共文化建设

一、数字公共文化服务的重要意义

当今时代,信息化已全面进展到数字网络技术普遍运用到社会生产生活各领域和全过程的重要阶段。在这一大背景中,先进技术应用对于提高公共文化服务效能而言,一定意义上具有决定性的作用。《关于加快构建现代公共文化服务体系的意见》以较大篇幅系统阐述了以科技创新推动现代公共文化服务体系建设,"推进公共文化服务与科技融合发展"的重大决策部署,充分表明中央对于公共文化领域应用先进科技、提升科技水平、改进体制机制、创新运行方式、提高服务效能的高度重视和强力推进。

在当今数字网络技术全面深入地渗透到人们生产和生活各个领域、成为具有时代性基本技术条件的大背景中,几乎一切经济、社会、文化的建设和运行已经离不开数字网络技术的应用、离不开数字网络手段的支持、离不开数字网络化运行方式,公共文化服务体系建设自然也丝毫不能例外。

二、国内外数字公共文化服务的借鉴

(一) 文化嘉定云

"文化嘉定云"是上海市首个公共文化服务云平台,于2012年启动建设,2014年1月起试运行。"文化嘉定云"聚合了区内文化场馆的服务资源,收集了地方文献、展览演出、讲座培训及原创纪录片资料,形成了具有区域特色的公共文化服务资源数据库,而其文化场馆虚拟漫游功能则将上海嘉定博物馆、韩天衡美术馆、嘉定孔庙等文化场馆呈现于网络之中,让公众可以"零距离"观赏、"把玩"收录其中的700余件珍贵藏品的高清3D版本,使"文化嘉定云"

成为了解中国传统文化的平台[①]。同时，该平台整合了中国知网、万方数据、维普期刊等20多种数据库的资源，用户只需注册验证在嘉定区内公共图书馆办理的"一卡通"读者证，就能随时随地通过互联网检索或阅读3000万篇文献资料、200万册电子图书和1万余种电子期刊，并能在网上选择、观看2万场教学讲座。

2015年10月，该平台完成了改版升级，进一步提升了网速，优化了预约流程，市民在网上预约欣赏、参与公共文化活动将更加便捷。改版升级后正式上线的"文化嘉定云"以更加亲民、更加人性化的服务方式带领公众体验便捷、新颖、有趣的公共文化。同时，"文化嘉定云"也于近年来推出了电脑终端、移动终端服务，通过网站、App、微信、微博等载体发布活动预告、展示场馆展品、回顾精品活动、推广数字阅读。其中，由"文化嘉定云""数字展馆""嘉定数字阅读"共同组成的App移动应用客户端集群极大地提升了云平台移动终端的服务能力。

（二）上海东方公共文化配送服务平台

2014年3月，上海东方公共文化配送服务平台正式上线，使原来自上而下的市级单一配送，变身为市、区（县）、街镇三级公共文化资源配送网络。作为面向全市17个区县配送公共文化服务的统一窗口，其工作目标是逐步在全上海市范围内形成公共文化资源大配送、大循环格局，实行差异化配置，实现优势互补，使市民就近享受丰富优质的公共文化产品。

作为上海的文化创新机制，东方公共文化配送服务平台常设了6家"东方配送"单位作为配送的主要实施主体，包括东方宣教、东方讲坛、东方社区学校、东方信息苑、东方艺术指导中心、东方农村数字电影院线，为全市203家社区文化活动中心等基层文化单位提供文化资源和人才支持。全市200余家院团，包括国有专业院团（如上海交响乐团）、行业协会（如上海收藏协会）、文化机构（如上海文联）和社会主体（如上海阿卡贝拉中心）等，成为市级公共文化配送最主力的资源主体，从内容和形式上，汇集了文艺演出、电影、讲座、展览、活动、培训等各类资源3万多项。只要打开"上海东方公共文化配送服务平台"的网页，这些资源主体及其配送项目便可一目了然。2014年8月，上

[①] 上海市首个公共文化服务云平台"文化嘉定云"上线运行[N].中国文化报，2014-12-23.

海东方公共文化配送服务平台的"点单"功能正式启用，配送平台项目点单率高达80%，并为各基层文化设施预留了5天的点单时间。2014年下半年，参与上海市公共文化资源配送的社会主体热情大涨，全年上海市市级公共文化资源配送总额度为6500万元，并以各区县常住人口为主要分配依据，重点向远郊和大型居住社区倾斜。

此外，上海市文化行政主管部门根据社区实际点单量以及第三方绩效评估结果采取购买服务、实施项目补贴或者奖励等方式，鼓励和支持各类文化企事业单位、社会组织、社区群众文化团队为基层公共文化设施提供配送内容。

（三）新加坡"走进图书馆"数字文化平台

新加坡国家图书局（National Library Board）推出"走进图书馆"（Golibrary）数字文化平台，涵盖了新加坡国家图书馆、26家公共图书馆以及国家档案馆的公共数字资源。"走进图书馆"作为一个综合服务平台，提供内容不仅包括图书、电子书、资料、图片、杂志、报纸、历史资料、音频、视频等，还针对儿童、青少年、成年人、老年人等不同人群的需求免费提供包括讲座、研讨会、表演、论坛、展览等各类形式的公共文化产品和服务（部分活动需要缴纳一定低价费用），旨在促进新加坡的全民阅读、全民学习和文化信息交流。

"走进图书馆"网络平台采取时下流行的网购界面，市民注册后，通过点击"预定""放入购物车""结账"三个步骤，轻松"购买"所需要的活动项目。并预留了10分钟进行"结账"确认，"结账"时会自动提示"您所剩余的时间"，以确保预定的有效性。若预定超时，"您的订单"将会自动从购物车中取消，为其他人让出名额。近年来，新加坡公共图书馆、美术馆、博物馆等公共文化场馆还积极与时下年轻人热衷的社交平台Facebook、Twitter、Instagram、视频网站Youtube等进行互动、链接，甚至实现部分信息资源的共享。活动预约也可以与个人社交平台Facebook进行绑定，用户将个人预定的活动项目共享至社交圈，可在第一时间与好友进行分享。

（四）纽约市城市官方网站

纽约市城市官方网站作为城市综合型数字导航网络的典型代表，汇集了纽约市为市民提供的所有城市服务，包括文化、医疗、交通、卫生等领域。网站设计简洁，布局明了，首页按照商业、市民服务、文化娱乐、教育、环境、健康、交通等十大板块进行分类。在"艺术与文化"板块中，网站继续针对用户需求进行细分，设置"位置、活动、许可、意见和建议、赞助和支持"五大板块。

"位置"板块涵盖了纽约市所有文化场所的简要信息及相关网站链接，用户可以通过位置搜索、名称搜索和整体浏览获取相关文化场所的具体信息。"活动"板块主要提供文化机构和文化场馆举办的文化活动具体信息，包括活动日期、位置、活动类型，方便用户快速搜寻和定位城市文化活动。"许可"板块则为艺术家和文化机构提供表演许可和街道横幅宣传许可申请，以及相关活动举办的许可办理。"意见和建议"板块主要功能是为市民提供给一个公共图书馆服务进行评价和提意见的平台。"赞助和支持"板块则主要针对慈善家和有经济需求的非营利文化机构提供一个项目投资和融资的平台，帮助其建立沟通平台以及提供政府文化投入的公开信息。整个导航网主要结合了信息呈现和在线超链接（FAQ）两种方式为市民服务，帮助市民用户在第一时间内获取有效信息，以综合型信息服务平台的方式为市民用户提供第一手的文化服务信息。

三、基于"互联网+"公共文化服务平台："文化有约"

（一）创建理念和发展阶段

嘉兴市于2011年7月启动了以"共享和均等"为理念，以"资讯便捷、双向互动和零距离参与"为目标的"文化有约"公共文化服务网络平台，坚持重心下移、资源下移、服务下移，建立以需求为导向、有效对接群众需求的公共文化服务体系，不断满足城乡居民多样化、多层次的精神文化需求，有效对接群众文化需求。

2011年7月起，嘉兴市着眼于文化民生、品牌服务，探索实施"文化有约"项目，充分整合市级文化系统内图书馆、文化馆、博物馆和美术馆特色资源，推出了六大类免费项目和三大特色主题活动，全方位、多层次为群众提供服务菜单，满足基本文化需求。"文化有约"平台建设至今，历经了由"起步""发展"至"成熟"的三大阶段。

经过两年的摸索和实践，2013年，嘉兴市文化行政主管部门启动了"文化有约"的新型管理模式，以求达到"项目更合理、预约更便捷、质量更可控、服务更公平"的目标。全新改版的网站借鉴团购网站运营模式，整合现代信息技术成果，引入团购式服务供给界面，将所有活动资源包装成文化产品统一上架,以"菜单式"预约形式、"团购式"预约界面向广大市民提供免费培训、辅导、演出、讲座、展览、场地等公共文化服务,并推出了微信手机客户端,不断增强互动反馈功能,有效对接群众文化需求,使"文化有约"的品牌效应进一步扩大。

2014年上半年,"文化有约"进一步整合了科技馆、工人文化宫、青少年宫、妇女儿童活动中心等文化系统以外的公益性文化场馆,把"文化有约"建设成为嘉兴市公共文化服务的"民生工程"和"民心工程"。

(二) 主要做法

"文化有约"公共文化服务网络平台坚持政府主导,整合资源、创新模式、完善与各类公共文化场馆职能相适应的文化服务项目和机制,全面提升公共文化机构向群众提供公共文化产品和服务的效能。按照统一标识、统一管理、统一平台、统一制度的要求,在"文化有约"平台上培育活动品牌、形成长效机制。

1. 整合公共文化资源,促进共建共享

2014年6月16日印发的《嘉兴市全面推进"文化有约"项目实施意见》明确指出"文化有约"项目中的公共文化场馆包括以下两个方面:一是政府出资兴办的文化馆、博物馆、图书馆、美术馆、科技馆、纪念馆、工人文化宫、青少年宫、妇女儿童活动中心等公共文化服务设施和爱国主义教育示范基地;二是社会力量兴办的非营利文化场馆。"文化有约"通过整合公益性文化场馆和工青妇科教等场馆的资源,使跨部门、跨领域的现有公共文化设施资源得到有效融合、统筹发挥,逐步形成辐射整个嘉兴市的公共文化免费服务联盟,实现人才上的互动、场地上的互补、宣传上的互联,为嘉兴市民献上"文化大餐"。

(1) 图书馆资源

嘉兴市图书馆立足于"建设老百姓自己的公共书房"的宗旨,通过"文化有约"平台免费向市民预约开放公共阅览室、少年儿童阅览室、电子阅览室、报告厅、培训室、综合活动室、展览厅、自修室等公共设施场地;免费提供文献资源借阅、检索与咨询、公益性讲座、展览、培训、流动服务、主题活动等基本公共文化服务项目,创办了"南湖读书观影沙龙""好书有约读者沙龙""你点我播""快乐读写直通车""读写困难知识讲座"等一系列优秀活动。同时,通过数字图书馆、体验图书馆新技术系列活动等,吸引了更多市民走进图书馆，有效地延伸了图书馆的服务半径，发挥了图书馆的社会效益。

（2）文化馆资源

通过"文化有约"，群众能够实现场地、活动和人员的免费预约：可以免费预约用来举办民间美术、书法、摄影等艺术展的文化馆"百姓大展厅"；可以免费预约舞蹈排练厅、多功能厅、音乐、书法、美术、曲艺学习室；可以免费预约文化馆提供的全民艺术普及课程，如少儿芭蕾舞、拉丁舞、竹笛、声乐、戏曲、电子琴、跆拳道、成人太极拳等公益培训班；还可以免费预约公益性群众文化活动，如"百姓大舞台"之嘉兴市阳光艺术团京剧专场演出、"百姓大讲堂"之《油画创作漫谈》美术专题讲座、"非遗欢乐园"等。此外，通过预约，文化馆业务干部还定期为群众提供专业文化艺术辅导，如"百味艺苑"戏曲下基层辅导等，把文化服务直接送到群众身边。

（3）博物馆资源

作为集收藏、研究、展示和教育于一体的综合性人文科学博物馆，嘉兴市博物馆充分挖掘了馆内资源。在"文化有约"平台上，市民可以免费预约公益性讲座、书画展、科普展、瓷器展和各种群众互动参与的主题活动，如妙趣扎染、模拟考古、泥条盘筑、草编公益培训、新年贺卡制作、软陶手工制作、风车、风铃制作等；打造特色项目"零距离赏宝"，由文博专家和收藏爱好者一起欣赏馆藏珍品，每月举行一次，每次限额15人，以敞开式的鉴赏方式，使更多市民有机会全方位接触文物、近距离亲近文物，给文化、文物爱好者提供了一个交流的平台。同时，嘉兴市博物馆还推出"流动博物馆"系列服务，推出《走进大师——馆藏近现代作品展》《父辈的旗帜》《沃土嘉禾——历史时期的嘉兴》等展览，把博物馆搬到学校、社区、农村。"文化有约"积极吸引市民走进博物馆，让博物馆成为传承嘉兴文脉的重要载体。

（4）美术馆资源

市民通过"文化有约"，能够免费预订美术馆展览、讲座、活动、场地等。同时，嘉兴市美术馆也积极为市民提供个人展览所需的场地和技术支持，为普通市民提供在美术馆展示个人才华的机会，甚至鼓励有一技之长的市民直接进馆办展览。近年来，所举办的个人展览包括"美术有约"陆国强中国画作品展、"洪都十友"书法嘉兴展、"画吾自画"余昌梅、余宏达、姚晓冬中国画展览等，在"中国梦"新居民、新农民、新市民书画作品展中，不仅展出了平湖钟埭、嘉善姚庄的"新农民"的画作，还展出了来自韩国的"新居民"的书画作品。此外，嘉兴市美术馆专门为"文化有约"推出的周期性主题展览活动吸引本地群众、外地游客，甚至是国外友人，大家走进美术馆、体验艺术创作、感受民间风情。

（5）社会资源

随着市民参与积极性的提高，嘉兴市青少年宫、妇女儿童中心、工人文化宫、大剧院、科技馆、电影公司也陆续加入"文化有约"平台中来，对社会力量兴办的、暂不能完全免费开放的文化场馆实行低票价政策，对未成年人、老年人、现役军人、残疾人等社会群体实行免费或优惠参观服务。"文化有约"的服务供给范围也从嘉兴市本级扩展到嘉善县、平湖市、海盐县、海宁市、桐乡市等下辖县市，打造了"资源共享、服务创新、对接需求、优质便捷"的公共文化服务新平台，实现了服务与需求的有效对接。

此外，嘉兴市文化行政主管部门还与文化部门以外的部门和单位联手，形成部门互联互动，共同为嘉兴市民推出公益性文化活动：与市残联举办"盲文图书预约"公益活动、与市治堵办推出"绿色出行"主题宣传活动、与市公益团体推出一系列面向城乡的品牌项目，如"禾禾绘本故事会""流动展览进校园"等。同时，嘉兴市不少民办专业艺术培训机构也主动联系嘉兴市文化行政主管部门，利用"文化有约"平台推出免费培训课程，许多名额一经预约，很快就被"一抢而空"。

2. 完善内容建设，丰富文化产品供给

（1）提升场馆服务供给能力

对公益性文化场馆设施进行提档升级，提升场馆服务供给能力，使各场馆均具备了免费无线上网、生活休闲、文化信息咨询等功能，既延伸了公共文化服务空间，又满足了群众文化需求。通过开通免费无线上网服务，任何进入文化场馆的市民都可以利用随身携带的手机、电脑等移动终端免费上网；通过整合闲置空间资源、设置休闲区、增加生活休闲服务功能，为市民免费提供饮用水、资料等服务；通过提供文化信息咨询服务，如海报、设置阅读架、电子屏公告以及在新华书店连锁店宣传等，方便群众了解全市"文化有约"服务信息。将公益性文化场馆打造成为群众文化休闲的首选基地、知识信息的获取基地、提升素养的专业基地、文艺团队的辅导基地、文化成果的展示基地。

（2）按不同人群分类服务

"文化有约"平台还根据不同服务人群的特点和需求，把服务对象分成机关公务员、企业家和企业职工、窗口行业服务人员、在校学生、社区居民、农村居民、外来务工人员和在嘉兴工作生活的外籍人士8类,以人为本、推出个性化服务方案。为使推出的文化活动更加贴近群众意愿、满足群众需求,"文化有约"坚持"三步走"方针:第一步,关注人群需要;第二步,关注活动效果;第三步,关注反馈意见。通过问卷调查、热线电话等渠道,收集意见建议,及时研究整改,提供优质服务。

(3)"菜单式"预约模式、"团购式"预约界面

在总结经验的基础上,"文化有约"公共文化服务网络平台于2013年7月全面改版,融合现代信息技术成果,大胆创新,在全国首创推出了"团购式"公共文化服务网络平台,借鉴团购网站的运行模式,引入团购式服务供给界面,以"菜单式"预约形式向广大市民提供免费培训、讲座、演出、展览、场地、主题活动等,将所有活动资源包装成文化产品统一上架,让市民通过预约方式参与相关活动,深化和拓展了"文化有约"的各项服务功能,实现"文化有约"与群众文化需求的有效对接。图书馆充分利用乡镇分馆全覆盖的有利条件,所有服务项目对外公示,免费为读者提供文献资源借阅、数字图书馆使用培训、公益性讲座、展览等。文化馆开设音乐、舞蹈、戏曲、美术等多个门类的培训辅导和群众文化大舞台,为业余群众艺术团队提供免费展示平台和专业技能培训。博物馆策划开展特色系列活动,并通过流动展览进学校、进社区等,将博物馆融入市民生活。美术馆举办展览、讲座等,并为民间展览提供场地和技术支持。其他公共文化场馆在面向青少年、企业职工、妇女儿童、残疾人等群体时,均提供了免费开放项目。

(三)文化有约服务成效

嘉兴市"文化有约"注重体制机制创新、丰富服务项目、改善服务环境、提升服务质量、充实服务队伍,努力在场地、项目、管理、服务、队伍、安全以及经费等方面切实加以保障,建立长效机制,使"文化有约"成为群众获取文化信息、参与文化活动的主渠道,让公共文化场馆真正成为嘉兴市民的"文化客厅",成功地将"文化有约"打造成为国内公共文化服务的知名品牌。

1. 百姓有约,拓宽了公共文化服务的覆盖面

"文化有约"公共文化服务网络平台通过对公共文化资源的整合,满足了各类人群文化需求,将公共文化服务延伸至农村文化礼堂,甚至增加面向特殊群

体的公共文化服务，活动范围也扩大到"大嘉兴"范围。"文化有约"在实际工作中拓宽了公共文化活动的覆盖面，扩大了影响力和传播力，提高了群众的参与度，增强了品牌的社会公认度，提升了群众主动参与公共文化服务的积极性和主动性。

到2015年上半年，"文化有约"平台接受城乡居民预约服务18万多人次，举办免费公益展览400多场，各类讲座、培训、辅导2000多场，组织开展活动及演出800多场，直接受益群众达150多万人次①。根据"文化有约"网站的统计，至2015年7月初，网站的点击率高达235.5万②。

2. 政府有约，实现了供给与需求的有效对接

"文化有约"以群众的真实文化需求为着力点，与时俱进、因地制宜，通过可供选择的"团购式"供给界面，把文化活动送到群众身边，由市民自己来选择参与文化活动。在政府层面上建立了公共文化服务的统筹协调工作小组，将公共文化的服务供给，从文化系统内延伸到了系统外，"文化有约"已不再是文化部门的单打独斗，而是全社会共同参与的协作联盟，既实现了部门联动和跨领域合作，又进一步促进区域内公共文化资源共建共享。

"文化有约"将公共文化服务打包成项目供群众预约参与，改变了以往政府部门盲目、单向地送文化到基层为群众自主选择、双向互动的模式，将文化需求与文化产品进行有效对接，提高了文化活动的针对性和实效性，提高了公共文化服务的精准度和效能。

3. 机构有约，促进了各方资源的统筹协调

在"文化有约"的发展过程中，不仅统筹了市级图书馆、文化馆、博物馆和美术馆等公共文化场馆和资源，进行了认真的探索和挖掘，增强场馆对群众的吸引力，还进一步协调了分散在科技馆、工人文化宫、青少年宫、妇女儿童活动中心和民营机构以及市残联、市治堵办、社会公益团体等的公益性文化资源，并继续向区、市、县深度延伸，使那些有益于民生、有助于社会发展的公益性活动常态化、系列化开展。公益性文化场馆和资源在"文化有约"这个平台上得到了高效利用，效能不断攀升，达到了群众"进得来、愿意来、有所获"

---

① "文化有约"，让文化服务触手可及[N].嘉兴日报，2015-06-23（11）.
② 截止到截至2015年底，"文化有约"共推出培训、展览、演出等各类公益性活动2700多个，网站点击量已突破300万人次，直接参与群众突破100万人次。

的既定目标。

4. 社会有约，调动了全社会的积极参与

"文化有约"不仅调动了群众参与公共文化活动的积极性，更鼓励社会力量承接文化项目，以政府购买公共文化服务的方式，引进社会力量参与。在整合公共文化资源、扩大公益性文化活动社会效益的同时，调动了社会力量参与公共文化服务的积极性。目前，"文化有约"已吸纳了10家民营文化机构加盟。通过提供优质的公共文化服务产品，促进群众之间、社区之间、社群之间的沟通与交流，使公共文化服务成为推动群众素质提升、增强全市文化活力、推动社会和谐发展的动力。

四、强化"文化有约"运行管理研究

（一）坚持以群众文化需求为导向

"文化有约"平台通过建立信息反馈工作机制和健全公民文化诉求表达机制来突出群众的主体地位。一方面，通过"菜单式"预约、参与，对项目作出选择和评价；另一方面，设立了"满意度调查"及留言版块，参与活动的市民可实时进行评价，通过打分及留言的方式对服务质量做出反馈，提出建议或个性化的需求，"文化有约"的活动和场馆好不好、欢迎不欢迎、满意不满意，群众说了算。这样，便于各公共文化机构及时分析、改进提高，推出更符合群众需要的公共文化产品。此外，"文化有约"通过网络平台、手机平台等载体，通过问卷调查、座谈等形式，定期采集群众对"文化有约"实际效果的反馈信息，努力达到各场馆服务与群众文化需求的无缝对接。

（二）提升组织领导能力

按照"统一管理、分级负责、稳步推进"的方式，嘉兴市成立"文化有约"工作领导小组，由副市长任组长，办公室设在市文化行政主管部门。市文化行政主管部门具体负责"文化有约"工作的日常管理、组织实施、指导推进和监督考评等工作，领导小组负责统筹各地、各单位公共文化资源，协调工作中遇到的各类问题。各县（市、区）也根据实际情况，建立相应的领导小组和工作机构，确定联络员，具体协调各项工作。为优化公共文化服务质量，各公益性文化场馆也相应成立免费开放深化工作小组，具体策划本馆各项服务内容，建立评估考核体系，对具体实施情况进行督促检查和综合考评。

要加强培训。"文化有约"项目管理办公室不仅要对"文化有约"项目的情况进行详细介绍,传达领导小组的具体要求,还要结合《"文化有约"实务手册》作详细讲解说明,并对"文化有约"网络平台加强操作培训。

(三)保障财政经费支持

嘉兴市财政局按照"增加投入、转换机制、增强活力、改善服务"的原则,加大对"文化有约"的财政投入力度,保障经费支持。2012年3月出台了《嘉兴市深入推进公益性文化场馆免费开放专项补助资金管理办法》,由市财政设立专项资金,每年对公益性文化场馆免费举办的辅导、培训、演出、讲座、展览等活动提供财政补助。各县(市、区)设立财政专项补助资金,每年对公益性文化场馆免费举办的辅导、培训、演出、讲座、展览等活动提供财政补助,确保免费开放工作的可持续。

1. 建立奖励扶持机制

2014年,"文化有约"项目进入深化阶段,制定出台《嘉兴市全面推进"文化有约"项目实施意见》,就"文化有约"资金补助办法的补助标准、程序、审核督查等事项予以确认,明确提出除了对市本级公益性文化场馆进行补助的同时,还需要探索以政府购买服务的形式引进社会力量参与公共文化服务建设。在此基础上,2014年7月出台了《嘉兴市"文化有约"项目资金补助暂行办法》,对项目的申报审核、监督管理、补助标准做了详细具体的规定,明确市财政每年在市级文化发展资金中安排一定额度用于"文化有约"项目经费补助,特别是鼓励社会力量承接"文化有约",积极引进社会力量对公益性文化场馆进行捐赠和投入,拓宽用于公益性文化场馆免费开放和"文化有约"系列活动的经费来源和渠道。

2. 明确资金补助范围

项目资金补助范围为通过"文化有约"平台在市本级范围内开展实施的公益性文化活动项目,主要为培训、讲座、演出、辅导、展览、场地和主题活动等,根据项目范围、场次等明确补助标准,并对组织实施效果好、群众参与度高、具有较强社会影响力的"年度十佳项目"(表8-1)给予5000元奖励基金。

表 8-1　2013 年度评选出的"文化有约"十佳项目

场馆	活动项目名称
图书馆	"全民数字阅读"推广系列项目
	"禾禾"系列亲子主题活动
	"雨润"信息关爱工程之"夕阳红 e 族"电脑培训项目
文化馆	"小石榴艺苑"
	"百姓大展厅"
	"百姓大舞台"
博物馆	"零距离赏宝"
	"流动博物馆之展览进校园（社区）"
美术馆	暑期"小漫人大师班"

《嘉兴市"文化有约"项目资金补助暂行办法》中明确了社会力量承接"文化有约"的项目活动，补助标准参照公益性文化场馆这一条款，鼓励了社会力量积极主动参与嘉兴市公共文化服务建设。

3. 规范活动申报与审核程序

"文化有约"项目由市本级相关单位自愿申报，每季一次，数量不限，申报单位通过"文化有约"网站进行提交《"文化有约"项目申报表》，材料涉及的说明附件需提交电子文档和纸质文本，并同时报送"文化有约"办公室。"文化有约"办公室对报送的《"文化有约"项目申报表》进行整理、分类，并负责向财政部门提交资金补助草案。财政部门对项目资金补助草案进行审核并提出意见后，提交"文化有约"领导小组审议。审议结果由"文化有约"办公室反馈项目申报单位。项目经"文化有约"领导小组审议通过的，申报单位在项目实施前 30 个工作日内提交项目活动方案、实施时间、场所地址、图片、联系人等详细材料。"文化有约"办公室在对材料审核后，2 个工作日内在"文化有约"网站上进行公布。

4. 完善经费预算申报、结算与核拨

"文化有约"项目经费纳入市文化行政主管部门财政预算，按市级文化发展资金管理办法有关规定执行。补助经费每年结算一次，并于次年 1 月 1 日－1 月 15 日将《"文化有约"专项经费申请表》和《经费使用报告》提交至"文化有约"办公室。"文化有约"办公室组建经费审核小组，对各单位提交的《"文化有约"专项经费申请表》和《经费使用报告》与活动材料进行整理、审核,并将审核意见提交"文化有约"领导小组审定。经"文化有约"领导小组审定的项目补助资金,由市财政直接拨付。社会力量参与"文化有约"项目活动的,按照政府购买公共服务合同约定,实施项目验收并拨付资金。

(四)完善项目评估反馈机制

"文化有约"工作领导小组办公室对照基本公共文化服务项目、内容、标准进行督查和评估,建立一套完善的运行考核标准和监督反馈机制,运用科学的手段来解决"文化有约"在公共文化服务中出现的问题,达到有针对性地科学纠偏。同时,文化部门加大绩效考评的力度,加强对各单位"文化有约"项目资金使用情况的综合考评,以提高项目资金的使用效率。

1. 完善监督评估机制

形成"文化有约"质量追踪制度,定期对相关活动的实施情况和效果进行分析和评估,"文化有约"项目的日常监督主要通过网站以及项目实施现场发放满意度调查问卷,采集服务对象的满意程度、意见和建议,对配套的文化需求、用户建议、安全运行情况等进行研究,有利于进一步改进提高。

专项监督方式为定期报告制度和专项检查制度。定期报告制度:项目结束后7个工作日内,实施单位向"文化有约"办公室报送项目实施报告及宣传报道、照片、经费使用情况等资料,由"文化有约"办公室组织项目检查验收。专项检查制度:对各单位组织实施的项目进行常规性检查或抽查,并对日常监督中群众满意度较低的项目进行重点检查。

2. 健全互动反馈机制

采用项目评分制,针对"文化有约"推出的每一个项目,设立满意度调查和留言版块,用户可以通过互动方式提出参与活动的问题及建议,实现与工作人员的直接交流。设立用户评分版块,允许参与活动的用户通过打分及留言的方式对文化活动的质量、效果、问题等做出反馈,反馈结果是文化部门拨付后续经费、项目评奖、项目申报的重要依据。根据不断扩大的需求和用户反馈的意见建议,"文化有约"也已经不断对网站后台管理、用户中心等版块进行优化升级,并通过微信、微博公众平台补充网站力量。

(五)实现技术突破,推动提档升级

技术应用是"互联网+"计划中的重要内容,技术为传统产业互联网化提供了重要支撑，而互联网本身就是一种新技术，对新技术的应用有利于传统产业进行技术创新。"文化有约"公共文化服务平台运用了互联网思维，拓展公共文化服务的空间，利用"互联网+公共文化服务"的模式提升公共文化服务的现代传播能力和服务水平，让群众共享更多更好的公共文化服务资源。四年前建立的这一网络平台，使公共文化服务从现实生活拓宽至网络空间，网站的改版升级也是在公共文化服务领域运用互联网思维的进一步探索和实践。

从2011年7月"文化有约"诞生之初的1.0版本到2013年7月2.0版本的"团购式"改版升级，在"文化有约"网站的实际使用过程中，不少技术问题也随之出现，如短信发送障碍、网络性能不稳定、后台操作不灵活等。2014年12月27日，"文化有约"3.0版本正式使用，基本解决了上述问题，实现了单天最高访问量突破2万人次、网站的点击率达到235.5万之多。

拥有十大新功能的"文化有约"3.0版本是对互联网思维的深度理解和高度把握。3.0版本的网站是为"文化有约"专门定制的、由专业程序员从底层设计和建模开始的新网站，嵌入大数据采集、存储和分析处理，不仅是对旧版本不足之处的改进和完善，更实现了管理的高效、服务的优质和资源的整合。新网络平台较之前新增了10项功能，全面升级用户的体验。

（六）用户积分管理，鼓励群众参与

推出"用户积分管理"模式。依据《"文化有约"用户协议》和《"文化有约"用户积分管理暂行办法》来执行。用户积分管理具体规定如下：①新注册用户即获得起始分100分；②每日登录一次获积分1分；③成功参与一次活动获积分1分；④参与活动后作出评价获积分1分，被管理员标记为精彩评价的再获积分2分；⑤成功预约后既未取消预约，又未参加活动的每次扣积分10分；⑥预约活动的最低积分为85分，低于85分将不得预约任何"文化有约"项目；⑦建立积分俱乐部制度，高积分用户有权参加用户特别活动、拥有招募文化活动权利、并获得其他奖励性活动。

同时，根据不断扩大的需求和用户反馈的意见建议，"文化有约"也已经不断对网站后台管理、用户中心等版块进行优化升级，并通过微信、微博公众平台补充网站力量，形成"文化有约"质量追踪制度，对照基本公共文化服务项目、内容、标准进行督查和评估，定期对相关活动的实施情况和效果进行分析和评估。运用科学的手段来解决"文化有约"在公共文化服务中出现的问题，达到有针对性地科学纠偏,有利于进一步改进提高。"文化有约"通过运用"互联网+"下的新型互动反馈机制,提升了群众的满意度,扩大了品牌的美誉度。

五、构建"文化有约"建设长效机制研究

(一)鼓励社会力量参与,培育文化消费

"文化有约"发展至今,已不再是文化部门的单打独斗,而是全社会共同参与、共同行动的协作联盟。通过丰富的活动内容、多样的活动形式,活动与活动、项目与项目之间不仅实现了资源整合,还产生了竞争效应,从很大程度和意义上延伸了"文化有约"惠民的覆盖面。文化部门也逐步从文化活动的"提供方",转变为文化活动的"中间方和监管方",实现政府从"办文化"到"管文化"的转变。

2014年7月出台了《嘉兴市"文化有约"项目资金补助暂行办法》,具体对项目的申报审核、监督管理、补助标准做了详细规定,特别是鼓励社会力量承接"文化有约",积极引进社会力量对公益性文化场馆进行捐赠和投入,拓宽用于公益性文化场馆免费开放和"文化有约"系列活动的经费来源和渠道,推动"文化有约"品牌焕发出更大的生机和活力。"文化有约"平台积极引进社会力量参与,鼓励和扶持社会资本进入,通过政府购买服务形式鼓励社会力量进入公共文化服务领域,并根据合同约定,按照公共文化场馆标准对社会力量兴办的非营利文化场馆和文化机构进行补助,对社会力量兴办的、暂不能完全免费开放的文化场馆实行低票价政策,对未成年人、老年人、现役军人、残疾人等社会群体实行免费或优惠参观服务。目前,有10家民营文化机构加盟,社会力量的参与为"文化有约"提供了多元发展动力。

例如,嘉兴市图书馆和"星星家园融合教育中心"合作,鼓励社会各界对自闭症儿童的关注和爱护,开展了一系列活动,包括绘本阅读、节日符号手工制作、互动游戏、参观实践等活动。此外,在多年的探索中,"文化有约"还联合嘉兴市残联,举办了"心要让你听见"大型公益活动,并启动盲文图书预约服务;联合市治堵办,推出"文化有约、绿色出行"主题宣传活动;联合市科技局,成立了"禾禾科普站"。此外,"文化有约"还加强与社会公益团体合作,积极联系小咕咚群、青鸟社工等公益团体,根据需要推出了一系列面向城乡的品牌项目,如"禾禾绘本故事会"、流动展览进校园等。在此基础上,"文化有约"正在探索如何进一步引导更多的民间资本、社会力量进入公共文化服务领域,并尝试引进更多民间培训机构,提供免费的普及性艺术文化培训;探索如何进一步拓展公共文化活动的形式和内容,延伸精品文化活动的影响力和传播力;探索如何进一步提高市民文化消费的积极性和主动性。

在满足人民群众的基本文化需求、提升基本文化素质的同时,"文化有约"积极培育本地文化消费人群、培育精品文化的消费需求,从而刺激和拉动全市的整体文化消费水平。通过引进嘉兴市大剧院、嘉兴市电影公司入驻该平台,推出小额度的"文化消费卡""50元演出公益票""电影团购"等具体优惠措施,引导喜欢文化且经济条件较好的市民带头购买,鼓励市民亲近文化、消费文化。例如,大剧院推出纯公益经典互动人偶剧,2013年底预约人次达到2.5万人次,电影公司推出的"寻找嘉兴电影回忆"有奖募集也吸引了众多嘉兴市民参与。

(二)联手各类媒体,形成宣传合力

"文化有约"常态化宣传的互联网平台拥有1个信息集成管理和7个二级网站,同时拥有中国移动10086和中国电信114的电话热线服务平台,并以手机文化短信和掌上服务为切入点,形成特色宣传:市民通过手机短信、"文化有约"微信公众号的推送以及新浪认证官方微博的信息公布,能及时对近期"文化有约"的活动进行了解和预约。截至2014年底,"文化有约"微信关注人数已达3500多人。

在利用网络和当前热门科技手段的同时,"文化有约"在推广方式上还注重联手传统媒体,及时发布各类文化资讯和活动信息,具备咨询解答、活动预约和意见反馈等功能,努力打造了一个信息畅通、覆盖城乡的公共文化服务传播网络体系,便于群众能在第一时间获取活动内容、安排文化生活,进一步提高"文化有约"的媒体影响力。

广播。自2014年9月起,携手FM88.2"嘉兴生活广播"推出"文化有约"电台版块,推出专题广播栏目,定期在节目中播报活动讯息,推出"答题有奖"活动等。

报纸。在《南湖晚报》周日的"灵市面"版面、《嘉兴日报》等纸质媒体上开设"文化有约"报刊专栏,以预告形式发布活动讯息,扩大活动知晓面。

电视。与嘉兴市电视台"影视文化频道"合作,在每周一的《今朝多看点》节目中播报近期活动安排。

传媒公司。在全市社区、商场、超市投放LED/LCD视频广告，面向6.4万个家庭、25万住户、40多万人次每天循环滚动播出"文化有约"相关资讯。截至2013年底，已播出视频广告2万多次。

公交媒体。与嘉兴美动传媒、嘉兴公交电视合作，在全市60多个社区及公交线路上投放"文化有约"宣传广告。

标识宣传。开展"文化有约"标识、宣传口号、画册、海报等视觉识别的宣传工作，提升市民对品牌的认知度，提高公众参与的自觉性和主动性。

派发衍生品。2015年4月起，嘉兴市文化行政主管部门为"文化有约"量身定制"文化有约"系列礼品，包括书签、马克杯、杯垫等文化用品，在开展活动时，免费发放给参与文化有约项目的市民。

（三）网聚各类人才，提供多样化服务

"文化有约"平台实现了对现有公益性文化场馆的专业文化人才的充分利用，以图书馆、文化馆、博物馆、美术馆的专业人才为骨干，组建了一支认真负责、素质过硬、稳定高效的专业文化队伍，并动员了不同层次、不同类型的文化人才走进"文化有约"的服务队伍之中，为"文化有约"提供了有利的人才资源。

同时，培育了一批与公益性文化场馆联系密切的志愿者，参与走基层活动，开展形式多样的讲座、辅导、演出、培训等活动，"文化有约"也继续将挖掘人才的触角向基层延伸。

六、"文化有约"的发展方向研究

"文化有约"公共文化服务平台在未来的实践和发展中，要按照中共五中全会"四个全面"战略布局和"创新、协调、绿色、开放、共享的发展理念"，继续坚持以群众实际文化需求为服务出发点，继续围绕不同人群的个性化需求，建立起精准识别需求、精准分类服务、精准落实管理"三位一体"的服务模式。

（一）精准供给，对接群众需求

进一步加强大数据技术应用，通过对用户进行性别、年龄、学历、职业、爱好、收入、身体状况、行为特征等数据的采集，仔细分析和对比不同人群对文化需求的差异和共性，分析出一定时期内（半年或一个季度）文化产品、服务内容、供给方式的特征和效果，以在"文化有约"上实时做出调整。对于明确知道自己文化需求的群众，"文化有约"网站要提供一个可以让这部分人群直接与服务供给方交流和对接的平台，明确提出具体的文化需求；对于个人文化需求模糊的群众，"文化有约"在丰富自身服务供给能力的基础上，通过阵地服务和流动服务，加强对这部分人群文化参与的引导；对于常年较少参与文化活动、较少提出文化需求的群众，"文化有约"项目小组要实地开展调研，重点分析阻碍参与文化活动的因素，及时修补在服务方面的"短板"和缺失，通过加强宣传、服务创新、激励机制等手段，鼓励吸引这部分人群参与公共文化服务。

同时，强化对公共文化活动参与的反馈，完善现有的"5分制用户打分评价"，新增加"文化有约"活动参与者的"在线问卷调查"板块，并通过互联网把传统的调查数据化，回答完调查问题后，在线自动生成可视化统计图表。管理人员需要进一步对数据进行交叉、分层分析，定期得到来自不同群体、关于不同活动类型的细分报告。

（二）丰富内容，完善线上服务

增加"精彩活动视频回顾"板块。将表演、讲座、展览等活动的精彩视频片段、活动参与者的现场采访等视频放至往期活动回顾的专属板块中，一方面可以加强对活动本身的宣传，另一方面也让有潜在参与需求的市民用户提前了解往期活动的精彩程度，对活动参与者来说也是一段共享公共文化成果的回忆。

增加"文化知识竞赛"板块。通过在线选择题测试，回答有关嘉兴地方文化知识的问题，并实时公布用户的得分排名，得分从高至低相应获得一定用户积分。

增加"微课堂"版块。借鉴慕课形式，制作每节3分钟左右的"微课"，分专题介绍嘉兴地方历史、名人文化、美食文化、嘉兴市国外友好城市介绍等，增加嘉兴市民对本地区历史文化和社会生活的了解。

增加场馆网站之间的链接。目前嘉兴市图书馆、文化馆等可以链接至"文化有约"网站，而文化有约网站则无法链接至各文化场馆，场馆网站之间的链接功能还可以进一步完善。

增加"文化地图"。在地图中标识出"文化有约"所涉及的设施、场馆、场地等的具体街道分布，并配备有"如何到这里去"的交通线路导航指引，以及"我的附近"周边美食、超市、旅游景点等情况的介绍。为公众提供即时、丰富的周边文化信息，使"文化有约"走进千家万户，成为百姓日常生活中不可或缺的一部分。

增加"在线回复"板块。通过"人工在线"回复（工作时间内），第一时间解答市民用户在使用"文化有约"网站时的疑问和需求。

（三）积分换购，激励用户参与

引入时下在超市、商场、银行、手机移动业务、航空等行业广泛运用的"积分换购"用户激励机制。首先，适度调整现有的积分分值和实施办法，重点是将"文化有约"的活动积分与每位市民专属的"文化卡"进行绑定，积分统一累计进入到"文化卡"上。"文化卡"由政府统一发放，市民到指定地点免费办理，凭身份证、手机号码等有效信息实名制登记即可获得。"文化卡"持卡者在嘉兴全市范围内的各大电影院、场馆、新华书店、大剧院、文化广场、教育培训机构、体育健身中心、旅游景点、报刊亭、甚至文具店等指定商户消费可以享受一定折扣的价格优惠。消费后，按照个人实际的消费金额（即折后价），等值累积消费积分。当市民用户的"文化积分"累积到一定分值时，可进行"换购"，兑换指定的文化礼品。

（四）公益众筹，拓展社会参与

在现有基础上，"文化有约"平台可以开辟社会力量参与的"众筹专属区"，通过互联网众筹的方式，吸引更多文化类组织机构和企业参与到公共文化服务中去，利用互联网平台对接企业和公众。

具体而言，在实际操作中，众筹的发起人为文化类组织机构和企业等社会力量，众筹平台为"文化有约"，跟投人为政府和"文化有约"的用户。文化类社会组织机构和企业在"文化有约"平台上发起公益性文化活动和项目，不仅可以筹集到政府的财政补助，还有跟投人的关注。例如，一民营图书馆作为发起人，在"文化有约"平台上发起"为盲人读书"的项目，用户通过"文化有约"，"捐赠"自己的声音，上传录制好的音频为盲人"读书"。该民间图书馆可以以用户上传音频的数量为依据，筹得来自政府的相应财政资助，又能够把"筹"来的音频送到盲人身边，因此而获得市民对该项目、该企业的关注。

又如，一文化培训机构作为发起人，在"文化有约"平台上发起"你点1个赞、政府捐1元钱，为我市残疾人开展文化艺术专属体验"活动。假设活动得到了5万个赞（首先设定同一用户不可反复点赞），也就意味着该机构在开展这项公益文化活动时，不仅获得了来自政府的 5 万元财政补助，也意味着有 5 万嘉兴市民知晓了这项公益活动，了解了这家文化培训学校的慈善举措，扩大了该机构的社会影响力。

与纯粹的商业众筹不同，从严格意义上说，这种众筹模式更是社会力量体现社会责任的一种具体方式，有利于增加企业与公众的互动、吸纳社会力量参与公共文化服务、提升公众参与文化活动的积极性。

（五）微信平台，扩大信息推送

在微信普遍使用的当下，微信营销手段作为网络平台的支持力量和移动手机时代的宣传触点，微信平台能够迅速调动目标人群的快速关注。"文化有约"可以在现有基础上，进一步利用好微信公众号的推送功能，提高推送频次、丰富推送内容、完善推送界面。既可以推送最新的活动预约信息、各地区、各场馆的活动照片、图片、语音等，又可以推送大众的、全民艺术普及类的信息资讯，逐步让手机微信用户对"文化有约"形成阅读依赖和习惯，养成主动去阅读"文化有约"公众号推送内容的潜意识。

通过以上改进措施，将"文化有约"打造成为易用、集成、互通、一站式的公共文化服务平台，使文化场馆亲近化，让公共文化场馆逐渐成为城乡群众文化休闲、学习交流的首选之地；使服务内容的多样化，让更多群众主动参与到公共文化活动中来；使参与活动方式便捷，让更多群众轻松地参与和互动。

链接：

嘉兴的"文化有约"给了我们什么启示？

范　周

近日，在国家公共文化示范区的验收工作中，浙江嘉兴的一项重要的公共文化工程——"文化有约"让我印象颇深，创建公共文化服务体系的"嘉兴模式"使我深受启发。2013 年创建国家公共文化服务体系示范区以来，嘉兴市围绕"构建具有嘉兴特色、东部地区示范、全国领先的现代公共文化服务体系"的总目标，积极创新实践，形成了一系列具有嘉兴特色的工作亮点。"文化有约"服务项目是其中的一项特色品牌，研究"文化有约"对于我国其他地区的公共文化建设具有实际的借鉴意义和参考价值。

1. 有效整合资源，提升供给水准

尽管来自不同领域、不同行业主管部门的文化阵地的内容千差万别，但在"文化有约"的统一组织协调下，公共文化服务能够更好地、更有针对性地发挥作用。"文化有约"整合了文化系统内图书馆、文化馆、博物馆、美术馆和系统外科技馆、工人文化宫、青少年宫等各类资源，并由市级延伸到各县（市、区），由政府主办的公益性文化机构拓展到社会力量兴办的各类文化机构，实现了跨部门、跨行业、跨地域公共文化资源的有效整合，极大地丰富了公共文化产品和服务供给，群众的文化活动内容也更加丰富多彩。截至2015年底，"文化有约"共推出培训、展览、演出等各类公益性活动2700多个，网站点击量已突破300万人次，直接参与群众突破100万人次。

2. 拥抱"互联网+"，打造创新平台

"文化有约"通过"互联网+"的形式把许多共享的文化资源都整合到公共文化服务的平台上。通过这个平台，不仅文化部门自己管的内容得到了充分的发挥，而且与文化有关联的一些机构也主动地参与进来。"文化有约"着眼于通过供给模式的创新，运用"互联网+"思维，建立综合性、一站式服务和管理平台，嵌入大数据采集和分析处理，精准对接群众文化需求，大大提升群众的参与度。依靠数字化打通公共文化服务"最后一公里"，实现文化与科技的深度融合，打造"互联网+公共文化服务"的创新特色平台，不断提升公共文化均等化水平。"互联网"平台预约和"订单式"活动参与，实现服务与需求无缝对接，推动基本公共文化服务与多样化、个性化、优质化公共文化服务的有机统一；"互联网+公共文化服务"打破时空界限，有力提升了公共文化服务的现代传播能力，促进了基本公共文化服务的标准化、均等化。

3. 强化运行管理，政策保驾护航

2013年7月，"文化有约"公共文化服务平台改版升级，融合现代信息技术成果，引入团购式服务供给界面，将所有活动资源包装成文化产品统一上架，让市民通过预约方式参与相关活动。为推动"文化有约"可持续发展，2014年初各种完善和深化举措陆续推出，《嘉兴市全面推进"文化有约"项目实施意见》《嘉兴市"文化有约"项目资金补助暂行办法》接连出台，前者着眼于保障公民基本文化权益、发挥公共文化机构基本职能作用及增强公共文化服务能力和管理水平三方面，后者明确对市本级公益性文化场馆"文化有约"项目进行补助，并探索以政府购买服务形式引进社会力量推出"文化有约"项目，参与公共文化服务。同时，制定《"文化有约"用户积分管理暂行办法》，建立积分激励机制，实现了群众的实时评价与反馈。

4. 拓宽服务覆盖，精准对接需求

"文化有约"平台通过对各类公共文化资源的整合，满足了各类人群的需求，活动范围也扩大到"大嘉兴"区域，增强了品牌的社会公认度。将公共文化资源打包成项目供群众预约、参与，提高了服务的针对性和实效性。畅通监督反馈机制，对项目做出评价，及时受理群众诉求，提高了群众参与的积极性和主动性。以"菜单式""众筹式"等预约形式向人们提供免费培训、辅导、演出、场地及各类特色文化活动。博物馆推出"流动博物馆""流动体验区"，将馆内固定展览及专题类题材以展板形式向社区、学校等社会单位提供展览服务，并将泥塑、软陶等制作项目送至乡村、社区；文化馆开辟"春耕""夏种""秋收""暖冬"服务，音乐舞蹈、书画摄影、送书送戏、声乐器乐、非遗保护等"菜单"，四季不停歇；科技馆将科普知识、手工实验室送到社区，引发社区孩子们对科技的好奇与兴趣。

"文化有约"以保障文化民生、落实文化惠民为根本，逐渐成为嘉兴公共文化服务体系中的一张新名片。"文化有约"的"嘉兴经验"给我的启发如下：

第一，转变政府角色，发挥市场机制。

在政府的统一协调下，通过市场运行机制，采用政府采购和购买的形式，调动了社会力量参与公共文化服务的积极性，让隶属于不同部门文化资源和文化服务的内容得到更好的发挥。"文化有约"在政府层面上建立了统筹协调机制，公共文化供给实现了横向拓展、纵向延伸，形成了部门联动和跨领域合作的协作联盟，促进了区域内公共文化资源的共建共享，实现了供给与需求的有效对接。目前，"文化有约"已吸纳了近20家民营文化机构加盟，推动了公共文化服务向优质服务转变，培育和促进了文化消费。政府实现了由办文化向管文化的角色转变，强化了政府购买公共文化服务的理念；社会力量涌入公共文化服务，打破了原有的体制壁垒，最大程度保障了广大群众的基本文化权益。

第二，打破行政壁垒，扩大资源共享。

长期以来，文化部门只注重对于文化资源的开发与利用是不够的，还应该通过有效的途径打破行政壁垒，充分发挥我们全社会公共文化资源的作用，这也和国务院2号文件的精神是一致的。在这方面，嘉兴做了非常有意义的尝试。在公共文化服务建设的过程中，整合隶属不同行政部门的资源的工作还应更进一步地打破壁垒，扩大更多领域的公共文化资源，包括高等院校、当地驻军的资源等。只有实现我们社会的公共文化资源利用的最大化，我们的公共文化建设才属于全民性的，才能打破单个文化主管部门的局限性，进而使得公共文化服务建设能够全面发展和有效开展。

第三，正视既得利益，打造民心工程。

在整合资源的过程中，不能简单地依靠行政命令来操作。目前在现行体制下，各个行政主管部门的既得利益是非常顽固和明显的。所以，如何让这些利益能够得到有效的保护，同时又能让这些资源得到最大化地盘活是最大的难题。嘉兴的做法是值得我们深入思考和研究的，"嘉兴经验"在全国具有很强的推广价值和影响力。此外，文化部门还应深入推进横向拓展、纵向延伸，提供更加丰富、多样的公共文化产品和服务，有效对接群众文化需求，培养群众主动走进文化场馆亲近文化、接纳文化的习惯，为市民群众献上丰富多样的"大餐"，使公共文化民生工程走进千家万户，真正成为老百姓公共文化服务的"民心工程"。

第九章

公共文化服务绩效评估研究

《关于全面深化改革若干重大问题的决定》在构建现代公共服务体系中明确要求:"完善绩效考核机制"。中办、国办《关于加快构建现代公共文化服务体系的意见》进一步明确要求:"建立公共文化机构绩效考评制度,考评结果作为确定预算、收入分配与负责人奖惩的重要依据。"因此,研究公共文化服务绩效评估体系,构建公共文化服务绩效管理动态评估制度,对公共文化服务进行动态监测,优化公共文化服务资源配置,促进公共文化供需对接,实现公共文化服务标准化均等化。

一、研究综述

(一)绩效与绩效管理

"绩效"一词起源于管理学。现代管理学之父彼得·德鲁克(Peter F. Drucker)曾经指出:所有的组织都必须思考何为"绩效"。绩效包含两层意思,即成绩和效益。它是指某个组织或者个人在特定的时期投入产出基本的情况,投入主要指的人、财、物、耗费的时间等物质资源,产出主要指的是工作任务的完成情况,通过数量、质量以及效率值等方面来衡量。将绩效的概念用在公共职能部门,则是用来权衡政府公共活动的效果。

由此派生出绩效管理的概念。绩效管理是指组织机构中的各成员为了达到组织机构的目标,共同参与绩效计划的制定、绩效考核评价、绩效辅导沟通、绩效结果的解释、绩效目标提升的不断循环的过程。公共部门的绩效管理则是指以公共部门为对象,以公众、社会为导向,制定绩效计划与目标,构建绩效指标,对公共产出结果进行评价。

其中,绩效评估是绩效管理的核心活动。美国"国家绩效管理小组"提出绩效评估就是衡量组织是否达到既定目标的过程。公共部门绩效评估就是对政府公共部门管理过程中投入、产出、中期成果和最终成果所反映的绩效进行评定和划分等级。运用到公共文化服务领域，可以将公共文化服务绩效评估定义为：在一定的时间内，以公共文化服务为对象，运用科学的方法，建立合理的指标体系，测量公共文化服务的成果（包括基础设施的构建、服务过程、服务质量）与资源投入、目标之间的效率关系。

（二）公共文化服务绩效管理的意义

毛少莹和任珺从公共文化服务体系建设与运行角度，指出在具体实践中公共文化服务绩效评估具有五大功能，即计划辅助功能、监控支持功能、预测判断功能、激励约束功能和资源优化功能[1]。此外，公共文化服务绩效评估还有助于促进信息化建设和民主政治建设，沟通公共文化组织与社会公众，推动公民参与机制的建立。蒋建梅主要从促进政府管理的角度阐述公共文化服务绩效评估的意义[2]。徐清泉认为，公共文化服务评估及其相关研究，目的在于对公共文化服务建设主体实施责任规约和绩效检验，监督和推进公共文化服务发展[3]。巫志南在2008年上海市公共文化服务体系发展报告中指出，合理安排好公共文化服务评估，能够使政府、社会公众、文化服务机构三方获益[4]。张喜萍和陈坚良认为，公共文化服务绩效评估是公共文化服务的关键环节，只有通过评估才能了解公共文化服务的功能、评判公共文化服务的实效，领悟公共文化服务的价值，从而决定公共文化服务政策的施行、调整和终结[5]。

梳理国内相关学者、专家对公共文化服务绩效评估的认识，可以看出，开展公共文化服务绩效评估至少有三个方面的作用：从政府角度看，开展公共文

---

[1] 毛少莹. 公共文化服务概论[M]. 北京：北京师范大学出版社，2014：394.
[2] 蒋建梅. 政府公共文化服务体系绩效评价研究[J]. 上海行政学院学报，2008（04）：60-65.
[3] 徐清泉. 公共文化服务评估研究：现状、需求及要素[J]. 毛泽东邓小平理论研究，2012（08）：57-62.
[4] 巫志南. 加速构建较为完善的公共文化服务体系——2008年上海市公共文化服务体系发展报告[M]//李景源，陈威. 中国公共文化服务发展报告（2009）. 北京：社会科学文献出版社，2009：186-189.
[5] 张喜萍，陈坚良. 论民族地区公共文化服务产品供给的绩效评估——基于公共图书馆的研究视角[J]. 湖南社会科学，2013（04）：193-195.

化服务评估有助于强化政府责任，推进建设服务型政府，提高投入效率以及公共文化服务政策的针对性和有效性；从行业角度看，开展公共文化服务评估有助于发现服务中的薄弱环节，并且有助于推进解决公益性文化事业单位"效率低下、人浮于事"等问题；从社会角度看，开展公共文化服务评估可以通过社会参与，提高公共文化服务社会满意度，更好地维护公民基本文化权益。显然，"公共文化服务绩效管理"这个命题是在行政体制改革、文化体制改革、公共文化服务体系发展与完善的基本框架中提出的。它可以提高政府提供公共文化服务的水平，推动公共文化服务标准化均等化建设，可以更好地实现人民群众的基本文化权益。

（三）公共文化服务绩效评估的主体

绩效评估主体即谁来评估，也就是评估行为的组织者和发动者。就世界各国评估实践看，绩效评估大体有三类评估主体，一是政府组织评估，二是专家机构评估，三是社会公众评估。其中，以专家机构为主的第三方评估已得到充分认可。

目前，在政府绩效评估的研究中，我国学者普遍认为存在多种评估模式，但在实践中其主体大多仅有一种，即政府自身，或者是上级机关的评估，或者是自己对自己的评估，尚未形成对政府、部门、项目、岗位等多层次的评估活动。公民的评估主体意识不强，特别是还没有形成独立的评估机构，专家和社会机构参与度不够。因而学者对于公共文化服务绩效评估的研究，也大多将政府组织作为评估主体，例如成都、深圳、上海、浙江等地的评估实践也都是以政府组织为评估主体。

但也有学者主张政府组织应该脱离具体的评估事务，去发展中介性的社会评估，让公共文化服务评估机构相对独立于政府。巫志南进一步指出公共文化服务评估机构的建设路径，他认为：政府在完善公共文化服务评估环节过程中，可以给予必要的政策支持和监督，加强评估工作的宏观管理和行政监督，而不必直接介入具体的评估事务。但是在公共文化服务体系建设的起步阶段，决不能采用向社会甩包袱的方法，而是尽快培育以人民群众基本文化权益为本，坚持正确导向、有实力、有能力、能够真正融入公共文化服务体系之中的社会化评估机构①。在这种思想指导下,上海公共文化服务主管部门推动了"上海东方公共文化服务评估中心"的组建,它由上海文化专家发起,整合了经济、社会、法律、财务、管理诸多领域的资源。

因此,结合现有的研究成果并从我国的现实国情出发,完全抛开政府机构,构建第三方的评估主体,并不是一个合适的做法。相反,由政府主管部门主导,并吸收社会评估机构或专家的参与,是比较现实的做法。

(四) 公共文化服务绩效评价指标设计

公共文化服务绩效管理的理念大多数来自政府公共服务部门的绩效评估。国内外学术界关于政府绩效评价指标设计、评价原理的研究以及实务部门的探索已有不少,或者从政府组织内部的角度分析政府绩效的内涵及其产生路径进而开发指标,如"关键绩效指标"(Key Performance Indicator,KPI)、"功能性系统分析"(Function Analysis System Technique,FAST)和"过程性系统分析"(Process Analysis System Technique,PAST),基于经典统计指标(Statistics Indicator)的衍生指标(Derivation Indicator)开发等②;或者从兼顾政府组织内部和外部的视角来分析政府组织与外部利益相关者的互动感知过程并设计和使用指标,如满意度指标(Satisfaction Index),幸福感指数(Happiness Index)。英国作为"政府绩效革命"的发源地之一,已创建"评价性国家"。其中,基于最佳价值模式的"最佳价值指标体系"和"国家指标体系",以及以其为基础推进的"综合绩效评价模式"和"综合区域评价"模式,无论是从理论意义和实践意义上都在世界范围内产生了较大的影响③。

在借鉴国外公共服务部门评估经验的基础上,结合中国公共文化服务的实际,一些研究者尝试建立完整的公共文化服务绩效评价指标体系。如陈威构建了"发展规模、政府投入和社会参与"三大项共42个小项的指标体系④。蒋建

---

① 巫志南. 加速构建较为完善的公共文化服务体系——2008年上海市公共文化服务体系发展报告[M]//李景源,陈威. 中国公共文化服务发展报告(2009). 北京:社会科学文献出版社,2009:186-189.
② 王学琴,陈雅. 国内外公共文化服务绩效评估比较研究[J]. 情报资料工作,2014(06):89-94.
③ 喻锋,徐盛,颜丽清. 绩效评价指标设计的价值理性与工具理性探析——基于中英公共文化服务评价的比较[J]. 甘肃行政学院学报,2015(01):4-18.
④ 陈威. 公共文化服务体系研究[M]. 深圳:深圳报业集团出版社,2006:108.

梅认为，政府公共文化服务绩效评价主要包括三个方面：文化对经济、社会发展的反作用所体现出来的总体指标、公共文化服务有效供给指标和公共文化服务保障指标[1]。孔进从政府公共文化投入、公共文化服务发展规模、公共文化活动三个维度提出了我国公共文化服务提供能力指标体系[2]。毛少莹设计了由发展规模、政府投入、运作机制、社会参与和公众满意度五个维度组成的指标体系来对公共文化服务的绩效进行评价[3]。沈望舒认为公共文化服务体系如果兼顾内容形式各个方面，至少有十类指标。上海高校都市文化研究院通过公共文化服务投入、公共文化服务机构、公共文化服务活动、公共文化服务享受等四个维度来对公共文化服务进行绩效评价[4]。巫志南认为公共文化服务评估是对公共文化的服务方式、水平、结果的评价，评估涉及公共文化服务的质量是否令人满意、服务成本是否合理、服务方式是否有效三个方面[5]。喻锋则在借鉴英国公共文化服务评价实践的基础上，从文化设施、产品和服务、经费投入、人才队伍和公众满意度5个方面对公共文化服务绩效进行评价[6]。

近年来，针对公共文化服务某一个具体领域开展绩效评价并取得了一些研究成果。李少惠构建了较为全面的三级指标对农村公共文化服务绩效进行评价[7]。蒋名未构建了一个由5个一级指标、21个二级指标和26个三级指标在内的指标体系对博物馆公共文化服务绩效进行评价[8]。张楠从投入、过程、输出

---

[1] 蒋建梅. 政府公共文化服务体系绩效评价研究 [J]. 上海行政学院学报, 2008 (04)：60-65.
[2] 孔进. 我国政府公共文化服务提供能力研究 [J]. 山东社会科学, 2010 (03)：122-128.
[3] 毛少莹. 公共文化服务绩效评估问题初探 [M] //彭立勋. 城市文化创新与和谐文化建设——2007深圳文化蓝皮书. 北京：中国社会科学出版社, 2007：220-236.
[4] 上海高校都市文化E-研究院. 2011年全国31个省市自治区公共文化服务指数（蓝皮书）[M]. 北京：商务印书馆, 2012：4-5.
[5] 巫志南. 加速构建较为完善的公共文化服务体系——2008年上海市公共文化服务体系发展报告 [M] //李景源, 陈威. 中国公共文化服务发展报告（2009）. 北京：社会科学文献出版社, 2009：186-189.
[6] 喻锋, 徐盛, 颜丽清. 绩效评价指标设计的价值理性与工具理性探析——基于中英公共文化服务评价的比较 [J]. 甘肃行政学院学报, 2015 (01)：4-18.
[7] 李少惠, 余君萍. 公共治理视野下我国农村公共文化服务绩效评估研究 [J]. 图书与情报, 2009 (06)：51-54.
[8] 蒋名未. 中国公共文化服务绩效评估研究 [D]. 北京：中国社会科学院研究生院, 2010.

和结果四个环节，根据财政、生产、人力资源保障三个因素对乡镇综合文化站的公共文化服务绩效进行了评价[1]。郭小玉设置"服务能力""服务过程""服务成效"三个一级指标来衡量农家书屋的服务绩效[2]。刘海涛通过5个一级指标，21个二级指标和33个三级指标来评价公共图书馆的服务绩效[3]。毛炳聪和汪仕龙则基于科学性与系统性并重、政府主导与群众主体并重、稳定性与动态性并重、投入与产出并重等原则，运用公共文化投入、公共文化设施、文化队伍、文化活动、文化遗产、文化市场及其他项等七大项目共32个指标对乡镇公共文化服务进行了综合动态评价[4]。王振则对政府购买公共文化服务的绩效进行了评价[5]。李国瑞设计了广播影视公共服务绩效的考核指标，包括公共服务概括、综合覆盖指标、社会效益指标、基本建设投入及效益指标、发展能力指标、定性指标等6个一级指标[6]。数字文化作为新兴的公共文化服务内容，也开始进入公共文化服务绩效评估研究视野。胡唐明通过运用平衡计分卡的方法，从内部管理、财务、用户、学习与成长、知识产权等角度考量与评价公共数字文化建设，结合层次分析法赋予各指标权重，构建综合反映公共数字建设的评价指标体系[7]。

纵观上述研究结果，似乎不尽相同，指标有多有少，但仔细分析，这些基本指标大都分三级，一级指标主要从公共文化服务的供给、成本和社会参与这三方面来确定，围绕一级指标构建若干个二级指标，再在二级指标下构建三级指标[8]，

---

[1] 张楠. 农村公共文化服务绩效评估缺失及其改进—基于江苏乡镇文化站的考察［J］. 湖南农业大学学报（社会科学版），2012，13（03）：49-52.

[2] 郭小玉. "农家书屋"文化服务绩效评价指标体系的构建和实证研究［D］. 武汉：华中科技大学，2013.

[3] 刘海涛. 图书馆公共文化服务绩效评估指标体系研究［D］. 大连：辽宁师范大学，2013.

[4] 毛炳聪，汪仕龙. 乡镇公共文化服务动态评估探析［J］. 上海文化，2014（02）：72-77.

[5] 王振. 政府购买公共文化服务的绩效评价研究［D］. 杭州：浙江大学，2014.

[6] 李国瑞. 发挥制作与传播优势铸造广电公共服务体系［M］//李景源，陈威. 中国公共文化服务发展报告（2007）. 北京：社会科学文献出版社，2007：141-148.

[7] 胡唐明，魏大威，郑建明. 公共数字文化评价指标体系构建研究［J］. 图书馆论坛，2014，34（12）：20-24.

[8] 王健，胡燕，卢晓莉. 公共文化服务指标体系建设与成都的探索创新［M］//李景源，陈威. 中国公共文化服务发展报告（2009）. 北京：社会科学文献出版社，2009：324-337.

从而构建评估指标体系。

(五) 公共文化服务绩效评价方法选择

任何绩效评估都离不开科学的方法，公共文化服务绩效评估也不例外。在评估的程序上，如指标确定、权重设计、数据分析、组织实施等都要运用一定的方法。在公共文化服务绩效评价方法的选择上，层次分析法成为最常用的方法（李少惠①，普映娟②）；其他还有隶属度分析法③、因子分析法④、数据包络分析方法（DEA）⑤、多目标线性加权函数法⑥、指数增加法⑦、偏最小二乘法⑧等；运用这些方法构建了各类公共文化服务绩效评价模型，如公共文化服务的任务结构模型、绩效测评模型、测评应用模型、可持续发展模型等⑨。有些研究成果则是多种方法综合运用的结果。例如蒋建梅的研究中，一级指标用德尔菲法来确定，其余指标重要度相当，权数主要采用平均赋权法；指标确定采用无量纲方法；评估模型则是综合评价方法⑩。

综观上述研究成果，一是各评价体系指标之间的差异性很大，尚没有形成比较权威的研究成果；二是许多评价指标的内涵还很模糊，有的评价体系中指

---

① 李少惠，余君萍. 公共治理视野下我国农村公共文化服务绩效评估研究 [J]. 图书与情报，2009（06）：51-54.
② 普映娟. 从公共文化服务绩效评价看层次分析法的不足及其改进方法 [J]. 保山学院学报，2013，32（02）：49-52.
③ 刘玉堂，刘保昌. 中西部文化强省的基本目标、内涵和指标体系 [J] 黄冈师范学院学报，2010，30（04）：78-82.
④ 谭秀阁，王峰虎. 基于DEA的我国公共文化投入效率研究 [J]. 科技管理研究，2011，31（13）：198-201.
⑤ 朱剑锋. 基于DEA方法的公共文化服务绩效评价实证研究 [D]. 武汉：武汉大学，2014.
⑥ 蒋建梅. 政府公共文化服务体系绩效评价研究 [J]. 上海行政学院学报，2008（04）：60-65.
⑦ 焦德武. 公共文化服务体系的绩效评价 [J]. 安徽农业大学学报（社会科学版），2011，20（01）：47-52.
⑧ 傅利平，何勇军，李军辉. 政府公共文化服务绩效评价研究 [J]. 中国财政，2013（07）：62-64.
⑨ 向勇，喻文益. 公共文化服务绩效评估的模型研究与政策建议 [J]. 现代经济探讨，2008（01）：21-24.
⑩ 蒋建梅. 政府公共文化服务体系绩效评价研究 [J]. 上海行政学院学报，2008（04）：60-65.

标数量过多，导致评价的可操作性较差；三是数据的来源多以问卷调查为主，数据的代表性、可信度都有待于进一步提高；四是评价指标的权重人为设定因素很大，政府主导的现象突出。

二、公共文化服务绩效管理的动因分析

公共文化服务的绩效管理是公共文化服务科学和长期有效发展的基础，具体来说，公共文化服务进行绩效管理是由以下因素决定的：

（一）公共文化服务的公益性要求

公益即公共的、大众的、集体的利益。公益性是公共文化服务的基本属性，是区别于其他营利性文化事业的典型特点。要实现公共文化服务的公益性要求，各类公共文化服务机构起着主导作用，需要为公众提供更多免费的或较低费用的文化产品以及参与公共文化活动的机会；需要进行公共文化服务的绩效评估活动，及时验证服务的数量和质量。在公益性原则中，强调的是非营利性和社会效益，注重利用的广泛性而较少考虑成本，在非营利性的过程中，容易造成只看结果而不看投入的局面，不注重投入与产出之间的关系，一味地强调投入或者一味地强调产出，这容易导致资金的流失和浪费，公共文化服务也难以达到预期的效果。大量的政府财政资金、人力及资源投入到公共文化服务建设中，最终是否实现了与其投入相对应的公共产出，其资金投入是否合理，其公共文化建设是否有效，这些问题在公益性的前提下容易被忽略。公益性与营利性不同，但是公益性不代表不用关注投入与产出的合理关系。公共文化服务作为一种公益性的服务形态，也需要注重成本、注重经济，需要进行绩效评估，需要对其投入和产出的结构和有效性进行分析，防止投入产出失衡。

（二）公共文化服务的公平性要求

对公共文化服务进行绩效管理是保证、也是检验公共文化服务活动公平性的重要方法。公众享有公平地获得公共文化产品、参与公共文化活动的机会，获取产品或服务的过程也应当公平便捷，从而保障服务的内容和资源的质量[1]。公共文化服务的公平性原则要求政府在进行文化发展战略的制订、文化设施规

---

[1] 任珺. 文化指标：从理论背景到指标模型设计［M］//李景源，陈威. 中国公共文化服务发展报告（2007）. 北京：社会科学文献出版社，2007：312-323.

划建设等重大宏观决策中,以及提供文化服务过程中,充分考虑不同社会群体、不同地区的文化需求,使公众获得机会公平、优质保量的服务。通过对公共图书馆、博物馆、乡镇综合文化站、社区(村)文化活动中心等公共文化项目的绩效管理,可以得出这些项目的建设和服务状况是否符合标准,是否有效。公平性可以作为公共文化服务绩效管理参考指标之一。

(三)公共文化服务的文化传播要求

国家对公共文化服务的政策投入、资金投入、人力投入等,目的是为了构建我国的基本公共服务平台,实现优良文化和资源的高效传播,使广大公众无差别地、平等公平地获取和享受公益性文化资源。公共文化服务的绩效管理活动基本作用就在于从数量上和质量上管理公共文化服务机构的职能和服务效果,丰富公共文化机构中公共产品的供给,从而促进和推动公共图书馆等公益性服务机构的发展。可以说,对公共文化服务开展绩效评估管理活动是促进文化传播的有效措施。公共文化服务的绩效管理可以从总体上进行,也可以分成独立的单元进行。前者操作难度较大,因为公共文化服务的内容范围较大,性质也不一,很难用一个指标覆盖公共文化服务体系的方方面面;后者将文化馆、图书馆、博物馆等公共文化服务机构作为独立的单元,通过建立不同的评价指标分别进行评估。不管采用何种方法,都是为了评价公共文化服务的发展效果,以及公共文化服务体系是否能够有效地进行文化传播。

(四)公共文化服务的管理决策要求

绩效管理是公共管理有效的方法和手段之一,能从评估结果中找出当前组织或部门存在的问题。公共文化服务的绩效管理具有以下功能:1.辅助计划与决策。一段时间内得到对公共文化服务部门的绩效评估结果,可以为接下来的投入或管理活动提供决策数据支持。2.监测实施运行工作。公共文化服务体系进入实施阶段后,必须对各项执行情况进行严密的监测,保障公共文化服务活动的运行,通过绩效评估的方式提供了一个有效的信息渠道。3.预测判断及资源优化。通过监测,可以预测判断公共文化服务未来的发展状况,及时采取有效的措施加以管理控制;同时,公共文化服务的绩效管理也是科学配置文化资源的方法。4.激励约束与管理。通过对公共文化服务设施的构建、服务和产品的效果等方面的评估,可以判断其管理的有效性。对于绩效评估结果较好的单元,可以给予奖励,绩效评估效果较差的单元,可以找出问题,提出新的管理方法,加以更正(深圳特区文化研究中心,2014)。以公共文化服务的绩效评估结果为基础,改进相应的激励机制、竞争机制、监督机制、责任机制,为提高管理效果,指导决策提供科学有效的思路和工具。

三、国内外公共文化服务绩效管理的实践

(一)英国公共文化服务绩效评估与管理

英国的公共部门绩效评估最早是在1968年,经历了由经济、效率为评估中心到以质量、结果为中心的转变。英国公共文化服务绩效评估是"政府主导式",大致可以总结为四大板块,即"评估政策-评估主体-评估指标-评估统计",四个板块相互合作,相互监督,共同组成了英国的绩效评估体系[1]。英国文化传媒及体育部负责其自身及下属文化机构服务的绩效评估工作。现行的英国公共文化服务绩效评估是综合绩效评价(CPA)模式之下涉及公共文化服务部分的绩效评估。综合绩效评价的"文化服务"指标遴选是以已存在的指标体系为基础的,在2002年到2008年之间,以最佳价值指标体系(以下简称BVPIs)原有的数据获取为基础加以完善,增加了一些柔性的指标以弥补BVPIs太过于硬性的不足,来评价地方政府"文化服务"的优劣,再进一步给出一个综合的考评分数(从1分到4分)。属于"文化服务"指标的有17个之多,此外还有大量二级指标(表9-1)。

---

[1] 王学琴,陈雅. 国内外公共文化服务绩效评估比较研究[J]. 情报资料工作,2014(06):89-94.

第九章 公共文化服务绩效评估研究

表9-1 英国综合绩效评价（CPA）中的文化服务指标

	代码及指标	低绩效	高绩效
获得（Access）	C1 易于公众使用的人行道及其他道路总里程占当地道路总里程的比例 90%	50%	90%
	C2 公共图书馆服务标准中的"获取"标准		
	C2a 固定图书馆一定距离内能覆盖的家庭比例		
	C2b 平均每人享有的固定图书馆累计开放时间		
	C2c 平均每千人访问图书馆次数		
	C3 公共图书馆服务标准中网络资源标准		
	C3a 提供电子网络信息资源的固定图书馆占比		
	C3b 每万人拥有的供读者使用的电子阅览室数量		
	C19 体育设施：20分钟内（都市——步行，乡村——开车）可达到三种不同的体育设施且其中一种达到一定的专业质量认证标准的占比	30%	50%
参与（Participation）	C4 积极借阅者/借用者在人口中占比		
	C16 5-16岁学生每周至少2小时参加高质量的体育运动以及课内外体育活动的学生所占比例	20.40%	27.30%
	C17 成人中每周至少三次参加半小时以上中等强度体育运动的人占比	24%	27%
	C18 每周至少在体育和娱乐场所志愿服务一小时的人口比例	5.00%	6.50%

229

续表

	代码及指标	低绩效	高绩效
质量（Quality）	C5 居民对体育/休闲设施的满意度	49%	60%
	C6 居民对图书馆的满意度	63%	72%
	C7 居民对博物馆/美术馆的满意度	31%	50%
	C8 居民对剧院/音乐厅的满意度	36%	56%
	C9 居民对公园/其他公共空间的满意度	66%	77%
	C11 公共图书馆服务标准之馆藏标准		
	C11a 预约所需时间	7、15、30日不同比例	
	C11b 平均每千人每年新增馆藏		
	C11c 外借馆藏所需时间		
	C14a 公共图书馆服务标准中有关满意度标准——成人（16岁以上）读者对图书馆服务评价		
	C15 博物馆资质水平		
投资效益（Value for Money）	C13 图书馆每人次的平均访问成本	3.46（£）	2.53（£）

（资料来源：王学琴，陈雅. 国内外公共文化服务绩效评估比较研究[J]. 情报资料工作，2014（06）：89-94；喻锋，徐盛，颜丽清. 绩效评价指标设计的价值理性与工具理性探析——基于中英公共文化服务评价的比较[J]. 甘肃行政学院学报，2015（01）：4-18。）

(二) 美国公共文化服务绩效评估与管理

美国文化机构的设置与中国不同，没有像文化部一样的统一的中央管理机构。1965年，美国通过了《国家艺术与人文基金会法案》，以经费补助的方式支持与鼓励美国的艺术活动与人文研究，基金会由此开始作为文化与艺术事业发展的支持者。美国国家艺术基金会、国家人文基金会以及美国博物馆与图书馆服务署是当前美国主要的文化行政机构，对文化艺术事业执行补助，而非直接管理控制[①]。为了保证基金会投入的资金能够得到合理利用，美国开展了对公共图书馆、博物馆、档案馆、艺术展览等文化单位的绩效评估，其评估形式可以称为"民间主导式"。1982年，美国图书馆协会出版的《公共图书馆绩效评估》，成为图书馆绩效评估的指南性文件。美国公共文化服务绩效评估主体呈多元化，评估主体有三类：（1）文化单位或项目自身；（2）文化单位的上级机构，如国家艺术基金会、美国图书馆协会、美国博物馆协会、美国博物馆与图书馆服务署等；（3）第三方评估机构，如风险管理委员会、国际咨询公司、评估公司、高校等[②]。

美国审计署为公共文化服务绩效评估提供了大量的统计数据。基金会不定期对美国的文化状况进行调查，主要涉及公众对于文化活动的参与情况的调查和分析，如《公众艺术参与调查，2003》等。美国博物馆与图书馆服务署每年公布图书馆及博物馆领域的年度绩效报告，如《绩效和责任报告，2011》（Performance and Accountability Report, 2011），并开展各类项目的绩效评估（表9-2）。其中，《美国博物馆绩效评估》（An Evaluation of the Museums for America Program）是专门针对美国所有类型博物馆所涉及的绩效评估，由RMC研究公司负责所有的评估工作，评估目的在于了解：博物馆培训、政策实施、机构管理的影响；如何保证博物馆的社区服务能力；博物馆如何开发、持续其文化遗产管理工作；如何保证资金投入可以实现战略目标等。

[①] 王学琴，陈雅. 国内外公共文化服务绩效评估比较研究[J]. 情报资料工作，2014（06）：89-94.
[②] 代利凤. 发达国家公共文化服务绩效评估概览[J]. 重庆科技学院学报（社会科学版），2014（04）：111-113.

表9-2　美国公共文化服务绩效评估项目

序号	绩效评估项目	年份	领域
1	劳拉·布什21世纪图书馆员项目评估（Laura Bush 21st Century Librarian Program Evaluation）	2013	公共图书馆
2	公众如何参与艺术的调查（How a Nation Engages with Art: Highlights from the 2012 Survey of Public Participation in the Arts，SPPA）	2012	艺术参与
3	艺术教育评估（Improving the Assessment of Student Learning in the Arts Slate of the Field and Recommendations）	2012	艺术教育
4	国家图书馆行政机构资助项目的五年评估（Grants to State Library Administrative Agencies Program Five-Year Evaluation）	2011	国家图书馆
5	美国博物馆绩效评估（Supporting Museums Serving Communities；t An Evaluation of the Museums for America Program，MFA）	2011	博物馆
6	美国公共图书馆评价系统（Hennen's American Public Library Rating）	2010	公共图书馆
7	美国星级图书馆（America'S Star Libraries）	2008	公共图书馆

（资料来源：王学琴，陈雅.国内外公共文化服务绩效评估比较研究［J］.情报资料工作，2014（06）：89-94；代利凤.发达国家公共文化服务绩效评估概览［J］.重庆科技学院学报（社会科学版），2014（04）：111-113.）

（三）日本公共文化服务绩效评估与管理

日本的公共文化服务指标体系构建与绩效评估实践开始较早，也取得了一定的成效。我们以日本美术馆指标体系为例进行介绍。日本在美术馆业务的评估方面设定了一系列的指标，贯穿了从活动实施到目标达成的整个过程，主要涉及四方面[①]：（1）投入指标。包括设备费用、人事费用及补助费等指标。（2）产出指标，包括办展次数、入馆人数、初来馆人数、社会弱势者利用比例、外

---

① 代利凤.发达国家公共文化服务绩效评估概览［J］.重庆科技学院学报（社会科学版），2014（04）：111-113.

国人观光客人数、居民利用率、馆内停留时间、教育推广活动参加人数、义工人数、博物馆之友会员人数及网站累积人次等。(3) 成效指标，包括入馆满意度、未利用美术馆者满意度、义工满意度、教育推广活动参加者意识及行动之变化、关心现代美术馆的居民比例。(4) 影响指标，是指以社会公认的价值规范为标准，对博物馆业务或计划在实施一定期间后的效果及影响进行评估。

(四) 深圳市公共文化服务绩效评估与管理

深圳市是现有公开资料中对公共文化服务进行绩效评估最早的内地城市[①]。早在 2006 年，深圳率先在国内提出了初步的"公共文化服务体系建设指标"。其中，将指标分为三类：一是发展规模指标，有公共文化服务机构总数等共计 23 个指标；二是政府投入指标，用于评估政府投入的大小、方式、效益，有政府文化事业财政拨款等共计 11 个指标；三是社会参与指标，用于评价社会参与公共文化服务的程度，有社会办非营利文化机构数等共计 8 个指标。该指标体系的提出标志着我国公共文化服务绩效评估开始从理论走向实践，目前这套体系正在进一步完善中。

(五) 广州市公共文化服务绩效评估与管理

广州市在公共文化服务绩效评估中选用关键绩效指标法。根据《广州市 2012 年度推进新型城市化发展考核市直单位指标体系》，对公共文化服务的指标仅遴选了 3 个关键绩效指标：每万人拥有公共文化设施面积、每万人拥有公共图书馆总藏量、人均拥有体育场地设施面积。对指标实行 100 分制评分。都会区每万人口拥有公共文化设施面积 450 平方米以上为 100 分，新城区每万人口拥有公共文化设施面积 500 平方米以上为 100 分，副中心区每万人口拥有公共文化设施面积 400 平方米以上为 100 分；都会区、新城区、副中心区每万人口拥有公共文化设施面积距离 100 分，每少 10 平方米扣 1 分。

广州市的评价体系指标较少，评分办法也相对简单，即按照原始数据与规定标杆值的差值进行扣分计算。这种设计主要是出于该单项评价是作为整体区域发展评价的一个维度的考量。因此，数据可得性和可比性似乎是广州评价个案的主要关注点。但是，此种 KPI 思路设计仍略显粗糙，没有考虑该单项指标与同一指标体系其他领域评价指标的无量纲处理问题，且也无法顾及存量与增量的平衡。

[①] 谢媛. 我国公共文化服务绩效评估的理论与实践研究综述 [J]. 四川行政学院学报，2012 (04)：17-21.

（六）佛山市公共文化服务绩效评估与管理

根据《佛山市2013年绩效管理工作实施方案》，其指标体系内"公共文化服务体育发展指数"（表9-3）。

表9-3 佛山市"公共文化服务体育发展指数"指标及评分标准

指标解释	\multicolumn{4}{l}{公共体育发展指数是指各级政府要将全民健身事业纳入国民经济和社会发展规划、写入地方《政府工作报告》、经费列入地方财政预算，并随着国民经济的发展逐步增加对全民健身的投入（统称为"三纳入"）；体育彩票公益金根据国家有关规定用于全民健身事业。 基层公共文化服务设施建设指标：由每万人口拥有公共文化服务设施面积、省特级综合文化站达标率和农村、社区"五个有"文化设施建设达标率三项指标构成。}

评分标准		考评项	分值	评分标准
	公共体育发展指数	基础分	50	按目标设定值评分
		"三纳入"完成情况	30	"三纳入"每一项完成得10分
		体育彩票公益金用于全民健身事业情况	20	全年各区体育彩票公益金100%用于体育事业得20分；80%≤占比≤100%，得15分；占比<80%，得10分。
	基层公共文化服务设施建设指标	由每万人口拥有公共文化服务设施面积、省特级综合文化站达标率和农村、社区"五个有"文化设施建设达标率三项指标构成	100	基层公共文化服务设施建设指标得分＝每万人口拥有公共文化服务设施面积60分＋省特级综合文化站达标率20分+农村、社区"五个有"文化设施建设达标率20分。 1. 每万人口拥有公共文化服务设施面积：每万人拥有镇街以上公共图书馆、群众艺术馆、文化馆（站）、博物馆、美术馆的公共房屋建筑面积。各区该指标值≥700m^2的，得60分；600~700m^2的，得40分；500~600m^2的，得20分；500m^2以下的，得10分； 2. 省特级综合文化站达标率＝省特级综合文化站数量/镇街总数，以省文化厅公布的评价结果为准。省特级综合文化站达标率评分＝20×达标率。 3. 农村、社区"五个有"文化设施建设达标率评分＝20×达标率。

（资料来源：《佛山市2013年绩效管理工作实施方案》）

总体上看，佛山的评价采用的是基于已有统计数据所开发的合成指标（指数）的方式进行的，这种合成究其本质也是一种关键绩效指标的简单加权。子指标本身既有类似广州案例的传统指标（如面积指标），也有基于本土实践探索的地方性指标开发（如达标率）。指标评分办法包括常用的换算评分法、标杆等次评分法和目标完成度评分法等。这种设计同样是出于该单项评价作为整体区域发展评价的一个维度的考量，同时较多考虑地方实际，具有较强的实操性，但其指标的遴选似乎受到上级目标管理思维的较大影响，指标合成简单加权的科学性和可比性也存在不足。

从上述绩效评估管理的实践看，指标体系的设计方法主要可以归纳为两种，即综合评价法和关键指标法。综合指标法的评价指标较多，能够覆盖到公共文化服务的各个方面，评价内容较为全面。但是综合指标法由于评价内容较多，数据的可获得性和客观性有待进一步验证；同时，各种数据之间的统计单位并不统一，如何处理这些数据是一个值得探索的问题；另外，各类数据在评价体系中的权重设定非常关键，但现有的权重设定方法由于人为因素较大，将直接影响评价结果的差异。关键指标法则正好相反，由于其只有少数几个关键指标，数据较为易得且比较客观；但由于其指标较少，在实践中，导向性就非常明确，致使下级机构主要围绕评估的几个关键指标开展工作，从而忽视了其他方面的工作。

公共文化服务是一个综合系统的工程，既涉及投入，也涉及产出；既包括文化的硬件设施，也包括文化产品和服务的供给；而文化产品和服务更是多姿多彩。因此，采用关键指标法难以全面评估公共文化服务绩效。相对而言，综合评价法更适合对公共文化服务进行绩效评估。但采用综合评价法，也要借鉴关键指标法的优点。在构建公共文化服务绩效评估体系时，不仅要建设评价指标，还要对关键指标要加大权重。

四、公共文化服务绩效动态评估指标体系设计——以嘉兴市为例

（一）指标体系构建

公共文化服务绩效评估体系是一项反映公共文化服务现状、衡量公共文化服务效率、提升公共文化服务效益的综合系统，包括公共文化服务绩效评估的指标体系、公共文化服务绩效评估的运作方式、公共文化服务数据的采集与分析系统、公共文化服务绩效评估结果的反馈提高系统等。基层公共文化服务绩

效评估体系的建立及运用,将有利于优化整合公共文化服务资源,有利于进一步保障人民群众的公共文化服务权益,有利于落实基本公共文化服务标准。因此,根据《浙江省关于加快构建现代公共文化服务体系的实施意见》,对照《国家基本公共文化服务指导标准(2015—2020年)》和《浙江省基本公共文化服务标准(2015—2020年)》,按照嘉兴市《关于全面构建现代公共文化服务体系加快推进国家示范区创建的实施意见》(嘉委发〔2015〕15号)等文件精神和要求,建立嘉兴市公共文化服务绩效动态评估体系(表9-4)。

"指标"共分两级,一级指标包括基层公共文化投入、文化设施、文化队伍、文化活动、公共文化服务满意度等5项内容,二级指标共分25项,满分100分。各县(市、区)公共文化服务绩效值的得分计算公式为:公共文化服务绩效值=$\sum$〔7-(二级指标排名i)+1〕÷7×指标权重i(i为指标序数)。

(二)公共文化服务绩效评估运作方式

根据已有工作和条件,确立嘉兴市公共文化服务内部系统监测与第三方专题评估相结合的绩效评估方式。内部系统监测是嘉兴市文化行政主管部门通过网上绩效评估平台,对县(市、区)公共文化服务投入与成效进行自行监测的一种评估方式,能较快速地掌握基层公共文化服务绩效的一般状况。

1. 建立面向全市各县(市、区)公共文化服务绩效评估方式

内部系统监测面向全市7个县(市、区),同步计划、同步开发、同步实施,全面监测公共文化服务绩效情况,及时发现问题、跟踪进展、重点解决,从而切实推动全市公共文化服务均等化发展。

2. 重点建立网上绩效评估系统

由市文化行政主管部门依据评估指标体系开发建立市公共文化服务网上绩效动态评估系统,并制定《公共文化服务网上绩效评估系统使用指南》,实现评估的信息化与便捷化。网上绩效动态评估系统在结合绩效评估指标体系的基础上,注重系统的信息整合、分项预览、快速分析等功能,综合显示全县文化设施、文化活动、文化队伍等各主要绩效指标的整体概况,强化掌握公共文化服务发展现状的系统性和直观性,内容包括全市乡镇综合文化站、村级文化活动设施、公共电子阅览室等文化设施的总量、等级、面积、藏书量、服务人次等,送戏下乡、自办文艺演出、文化走亲、送讲座、送展览等文化活动,文化从业人员、村级文化宣传员、文化活动团队等队伍建设总信息;分类详细显示每一

第九章 公共文化服务绩效评估研究

表9-4 嘉兴市公共文化服务绩效评估指标及权重

指标分类	序号	指标名称	指标单位	指标权重	说明
基层公共文化投入 10分	1	公共文化支出占财政支出比重	%	4	公共文化支出/财政支出×100%
	2	人均公共文化支出*	元/人	4	公共文化事业费/常住人口
	3	人均社会各界对公共文化投入水平	元/人	2	社会各界对公共文化投入/常住人口
基层公共文化设施 30分	4	人均村（社区）基层公共文化设施面积*	平方米/个	5	（村/社区）文化活动中心+文化礼堂+广播室面积/行政村（社区）数
	5	文化馆（含实施总分馆制的乡镇分馆）面积*	平方米	5	
	6	图书馆（含实施总分馆制的乡镇分馆）面积*	平方米	5	
	7	人均藏书量	册/人	5	含实施总分馆制的乡镇分馆、农家书屋、村（社区）阅览室的图书藏书量
	8	农村文化礼堂建成率*	%	5	文化礼堂数/行政村数×100%（备注：省级中心村，1000人以上的行政村实现文化礼堂全覆盖的，本项无论排序多少，均可得满分）
	9	社区文化家园建成率	%	5	已建成文化家园数/城市社区数×100%

237

续表

指标分类	序号	指标名称	指标单位	指标权重	说明
基层公共文化队伍 20分	10	公共文化从业人员数*	人	5	含乡镇图书馆分馆、文化馆分馆
	11	文化下派员覆盖率	%	5	文化下派员数/文化馆乡镇分馆（综合文化站）数×100%
	12	村（社区）文化管理员、文化辅导员覆盖率	%	5	村（社区）文化管理员、文化辅导员数/行政村、社区总数×100%
	13	文化志愿者覆盖率	%	2	注册的文化志愿者数/常住人口×100%
	14	业余文艺团队覆盖率	人次	3	注册的业余文艺团队经常活动成员数/常住人口×100%
基层公共文化活动 35分	15	图书分馆到活动人次*	人次	2	含实施总分馆制的乡镇分馆
	16	图书外借册次	册次	2	含实施分馆制的乡镇分馆
	17	送书下乡册次	册次	2	
	18	全民阅读活动覆盖率	%	2	
	19	送戏下乡次数	次	5	
	20	送讲座展览数量比例*	场	4	
	21	文化走亲活动次数	次	5	只统计县以上走出次数
	22	"文化有约"活动数量	次	5	统计在"文化有约"平台推出的面向社会的培训、展览、演出等公益性文化活动项目。

续表

指标分类	序号	指标名称	指标单位	指标权重	说明
基层公共文化活动 35分	23	规模较大群众文体活动	次	4	
	24	公益培训或讲座	次	4	含图书馆（乡镇分馆）、文化馆（乡镇分馆）、美术馆、博物馆等
公共文化满意度 5分	25	满意率	%	5	由市文化行政主管部门委托第三方机构测评

项目的具体情况，突出数据的可追溯性和全面性，尤其是注重条块结合，在记录各文化设施面积、等级、建筑面积、藏书量等硬件信息的同时，标明开展活动、服务人次、人员队伍等软件信息，更立体、多方位地反映基层最小服务单元的绩效状况；必要时可分镇（街道）显示公共文化服务绩效水平，增强各镇（街道）之间的比照和提高，强化基层绩效意识。根据公共文化服务绩效评估指标体系，生成各个镇的绩效评估数据表，并将乡镇情况反馈给县（市、区）文化行政主管部门，便于县（市、区）文化行政主管部门了解各镇（街道）情况，督促乡镇及时改进。

3. 建立数据采集、录入与分析制度

网上评估平台数据由各镇（街道）文化站、县级图书馆、文化馆、博物馆、美术馆、非遗馆等单位安排专人进行采集、录入与更新，建立采集员制度。县级文化行政主管部门负责对数据进行核对并分季度统计分析，并将审核后的数据报嘉兴市文化行政主管部门。市文化行政主管部门审核汇总并对数据进行分析后，定期发布评估报告。评估报告注重反映全市公共文化服务绩效的整体情况，但重点突出各县（市、区）之间的发展状况，阐明绩效提升和绩效不足之处，并对照《嘉兴市基本公共文化服务实施标准》提出进一步改进的措施和方法。

4. 建立绩效评估结果通报制度

市文化行政主管部门根据季度评估结果，编制简报通报至各县（市、区），提醒、督促各地保持成效、改进不足。

5. 公共文化服务满意度由嘉兴市文化行政主管部门委托第三方机构进行测评

第三方专题评估是借助专业机构与力量，通过政府直接委托或购买服务的形式，对县级基层公共文化服务中的专题问题进行不定期研究与分析的一种评估方式，是对内部系统检测的一种补充和完善，能进一步深入掌握基层公共文化服务的绩效情况，并进行有针对性的提高。一是由县级文化行政主管部门负责，根据上年度内部系统监测中发现的突出问题，或基层公共文化服务中的重点工作，确定评估需要和评估专题，如公共文化服务财政投入与产出、基层公共文化队伍建设路径与成效、基层公共文化活动的形式与成效等内容。二是采用政府直接委托或购买服务等社会化形式，由第三方专业机构对拟定的专题开展评估研究。评估过程遵循独立、科学、适用的原则。评估经费列入县（市、区）文化行政主管部门年度预算。评估结果应用于对指标及权重的调整，以及对公共文化服务工作的改进。

（三）形成以评估结果推动公共文化服务提升的激励保障机制

建立基层公共文化服务绩效水平标准，将标准纳入文化考核工作中，形成保障基础、鼓励先进的约束激励机制。一是建立公共文化服务绩效水平标准。根据当前我市公共文化服务的基本情况，确立各镇（街道、开发区）年度公共文化服务绩效水平应不低于当年全省公共文化服务评估结果的平均水平，发挥绩效水平标准保基础的底线作用。二是建立公共文化服务评估结果的约束与激励机制。将绩效水平标准纳入文化系统年度考核工作之中。同时，在公共文化服务评估中实行"赏优督劣"的机制，对评估结果排前三的县（市、区）进行表彰，对评估结果低于水平标准的或处于后三位的县（市、区），由市文化行政主管部门采取重点督导的形式进行调查。

五、嘉兴市公共文化服务绩效评估系统的设计

（一）评估系统的需求分析

公共文化服务动态统计与绩效评估系统的建设，是嘉兴市创建国家公共文化服务体系示范区，并在后示范时期进行公共文化管理的手段。通过系统，市、县、乡、村四级公共文化服务机构可以定期上报公共文化服务情况；公众可以通过公开、统一的渠道，获取公共文化服务信息、充分享受公共文化服务，表达公共文化需求，反馈公共文化满意度，监督公共文化服务机构的工作，促使公共文化服务体系不断完善；公共文化服务体系的管理者可以动态客观地统计公共文化服务数据，可以通过公共文化服务信息平台，客观地掌握公共文化服务体系建设情况，及时协调整合公共文化服务的人力、物力、财力资源，保障公共文化服务体系建设的高效与高质，并对公共文化服务的工作进行绩效评估，为问责与表彰提供参考依据。

（二）系统的功能模块设计

根据用户需求分析和动态统计、绩效评估实际需求，平台的功能模块设计如图9-1所示。

1. 公共文化服务信息发布与浏览模块

信息发布与浏览模块是平台管理方向公众展示公共文化服务动态、发布通

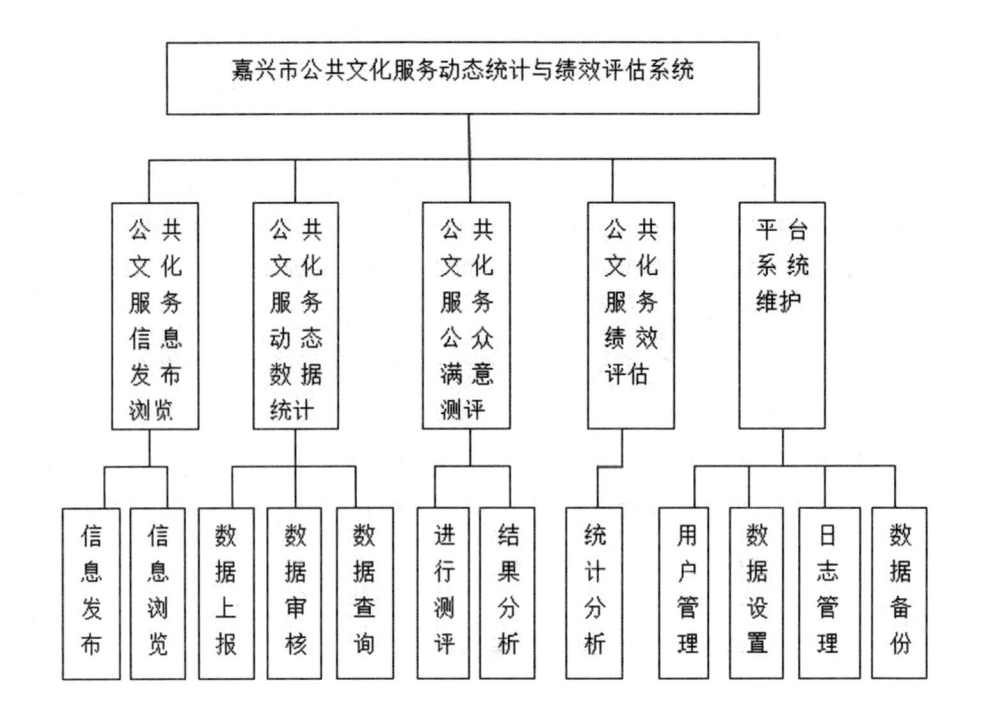

图 9-1 嘉兴市公共文化服务绩效动态评估系统的功能模块设计

知公告、发布绩效评估结果、表彰问责等信息的重要手段，主要包括后台管理员的信息发布与前台信息展示的浏览功能，平台采用 MySQL 存储数据，后台管理员主要完成发布、修改、删除信息，在前台按照某种顺序（如发布时间）列表显示。

2. 公共文化服务信息动态统计模块

按市、县、乡、村四级管理体系，各级管理员按季度自下而上逐级进行网络直报、层层审核，最终生成全市各级公共文化服务信息的动态统计。主要包括数据上报、辖区数据审核、历史数据查看功能。

3. 公共文化服务群众测评模块

为检验免费开放工作成果，了解全市群众对公共文化服务的知晓、满意程度，促进公共文化服务工作的开展，在平台中增加群众测评模块。测评范围为全市所有群众，测评对象为市文化行政主管部门，市直属各单位，县（市、区）文化行政主管部门，各县（市、区）文化馆、图书馆、博物馆，全市所有镇

（街道）综合文化站。群众测评的结果将向社会公众反馈，并作为对各单位绩效评估的重要数据来源。

4. 公共文化服务绩效评估模块

在指标分类的基础上，采用改进的层次分析法（AHP）系统化建构该研究项目的层级评估架构及准则，并经过专家群体的问卷调查，根据各项定量指标的影响大小或价值高低进行排序，赋予评估指标权重，建立公共文化项目评估指标和指标评估模型。构建将"各级上报指标数据标准化 → 保序平移变换 → 计算加权平均值"的统计方法，并设计 PHP 程序操作 MySQL 数据表，计算县（市、区）、镇（街道）、村（社区）三级各部门的绩效评估结果，用于对公共文化服务单位的表彰和问责，以此改善各公共文化服务单位的服务水平。

5. 平台系统维护模块

平台系统维护模块部门主要包括用户管理、数据上报时间设置、用户填报完整性检查、日志管理、数据备份等功能，用于保障平台的灵活性、可操作性和安全性。

（三）平台用户的角色与功能模块

1. 平台用户角色分类

根据嘉兴公共文化服务的实际情况，把平台用户分为六类：市文化行政主管部门管理员；市局直属部门管理员（包括市文化馆、市图书馆、市博物馆、市美术馆、局办公室、文化艺术处、广电处、南湖艺术团、嘉兴电影集团公司等）；县区级管理员；县区直属部门管理员（各县区文化馆、图书馆、博物馆、非遗中心等）；乡镇街道级管理员；村社区级管理员。

2. 平台用户角色命名

为了规范和便于推广使用，用户名采用国家统计局发布的行政区划代码，其中：市级管理员为 4 位，如嘉兴市文化行政主管部门用户名为 3304；县区级和市级直属部门用户名为 6 位，其中县区级以行政区划代码，如南湖区文化行政主管部门用户名为 330402，市级直属部门为市级编码加 2 位英文字母，如市文化馆用户名为 3304WH，市图书馆用户名为 3304TS；乡镇街道、县区级直属部门为 9 位，其中乡镇街道为行政区划代码，如南湖区凤桥镇的用户名为 330402100，县级直属部门为县区级编号加 3 位英文字母，如南湖区县图书馆的用户名为 330402TSG；村社区级为 12 位，采用行政区划代码，如南湖区凤桥镇联丰村用户名为330402100223。

3. 平台用户角色与功能的关系设计

平台用户角色与功能关系的设计（表9-5）。

表9-5 平台用户角色与功能关系设计

	市文化行政主管部门	市级直属部门	县市区文化行政主管部门	县市区直属部门	乡镇级管理员	村社区管理员	普通公众
公共信息浏览	√	√	√	√	√	√	√
公共信息发布	√						
群众测评	√	√	√	√	√	√	√
后台登录	√	√	√	√	√	√	
上报时间设置	√						
市级数据管理	√						
市级数据填报		√					
县级数据管理	√		√				
县级数据填报			√	√			
乡级数据管理	√		√		√		
乡级数据填报					√		
村级数据管理	√		√		√	√	
村级数据填报						√	
辖区数据审核	√		√		√		
用户管理	√		√				
填报完整性检查	√		√		√		
绩效评估	√		√（限本辖区）				
日志管理	√						
个人信息管理	√	√	√	√	√	√	

（√表示有此权限，否则表示无权限）

（四）平台运行保障

为保障平台的正常运行和长效运营，嘉兴市文化行政主管部门要制定出台《嘉兴市公共文化统计评估管理办法》，进一步完善政策保障机制。建议办法分为总则、统计填报对象、统计机构与统计人员、统计管理、数据应用和附则等内容。办法要明确公共文化服务体系建设的主体，公共文化服务体系建设统计的调查对象，各级部门及统计人员履行的职责及监督检查范围。办法要明确各级管理员按季度上报数据。根据系统前期运行情况，建议暂时按季度填报，每年的4月、7月、10月、1月填报上一季度数据，村社区综合文化室填报时间为填报月的1—10日；乡镇街道综合文化站、县区文化行政主管部门相关二级单位填报时间为填报月的11—20日；县市区文化行政主管部门、嘉兴市文化行政主管部门各处室、直属文化事业单位填报时间为填报月的21—25日；市文化行政主管部门填报时间为填报月的30日前完成数据汇总、审核、发布工作。

六、加强公共文化服务绩效评估管理的制度设计

（一）规范绩效评估的程序

要进一步规范程序，尤其是收集信息中的培训工作。绩效评估有一定的程序，从设置绩效目标、确定绩效指标、收集绩效信息、分析实际绩效到最后根据目标做出调整，任何一个环节出现疏忽都会影响绩效评估的科学与准确。在确定绩效指标方面，要充分考虑不同地区的经济文化水平，体现区域特色；在收集信息方面，由于我们当前评估并没有设立专职人员，而评估方对指标体系的理解不同、缺乏经验，容易造成评估打分时标准掌握不一。因此，加强对参评人员的培训，使其明确评估指标要求、评分标准是十分必要的。

（二）要形成绩效评估的长效机制

要建立起战略规划、绩效计划和绩效报告等制度框架，明确评估机构和专职人员，建立公共文化服务绩效评估专项基金，按时发布评估报告。我国的公共文化服务绩效评估还处在试评估阶段，希望能总结经验、扬长避短，进一步推进绩效评估工作。

（三）要强化绩效评估结果的应用

可以考虑将公共文化服务体系建设与运行情况与经济和社会发展水平、发

展质量结合起来,作为评价区域文化建设及评比创建文明城市、文化先进县(市、区)的重要内容,纳入领导班子和领导干部综合考核评价指标体系。

(四) 建立多元参与的监督评估体系

要增加评估工作的透明度,将评估与监督有机结合起来,建立包括党委政府、社会服务对象、新闻媒体、"第三方评估机构"等多元参与的监督评估体系,提高评估的科学性、客观性与监督的有效性,通过客观准确的运行评估促进公共文化服务体系建设。要做到公开透明,引导群众参与,激发群众热情,接受群众监督,只有这样,才能保证绩效评估结果的客观公正,才能被群众认知、接受,也才能达到绩效评估的目标。目前大部分评估结果并没有向社会公开,仅是内部参考或小范围公布,不利于群众监督权的实现。

(五) 加强文化统计工作

要进行公共文化服务绩效评估,就必然涉及大量的基础数据,如投入情况、产出情况和效果情况等,然而目前的统计年鉴中有关文化的统计内容、指标和口径等很多因素不能满足开展评估的需要,比如中央和地方的数据不一,上报数据不符合规范等。因此,要尽快编制全国适用的文化统计指标体系,并且保证基础数据真实、可靠。

参考文献

一、著作类

[1] 曹爱军，杨平. 公共文化服务的理论与实践［M］. 北京：科学出版社，2011.

[2] 陈威. 公共文化服务体系研究［M］. 深圳：深圳报业集团出版社，2006.

[3] 陈瑶. 公共文化服务：制度与模式［M］. 杭州：浙江大学出版社，2012.

[4] 〔日〕大须贺明. 生存权论［M］. 林浩，译. 北京：法律出版社，2001.

[5] 戴珩. 创新与跨越：公共文化服务体系前沿报告［M］. 南京：南京师范大学出版社，2014.

[6] 戴珩. 现代公共文化服务体系200问［M］. 南京：南京师范大学出版社，2015.

[7] 李景源，陈威，邹东涛，等. 中国公共文化服务发展报告（2009）［M］. 北京：社会科学文献出版社，2009.

[8] 毛少莹，杨永群，李军鹏，等. 公共文化服务概论［M］. 北京：北京师范大学出版社，2014.

[9] 阮可. 现代公共文化服务体系：理论与浙江实践［M］. 杭州：浙江大学出版社，2014.

[10] 上海高校都市文化研究院. 2011年全国31个省市自治区公共文化服务指数（蓝皮书）［M］. 北京：商务印刷馆，2012.

[11] 孙逊. 2013年中国公共文化服务发展报告［M］. 北京：商务印书馆，2014.

[12] 王列生，郭全中，肖庆. 国家公共文化服务体系论［M］. 北京：文化艺术出版社，2009.

[13] 巫志南. 社区公共文化服务 [M]. 北京：北京师范大学出版社，2012.

[14] 杨晓东，尹学梅. 当代我国公共文化服务体系建设论纲 [M]. 天津：天津社会科学院出版社，2014.

[15] 崔娜，张玮玲. 公共文化服务理论与实务 [M]. 银川：宁夏人民出版社，2014.

[16] 王全吉，周航. 浙江公共文化服务创新研究 [M]. 杭州：浙江大学出版社，2013.

[17] 张妍. 文化体制改革视域下现代公共文化服务体系建设研究 [M]. 沈阳：东北大学出版社，2015.

二、杂志、报纸与硕博论文

[1] 何继良. 关于构建公共文化服务体系、保障人民基本文化权益的若干问题思考 [J]. 毛泽东邓小平理论研究，2007（12）：5-10.

[2] 王旭东，郭晓雯，张敬申. 公共文化支出绩效管理案例分析——以"以奖代补"方法为例 [J]. 财政监督，2007（23）：59-60.

[3] 王列生. 论公民基本文化权益的意义内置 [J]. 学习与探索，2009（06）：54-61.

[3] 李少惠，余君萍. 公共治理视野下我国农村公共文化服务绩效评估研究 [J]. 图书与情报，2009（06）：51-54，87.

[5] 兰剑，甘凤春，段文杰，等. 现状、困境与出路：基于定性与定量调查的农民工基本文化权益保障体系构建研究 [J]. 科学决策，2013（03）：31-44.

[6] 向勇，喻文益. 公共文化服务绩效评估的模型研究与政策建议 [J]. 现代经济探讨，2008（01）：21-24.

[7] 张筱强，陈宇飞. 人民的基本文化权益及其保障 [J]. 中国党政干部论坛，2008（03）：40-42.

[8] 吴艳玲，张志勇. 构建现代公共文化服务体系，保障公民基本文化权益 [J]. 理论观察，2014（12）：85-86.

[9] 胡唐明，魏大威，郑建明. 公共数字文化评价指标体系构建研究 [J]. 图书馆论坛，2014，34（12）：20-24.

[10] 胡税根，李幼芸. 省级文化行政部门公共文化服务绩效评估研究

[J]. 中共浙江省委党校学报, 2015, 31 (01): 26-31.

[11] 王学琴, 陈雅. 国内外公共文化服务绩效评估比较研究 [J]. 情报资料工作, 2014 (06): 89-94.

[12] 张鸿雁. 核心价值文化认同的建构与文化治理——深化改革文化治理创新的模式与入径 [J]. 南京社会科学, 2015 (01): 76-82.

[13] 柯平, 宫平, 魏艳霞. 我国基本公共文化服务研究评述 [J]. 国家图书馆学刊, 2015, 24 (02): 10-17.

[14] 陈信, 邹金汇, 柯岚馨. 我国基本公共文化服务的理论根源和现实依据 [J]. 国家图书馆学刊, 2015, 24 (02): 18-23.

[15] 肖希明, 李金芮. 国外公共数字文化资源整合模式及其借鉴 [J]. 图书与情报, 2015 (01): 9-14.

[16] 吴理财, 洪明星, 刘建. 基本文化权益保障: 内涵、经验与建议 [J]. 桂海论丛, 2015, 31 (02): 15-20.

[17] 肖希明, 完颜邓邓. 基于本体的公共数字文化资源整合语义互操作研究 [J]. 国家图书馆学刊, 2015, 24 (03): 43-49.

[18] 王学琴, 陈雅. 公共文化服务绩效评估基本理论辨析 [J]. 图书馆, 2015 (07): 18-21.

[19] 张鸿雁. "文化治理模式"的理论与实践创新——建构全面深化改革的"文化自觉"与"文化自为"[J]. 社会科学, 2015 (03): 3-10.

[20] 金家厚. 公共文化机构绩效评估及其机制优化 [J]. 重庆社会科学, 2011 (11): 19-24.

[21] 陈立旭. 推动基本公共文化服务均等化 [J]. 浙江社会科学, 2011 (12): 4-7.

[22] 阮可. 推进浙江基本公共文化服务标准化均等化的思考 [J]. 今日浙江, 2014 (05): 56-57.

[23] 浙江省推进基本公共文化服务标准化研究课题组, 顾金孚, 王显成. 浙江公共文化服务范围、标准研究 [J]. 上海文化, 2014 (02): 53-59.

[24] 佟昭, 康尔平. 我省基本公共文化服务标准化均等化建设面临的机遇、问题与对策研究 [J]. 图书馆学刊, 2014, 36 (04): 1-4.

[25] 吴理财. 群众基本文化需求和区域、群体性差异研究——基于20省80县（区）的问卷调查 [J]. 社会科学家, 2014 (08): 8-12.

[26] 龙滔,周铭蓉."文化馆图书馆总分馆制"在重庆市大渡口区图书馆的实践——基于国家公共文化服务示范项目的探索[J].图书馆,2014(03):31-34.

[27] 顾金孚,王显成,刘靖.嘉兴市文化馆总分馆服务体系研究[J].上海文化,2014(08):46-51.

[28] 陈立旭.关于"十三五"时期浙江省公共文化服务体系建设的建议[J].党政视野,2015(01):12-15.

[29] 谭秀阁,王峰虎.基于DEA的我国公共文化投入效率研究[J].科技管理研究,2011,31(13):198-201.

[30] 惠鸣,孙伟平,刘悦笛.公共文化服务体系架构与方式创新:嘉兴个案[J].重庆社会科学,2011(11):111-117.

三、各级文件和规划

[1]《中共中央关于全面深化改革若干重大问题的决定》单行本[M].北京:人民出版社,2013.

[2] 中共中央办公厅、国务院办公厅印发《关于加快构建现代公共文化服务体系的意见》[EB/OL].中国政府网,2015-01-14.

[3] 国务院办公厅关于推进基层综合性文化服务中心建设的指导意见[EB/OL].中国政府网,2015-10-20.

[4] 国务院办公厅转发文化部等部门关于做好政府向社会力量购买公共文化服务工作意见的通知[EB/OL].中国政府网,2015-05-13.

[5] 文化部 体育总局 民政部 住房城乡建设部关于引导广场舞活动健康开展的通知[EB/OL].中国政府网,2015-09-07.

[6] 中国共产党第十七次全国代表大会文件汇编[G].北京:人民出版社,2007.

[7] 中国共产党第十七届中央委员会第六次全体会议公报[M].北京:人民出版社,2011.

[8] 中国共产党第十八次全国代表大会文件汇编[G].北京:人民出版社,2012.

[9] 中国共产党第十八届中央委员会第三次全体会议公报[M].北京:人民出版社,2013.

［10］文化部关于印发《文化部"十二五"时期文化改革发展规划》的通知［EB/OL］.中国政府网,2012-05-07.

［11］文化部关于印发《文化部"十二五"时期公共文化服务体系建设实施纲要》的通知［EB/OL］.中国政府网,2013-01-14.

后 记

"十二五"末期,在一个很偶然的机会下,我不知天高地厚地闯进了公共文化研究的领域。幸运的是,在研究的道路上,我得到了众多人的帮助。在有幸参与文化和旅游部以及浙江省公共文化制度设计系列课题的研究中,我从许多专家的身上学到了很多,对公共文化领域的研究热情更加强烈。2013年8月,嘉兴市以东部地区第一的优异成绩成功获得第二批国家公共文化服务体系示范区创建资格,我很幸运地参与了制度设计的相关课题研究工作。令人欣慰的是,已经有一批一批研究成果转化为嘉兴市委市政府的制度性文件。为构建"具有嘉兴特色、东部地区示范、全国领先的现代公共文化服务体系",我贡献了自己的绵薄之力。

"十三五"期间,在各级公共文化行政管理部门和基层文化机构领导的大力支持下,我有幸参与了全省公共文化服务体系建设的各项重点工作,深入全国和浙江省各地进行调研,采集到了研究所需要的数据,也得以与全省公共文化战线上的领导和基层文化工作者进行了深度的交流,体会到这一工作的辛酸苦辣,最后终于苦尽甘来。通过梳理而成的本部作品,是作者对公共文化研究的深入思考,是对"十三五"一个阶段的总结。书中有关公共文化基层创新的案例,都来自基层文化部门和文化工作者的首创。正是有来自基层实践成果支撑,这些公共文化的理论探索和顶层设计,才能彰显公共文化领域深化体制改革和机制创新的重要意义。

在公共文化课题的研究过程中,我得到了浙江省文化和旅游厅领导和同志的大力支持,正是他们的热情帮助,我才有幸将理论与实践相结合,使本研究更有实践价值。更要感谢嘉兴市文化广电旅游局的多位领导,他们在我研究的道路上给予了我无私的帮助和大力的支持,他们其实是这本书没有署名的作者。感谢浙江全省十多个县(市、区)文化广电旅游和体育局的领导和基层文化工作者们，是他们的创新精神，才让我的研究接地气。还要感谢嘉兴市委宣传部、嘉兴市财政局等单位的领导，他们对文化的重视、对创新的期盼、对重点文化创新团队的持续投入，才使本书得以问世。

进入"十四五"，既要回望过去，更要展示未来。针对新时代的时代特征、高质量的发展主题，特别是人民群众对美好生活向往的文化需求，公共文化的道路还很漫长。党的十九届五中全会提出了建设文化强国的时代号召、实现共同富裕的幸福目标。在本书紧张校稿之际，文化和旅游部、国家发展改革委、财政部印发了《关于推动公共文化服务高质量发展的意见》，对公共文化高质量发展做出了具体部署。公共文化在"十四五"和今后很长的时间内，必将大有可为，我们倍感振奋。

在研究的过程中，我与许多基层文化工作者结下了深厚的友谊，感受到了他们对公共文化的"真爱"，也品尝到了他们的甜酸苦辣。最后，借用他们时常挂在口头的一句话作为本书的结尾：公共文化永远在路上！

作者
2021 年春